PUBLIC ANTHROPOLOGY
公共人類学

Yamashita Shinji
山下晋司――[編]

東京大学出版会

PUBLIC ANTHROPOLOGY
Shinji YAMASHITA, Editor
University of Tokyo Press, 2014
ISBN 978-4-13-052305-9

はじめに

山下晋司

　「公共哲学」「公共政策学」「公共社会学」など「公共」(public) を冠した研究分野があちこちで立ち上がっている．人類学も例外ではない．アメリカでは，近年，「公共人類学」(public anthropology) という分野が展開されてきている．これは公共領域における人類学の貢献を試みようとするものであるが，その根底にはアメリカ人類学会長を務めたジェームズ・ピーコックの言う"public or perish"（公共的でなければ，滅亡）に示されるような，アメリカ人類学会の危機意識がある．社会に貢献しなければ，人類学は生き延びることができないというのだ[1]．

　アメリカにおける公共人類学の熱心な推進者であるロブ・ボロフスキーは，公共人類学を次のように定義している．「公共人類学は，今日のジレンマを捉え直し，必ずしも解決にいたらないとしても軽減することに対して，人類学者に何ができるかを，人類学の専門外の人びとにもわかるようなやり方で，多岐にわたるさまざまな重大な課題に取り組むことを追求する」[2]．つまり，人類学者は専門領域に閉じこもることなく，より広く公共領域において現代社会が抱えるさまざまな問題を分析し解決するために貢献すべきだというのである．そこには，人類学を今日の公共領域のなかで再定義し，アカデミズムを越えて現実の社会の改善に貢献しようとする新たな挑戦がある．

　このことは，大学の，あるいは学問の社会貢献が問われる今日の日本においても同様であろう．日本文化人類学会の機関誌『文化人類学』は，2007年に「大学－地域連携時代の文化人類学」(72巻2号), 2009年に「多文化共生と文化人類学」(74巻1号）を特集し，人類学の社会貢献について論じている．そして 2011 年 3 月 11 日に起こった東日本大震災以後の研究動向は，明らかにこの方向性を加速させるものであった[3]．これはアメリカにおける公共人類学が 2001 年の 9.11 同時多発テロ事件以降加速されたこととよく似ている[4]．また，2011 年度より始まった日本文化人類学会の課題研究懇談

会においては「応答の人類学」「東アジアの公共人類学」「災害の人類学」など公共人類学と関連する「課題研究」が行われている．

公共人類学という分野をめぐっては，従来の応用人類学とどう違うのか，人類学の延命策ではないかなど，さまざまな批判もある．しかし，アメリカでも日本でも，学問と社会の新しい関係の追求のなかで生まれてきたという点が重要である．そうしたなかで，本書の目的は，なぜ／いかにして人類学は公共的課題に関与するのか，なぜ／いかにして人類学を越えていくのか，なぜ／いかにしてさまざまな立場の人々と協働するのかなどといった問題を検討しながら，日本における公共人類学の構築に貢献することである．

公共人類学が実践される領域は，多文化共生から高齢者ケアまで，医療現場から難民問題まで多岐にわたるが，本書では，第Ⅰ部「公共人類学とは何か」に続いて，「文化の公共性」（第Ⅱ部），「医療とケア」（第Ⅲ部），「公共と政策」（第Ⅳ部），「人権と人間の安全保障」（第Ⅴ部）などの部分に分けて，公共人類学の可能性を追求していく．

第Ⅰ部「公共人類学とは何か」では，公共人類学が立ち上がってきた背景に注目しながら，筆者が理論的，方法的，実践的問題を検討し，公共人類学の構築を試みる．続いて，清水展が1991年のフィリピン・ピナトゥボ火山噴火後のアエタの人びととの個人的な関わりのなかから「応答する人類学」を構想する．

第Ⅱ部「文化の公共性」では，岡田浩樹が多文化共生という公共空間における文化の問題を取り上げ，森茂岳雄は多文化教育における人類学の貢献について述べる．さらに，鈴木紀は国際開発における研究と実践のあり方を論じる．

第Ⅲ部「医療とケア」では，柘植あづみが今日の医療技術の進展とともに社会問題化している生殖医療の現場にメスを入れ，佐野（藤田）眞理子はアメリカの高齢者ケアを日本との比較文化的なパースペクティブのなかで捉える．さらに，亀井伸孝はアフリカのろう者コミュニティの研究から新しい人間観の創出を試みる．

第Ⅳ部「公共と政策」では，福島真人が複雑な公共領域の歴史的な重なりのなかで公共の生成を位置づけ，田原敬一郎は科学技術政策を例に公共政策学を検討する．さらに，木村周平が東日本大震災との関わりの事例を通し

て災害の公共性について論じる．

　第Ⅴ部「人権と人間の安全保障」では，川上郁雄が長年のベトナム難民との関わりのなかから難民問題に人類学がどのように貢献できるかを述べ，陳天璽は自らの体験を踏まえて無国籍者をめぐるネットワーク作りと公共人類学的実践を報告する．最後に，関谷雄一が「人間の安全保障」という概念をアフリカと震災後の東北を例に検討する．

　アメリカのいくつかの大学では公共人類学の教育プログラムが始まっているが[5]，日本ではまだ未開拓の分野である．しかし，東京大学大学院総合文化研究科・教養学部においては2013年度に「公共人類学」を冠した科目が開講され，放送大学では2014年度から「公共人類学——人類学の社会貢献」と題する特別講義の放送が始まっている[6]．このような日本における公共人類学の黎明期にあって，本書が公共人類学の構築と普及に役立つならば，編者として大きな喜びである．

注

1) James Peacock, Public or Perish? A paper presented at the session, "Defining a Public Interest Anthropology," organized by Peggy R. Sanday and Elvin Hatch at the 97th Annual Meeting of American Anthropological Association, December 2-6, 1998, Philadelphia.
2) Rob Borofsky, Defining Public Anthropology: A Personal Perspective (2007) (http://www.publicanthropology.org/public-anthropology/).
3) 『文化人類学』（78巻1号，2013年）は「災害と人類学——東日本大震災にいかに向き合うか」を特集している．
4) Checker, Melissa *et al.* (2011) Year That Trembled and Reel'd: Reflections on Public Anthropology a Decade after 9/11, *American Anthropologist* 113：491-497.
5) 2007年現在，オレゴン大学，アメリカ大学，タフツ大学，ペンシルベニア大学，デューク大学，ゲルフ大学，ウォータールー大学などで公共人類学の教育・研究プログラムが実施されている［上記Borofsky 2007］．
6) 筆者は，2014年度放送大学特別講義番組として「公共人類学——人類学の社会貢献」を講義し，2014年4月20日に放映された．この講義は以後5年間適宜再放送される予定である．また，この講義には本書の執筆者のうち清水展，木村周平がゲストスピーカーとして出演している．

公共人類学

目　次

はじめに……………………………………………………………山下晋司　i

I 公共人類学とは何か

1 │ 公共人類学の構築……………………………………………山下晋司　3
　　1　公共人類学の系譜——人類学の歴史のなかで　3
　　2　日本の人類学　4
　　3　公共人類学の構築　5
　　4　日本の挑戦　7
　　5　公共領域——公共人類学が展開される場所　9
　　6　公共人類学の方法——関与と協働　10
　　7　公共人類学の実践——震災復興の公共人類学　12
　　8　おわりに　14

2 │ 応答する人類学………………………………………………清水　展　19
　　1　はじめに　19
　　2　応答性への着目　20
　　3　ヒアリング・カルチャー　22
　　4　応答から共鳴，協働へ　25
　　5　行きがかり，巻き込まれ，開き直り　27
　　6　コミットメントの内省　30
　　7　おわりに　32

II 文化の公共性

3 │ 多文化共生……………………………………………………岡田浩樹　39
　　1　はじめに　39
　　2　日本社会の多文化化と文化人類学　40
　　3　「多文化共生」の実践と人類学——兵庫県の事例　43
　　4　「多文化共生」の場としての「学校」　46
　　5　「多文化共生」という公共空間の構築　50

4 | 多文化教育 …………………………………………………森茂岳雄　55
　　1　多文化教育と文化人類学　55
　　2　米国人類学の多文化教育への関心　58
　　3　多文化カリキュラムの開発と人類学の基本概念　60
　　4　多文化カリキュラム開発の視点　62
　　5　教育の公共人類学に向けて　64

5 | 開　　発 ……………………………………………………鈴木　紀　69
　　1　はじめに　69
　　2　公共領域における人類学　69
　　3　マヤ・ユカテコの農村開発　73
　　4　JICA プロジェクトの民族誌的評価　76
　　5　研究と実践の切り替え　81
　　6　おわりに　82

III　医療とケア

6 | 生殖医療 …………………………………………………柘植あづみ　87
　　1　日本における人工妊娠中絶をめぐる政治　87
　　2　出生前診断と公共性　88
　　3　生殖技術を合理化する言説──「私」と「公」の関係　92
　　4　新たな技術の導入とローカル化　96
　　5　生殖における「公」「私」の再検討　97

7 | 高齢者 ……………………………………………佐野（藤田）眞理子　103
　　1　高齢者ケアと公共サービス　104
　　2　高齢者の多様性と食事　105
　　3　アメリカのシニア・センターとミール・プログラム
　　　──1980年代を中心に　107
　　4　ミール・プログラムの変化　113
　　5　「公共」と文化人類学　117

8 | 障害 ……………………………………………… 亀井伸孝 121

    1 はじめに——「障害をもたない側への共感」はなぜ起こるのか 121
    2 文化人類学の特徴の活用——長期，中期，短期の公共性 122
    3 アフリカろう者研究の実際——三つの公共性の検討 124
    4 文化人類学の限界と身体をめぐる新しい課題 128
    5 おわりに——身体の相対主義をふまえた新しい公共人類学へ 134

IV 公共と政策

9 | 公共の生成と設計 ……………………………… 福島真人 141

    1 公共的制度の生成と分析 141
    2 自生的秩序と系譜学——その交錯 144
    3 系譜学のあと——制度批判に続くもの 146
    4 公共の偶発的生成 148
    5 合理性の島嶼——必要悪としての最少設計主義 150

10 | 公共政策学 ……………………………………… 田原敬一郎 155

    1 はじめに 155
    2 公共政策学へのアプローチ——事例としての科学技術政策 155
    3 公共政策学の展開 158
    4 公共政策学と公共人類学 163

11 | 災害の公共性 …………………………………… 木村周平 171

    1 はじめに 171
    2 災害と公共人類学 173
    3 公共人類学の試み 176
    4 おわりに 181

V 人権と人間の安全保障

12 │ 難　民……………………………………………………川上郁雄　189
　1　はじめに　189
　2　難民問題の捉え方　190
　3　難民問題と文化人類学　191
　4　公共人類学としての難民問題　194
　5　難民の公共人類学に向けて　199

13 │ 無国籍……………………………………………………陳　天璽　205
　1　はじめに　205
　2　国籍・無国籍の理論と現実　207
　3　無国籍の類型とその実態　209
　4　無国籍者への支援活動　212
　5　おわりに──無国籍支援における人類学の公共性　220

14 │ 人間の安全保障………………………………………関谷雄一　225
　1　はじめに　225
　2　公共人類学の2つの視座　226
　3　人間の安全保障　227
　4　「恐怖からの自由」と「欠乏からの自由」　230
　5　恒常的な脅威　231
　6　恒常的な脅威と向き合う人々　232
　7　日常生活から突然断絶される脅威　236
　8　日本の突然の脅威と向き合うアフリカ人　237

執筆者一覧　243

I

公共人類学とは何か

1 公共人類学の構築

山下晋司

　この章では，公共人類学が立ち上がってきた背景に注目しつつ，その理論的，方法論的，実践的問題について検討する．それを通して，日本における公共人類学の構築を試みる[1]．

1　公共人類学の系譜——人類学の歴史のなかで

　公共人類学（public anthropology）という言葉は，1990年代後半のアメリカに登場してきたきわめて新しいものだが，公共人類学的な分野は突然現れたわけではない．歴史を振り返ってみると，人類学の知識や手法を現実のさまざまな課題に応用する「応用人類学」（applied anthropology）という分野がつとに知られていた．応用人類学という言葉は，1906年にイギリスのケンブリッジ大学の植民地行政官の訓練プログラムにおいて用いられており［van Willigen 1997：21］，1929年には近代人類学の創始者ブロニスラフ・マリノフスキーもアフリカの植民地統治をめぐって人類学的知識を有効に活用するために「実用人類学」（practical anthropology）を提案していた［Malinowski 1929］．

　アメリカでは，1879年にアメリカ先住民に対する管理・政策研究のためにワシントンのスミソニアン学術協会（Smithsonian Institution）にアメリカ民族学局（Bureau of American Ethnology）が設置された．アメリカ人類学会の設立が1902年なので，人類学の制度的な確立に先んじて応用人類学が事実上始まっていたわけだ．また，アメリカ人類学の父フランツ・ボアズはバフィン島のイヌイットや北米北西海岸の先住民ばかりではなく，移民局での活動や人種主義との戦いを通して文化相対主義を鍛えていった．その弟子マ

ーガレット・ミードは『サモアの思春期』（1928年）を書いたことで有名だが，この本は当時のアメリカの国民的課題であった「思春期問題」への回答として書かれたものだった．

　1930年代のアメリカでは，開発政策との関連で応用人類学が活発化し，1941年には応用人類学会（Society for Applied Anthropology）が誕生している．この時期は大恐慌から第二次世界大戦に突入していく頃で，人類学は戦争と深く関わっていく．その一つがルース・ベネディクトの『菊と刀』（戦後1946年に出版）である．ベネディクトは『文化の型』（1934年）によりすでに名声を得ていたが，この本は彼女の「文化の型」理論の日本文化への応用研究であり，敵国日本に関する応用人類学的研究だったのである．

　戦後のアメリカでは，教育，開発，医療といった分野を中心に応用人類学が発展し，今日ではアメリカ人類学会において最も大きな部会の一つに成長している．とくに途上国の開発問題は応用人類学が展開される重要な分野だった．イギリスでは，戦後，人類学者たちは実用面への応用に対し距離をとった．エヴァンス＝プリチャードは第二次世界大戦中は軍人としても当時の英領アフリカと関わった人物だが，1946年にオックスフォード大学の教授になり，アカデミズムのなかに人類学を確立していく方向に精力を注いだ［Evans-Pritchard 1946］．しかし，1980年代には，イギリス経済の衰退にともなう予算削減などのために大学での研究職が減少するなかで，国際援助機関で働く人類学者が増加し，応用人類学的な実践活動（anthropology in action）が活発になった．

2　日本の人類学

　日本の人類学は，日本人と日本文化の起源を明らかにしようというナショナリスティックな関心から出発したが，日本がアジア・太平洋地域を植民地化していく過程で，西洋と同様，植民地状況下で異文化研究を行う人類学が誕生した．そうしたなかで，1934年に日本民族学会が設立された．1939年には当時の多民族帝国日本のために人類学的知識をもった人材の養成が必要だということで，東京帝国大学理学部に人類学科が設置された［寺田1981：256-257］．人類学講座は1892年に坪井正五郎が初代人類学教授になっ

たとき開設されていたが，学生はいなかった．人類学科として学生を採り出すのは 1939 年からである．さらに 1941 年には東京帝国大学に東洋文化研究所が設立され，1942 年には岡正男らの働きかけにより文部省直轄の民族研究所が発足し，国家機関による多民族帝国の民族文化研究が行われるようになった．また，中国の張家口には西北研究所が置かれた．いわば戦時体制下での官製の公共人類学の展開である．これらの戦時体制下の研究所の多くは，終戦とともに閉鎖された．

戦後，1951 年に東京大学東洋文化研究所に文化人類学講座が設置された．1953 年には東京都立大学大学院社会科学研究科に社会人類学専攻，1954 年には東京大学教養学部教養学科に文化人類学分科が開設され，社会・文化人類学の大学での教育が整備された．1974 年には国立民族学博物館が設立された[2]．しかし，筆者が学生だった 1970 年代には，応用人類学に関する講義は行われていなかった．戦後の日本で応用人類学が登場してくるのは 1980 年代である．開発や医療が研究テーマとして登場してくるなかで，応用人類学という講義科目も徐々に定着していった．

3　公共人類学の構築

このように人類学の歴史をみていくと，公共領域に関わるという意味での公共人類学的な試みは，応用人類学という名のもとに人類学史の早い時期から存在し，展開されてきたことがわかる．そうしたなかで，文化相対主義を広く公衆に向かって語りかけたフランツ・ボアズ，ルース・ベネディクト，マーガレット・ミードなどを応用人類学や公共人類学の系譜に位置づけようとする試みもある [van Willigen 1993：22；Borofsky 2011：300；Gonzalez 2004]．日本では，『文明の生態史観』を書いた梅棹忠夫，『タテ社会の人間関係』の著者中根千枝などを社会に広く語りかけたという意味で公共人類学者と捉えてもよいかもしれない．

しかし，いま，なぜ公共人類学なのか[3]．「はじめに」で述べたように，1990 年代中盤にアメリカ人類学会会長を務めたジェームズ・ピーコックは，"public or perish"（公共的でなければ，滅亡）と説いた [Peacock 1998]．また，アメリカにおける公共人類学の推進者であるロブ・ボロフスキーは，"Defining Public Anthropology"という論文[4]や *Why a Public Anthropology* という著作［Borofsky 2011］のなかで，いま，なぜ公共人類学なのかをさまざまな角度から論じている．その議論を要約すると，アメリカにおいて公共人類学が登場してきた最大の背景は，人類学が今日の社会のなかで存在感を示し得ていないということにある．人類学が得意としてきた文化の問題にしても，1990 年代の多文化主義の展開においてはまったくと言っていいほど公共領域での発言力を失っていた．テレンス・ターナーが述べているように，人類学は「私たちが持っている高い知恵を求められることを待ちながら，決してお呼びがからにないことにいささか憤慨している，やるせない知的な壁の花」［Turner 1993：411；木村 1999：255］に成り下がっていたのだ．

なぜそうなったのか．理由は今日の人類学の内向きなスタンスである．人類学者の多くは広く社会に語りかけるよりも，人類学という狭い学会や大学の世界，さらに専門化した研究者コミュニティの読者に語りかけることで人類学を実践している．その結果，社会の側からは人類学が見えなくなってしまった．これはある意味で人類学の専門化と成熟の結果とも言えるが，社会との関わりにおいては明らかな退歩である．現代の人類学には，専門領域を超えて社会に語りかけたボアズもベネディクトもミードもいない．ジェームズ・ピーコックが言うように，「現在の重要な人類学の概念は，戦前の成果のまま」なのだ［Peacock 1997：12］．

こうしたなかで，アメリカにおいては，社会に関与し，貢献する人類学が求められ，ピーコックは 2001 年に出版された人類学の入門書 *The Anthropological Lens* の第 2 版では，初版（1989 年）にはなかった公共人類学について言及している［Peacock 2001：129］．また，ナオミ・シュナイダーとロブ・ボロフスキーは，1990 年代末にカリフォルニア大学出版会から刊行される新しいシリーズ，専門分野を超えて社会の重要な関心に応えていくシリーズの名称として "Public Anthropology" という言葉を選んだのだった[5]．たしかに応用人類学も現実の問題に関与し，解決を試みるという点では，目的も手法も公共人類学と区別しがたいところがある．それゆえ，メリル・シンガーは，ボロフスキーはこれまでの応用人類学者の仕事を無視しており，むしろ「公共人類学は応用人類学の下位分野」だと述べた［Singer 2000］．しかし，応用人類学は「理論」と「応用／実践」という二分論の上に成立して

おり，それゆえ，理論的な人類学に対しては従属的に位置づけられ，「低く」見られてきた．これに対して公共人類学は，あくまで理論と実践を統合し，実践のなかに理論的営為も含ませようとする．公共領域への関与を切り口に人類学をブレイクさせていくためには，新しいワインを入れるための新しい革袋が必要だったのである [6]．

4　日本の挑戦

　米国で公共人類学が立ち上がっていった過去 15 年ばかりの間に，日本でも人類学を社会に開いていく試みが行われてきた．例えば，2000 年 4 月に，日本民族学会（現日本文化人類学会）理事会に「民族学・文化人類学教育検討特別委員会」が設置され，教育という学問と公共領域とのインターフェイスにおいて人類学の未来を切り開いていくための検討が始められた．これは 2001 年 4 月からは，科学研究費補助金を得て，2 年間のプロジェクト「日本における文化人類学教育の再検討——新たな社会的ニーズのなかで」（代表 山下晋司）として展開された．その結論として，人類学は現代世界のなかで新しい社会的ニーズに対応した研究領域を開発し，どのような貢献ができるかについて明確に打ち出す必要があること，純粋にアカデミックな世界だけでなく，「人類学の使い方」について多様なマーケットを念頭に置くべきことなどが指摘された．また，大学院教育においても，研究者養成だけでなく，開発援助の NGO，国際公務員，社会人の再教育など実務分野への人材養成も行うべきことなどが提起された［山下編 2003：28-29］[7]．

　この点をさらに掘り下げるために，2003 年から 2005 年にかけて，国立民族学博物館で「人類学的知識の使われ方・使い方」という共同研究が行われた（代表 田村克己）．これは人類学以外の分野から講師を招聘して，人類学の有用性についてどのように考えるかを話してもらい，討議するというかたちで進められた．これを通して，異文化理解や文化相対主義などの人類学の基本的な考え方，またフィールドワーク，参与観察，比較などの人類学を特徴づける方法論は，人類学ばかりではなくさまざまな分野からも求められているということが確認された [8]．この共同研究の総括として，2004 年 10 月に「人類学的知識の社会的活用」という国際シンポジウムが行われ，ウィリア

ム・ビーマンが "Learning to Live in One World: Margaret Mead's Unfinished Work and its Wisdom for the International Community" と題する基調講演を行った[9]．公開シンポジウムでは，キャサリン・ベイトソン（マーガレット・ミードとグレゴリー・ベイトソンの娘で人類学者）が "An Anthropology for the Future" と題して現代世界において人類学は文化の多様性を尊重し，自由の実現に貢献すべきだと説いた．

さらに，2006年の日本文化人類学会研究大会では，「実践人類学の必然性と可能性」に関する分科会（代表 鈴木紀）が持たれ，同年設置された実践人類学連携委員会は国立民族学博物館との連携のもとに，実践人類学の推進を図ることになった．そうしたなかで，「みんぱく実践人類学シリーズ」（明石書店）がスタートし，2014年5月現在，9冊の本が刊行されている．また，東北大学文化人類学研究室は，2008年より仙台を中心とした「現代社会における異文化共生の公共人類学的研究」というプロジェクトを展開している[10]．

個人のモノグラフとしては，フィリピン・ピナトゥボ火山の噴火により被災したピナトゥボ・アエタをめぐる清水展の『噴火のこだま——ピナトゥボ・アエタの被災と新生をめぐる文化・開発・NGO』が注目に値する［清水 2003］．これは1991年のピナトゥボ火山の噴火にともない居住地を放棄せざるを得なくなったアエタの人びとを支援することに巻き込まれた清水が自省の念を込めて書いたものである．この本は，公共人類学という言葉こそ使われていないが，日本における公共人類学的研究の嚆矢と言ってよい内容を持っている．

「公共人類学」の名を冠した，おそらく日本で初めての著作は，木村周平［2013］の『震災の公共人類学——揺れと共に生きるトルコの人びと』であろう．これは副題が示すように，トルコの地震をめぐるものだが，2011年3月に起こった東日本大震災での経験と共振させて書かれている．東日本大震災での経験が木村の災害の人類学を公共人類学の枠組みで捉え直す方向に向かわせたのである．

5　公共領域——公共人類学が展開される場所

　公共人類学とは，公共領域に関与する人類学である．では，公共領域とは何か．この問いをここで詳しく検討する余裕はないが，公共領域とは一枚岩ではなく，地域社会から国際社会までの社会の複合性と古代から現代までの歴史の重層性のなかで，きわめて複雑な内容を持つということを指摘しておかなくてはならない．本書においては，福島真人が公共空間の代名詞とも言える「道路」の比喩を用いて，公共的制度設計という観点から「公共の生成」について論じている．

　この複雑な絡み合いのなかで，どの公共領域を取り上げるかによってその中身は大きく異なってくる．ここでは便宜的に次の6つの公共領域に分けてみよう．

　第1に，国家的な公共領域．これは伝統的な意味で公の領域である．そこでは公共事業として国家予算が投入される．日本の場合，研究費に占める公費（国家予算）の比率がきわめて高く，人類学の研究も例外ではない．その意味では，少なくとも研究予算に関する限り日本の人類学は官製公共人類学的な側面を持っていると言うべきなのかもしれない．

　第2に，国家の下位単位として，州や県から市町村などの地方自治体，さらにはより小さな地域社会まで，さまざまなレベルのローカルな公共空間がある．このローカルな公共空間は，「小さな国家」への志向，脱中央集権化，地方分権化のなかで今後，その重要性を高めていくだろう．

　第3に，従来は私的領域と考えられている企業の社会的責任（CSR）に見られるような公共領域がある．この領域は，今日のネオリベラリズム的な傾向のなかで，かつての国家が担ってきた公共領域が，市場＝企業にゆだねられていくことを考えると，今後重要になると思われる．

　第4に，国連，世界銀行，ユネスコのような国際機関が関係する国際的な公共領域がある．現時点ではこの領域に関わっている日本人人類学者はあまりいないが，欧米ではかなり一般的だ．リンダ・バーシュは，国連の研究部長としても活動したことがある人類学者だが，国連やNGOなど（人類学のメインストリームである）大学以外の場所でも人類学は可能だし，有益だと述べている［Bash 2007］．

第5に，清水［2013］が論じたように，「草の根グローバリゼーション」という領域がある．国連などが国家を前提にして成立しているのに対して，ここで重要になるのはNGOである．グローバル化時代のNGOはネットワーク社会の重要な担い手として国家を越えた組織として機能している．

　第6に，「新しい公共」と呼ばれる領域がある．これは阪神淡路大震災の際のボランティア支援活動に由来すると考えられている．多くのボランティアが復興支援に関わったという事実──これが「新しい公共」と呼ばれるのは，古い公共が「官」（国家）によって特徴づけられるのに対し，「新しい公共」はボランティアというかたちで「民」（社会）が前面に出ているからだ．そこには従来とは異なる公共のあり方がある．

　すでに述べたように，これらの公共領域は複雑に絡み合っており，本書においてもさまざまなタイプの公共空間への関与が取り上げられている．ここでとくに注目しておきたいのは，2番目の「地域社会」というローカルな公共空間と最後に挙げた「新しい公共」である．というのも，人類学者が通常フィールドワークを通して関与するのはローカルな地域社会であり，ローカルな公共空間こそ公共人類学が展開される重要な場所だからだ．また，「新しい公共」を支えるボランティアリズムは，東日本大震災においても大きな役割を果たした．このようなかたちで展開される「新しい公共」は市民社会に関わるものであり，公共人類学はこの領域との接合を試みるべきだろう[11]．この点については後に再度立ち返ることにしよう．

6　公共人類学の方法──関与と協働

　「関与」（engagement）と「協働」（collaboration）は，公共人類学の最も重要なキーワードである．次章で，清水は「巻き込まれ，深く関わる」人類学について述べ，この種の人類学を「応答の人類学」と呼んでいる．しかし，このような人類学実践は，英語圏では「関与の人類学」── "engaged anthropology"[12] あるいは "engaging anthropology"［Eriksen 2006］──と呼ばれることが多く，ここでは「応答」より「関与」をキーワードとして採用したい．

　「関与」は，人類学の方法論そのものに密接に関係している．人類学には

「参与観察」(participant observation) というおなじみの方法があり,「マリノフスキー革命」に始まる現代人類学は「安楽椅子の人類学」から自らフィールドに出向き,当該社会を参与観察する方法論に転換することから始まった.しかし,「参与」と「観察」はしばし矛盾した行為であり [関本 1988：271-272],従来の人類学では学問的な営為としては参与より観察の方が勝っていた.逆に,公共人類学においては,観察よりも参与に力点が置かれ,当該社会が直面する問題の解決に向けて貢献することが目的となる.その意味では,公共人類学は,マックス・ウェーバー流の没価値的な客観性の追究から価値創造に向けての実践への転換をはかろうとするのである.

もう一つのキーワードである「協働」に関しては,エリック・ラシッターが「協働研究」(collaborative research) を提唱している [Lassiter 2005, 2008].協働研究は,開発人類学の手法として知られる地域密着型の研究 (community-based research),アクションリサーチ,参加型アクションリサーチ (Participatory Action Research: PAR),地域参加型研究 (Community-based Participatory Research: CBPR) などの手法に連なるもので,地域社会や政策策定に積極的に関与しつつ展開される方法論である.

そうした方法論に基づいて書かれるのが,「協働民族誌」(collaborative ethnography) である.民族誌は参与観察やインフォーマントからの聞き書きによって作成されるわけだから,そもそも協働の作業を前提としている.その意味では協働民族誌は決して新しいものではなく,古くはクワキートル民族誌作成におけるフランツ・ボアズとジョージ・ハントの協働に遡ることもできよう [Boas and Hunt 1895；Lassiter 2005：27].1980年代のポストモダン人類学や批判的人類学においては,民族誌作成における対話や協働が注目されるようになったが,協働民族誌はその延長上に位置づけられるものである [Lassiter 2005：71].

また,公共人類学においては,他分野・異業種の人びとと協働で調査・研究を行うことになるので,その成果である民族誌も一人の,というより複数の関与者が協働で執筆するということになる.読者も人類学者ばかりでなく,人類学者以外の人びとにも広く読まれる民族誌でなければならない.さらに,その目的はたんに学問的な知識の追究ではなく,倫理的,道徳的な企てであり,それゆえ政治的でもある [Lassiter 2005：79].このようにして作

成される協働民族誌は，これまでの民族誌的権威（ethnographic authority）によって書かれてきた民族誌［Clifford 1988：Ch. 1］とはきわめて異なったものになるだろう．

7　公共人類学の実践――震災復興の公共人類学

　日本における公共人類学の先駆的な仕事を行った先述の清水や木村は，ともに「災害」という切り口から公共領域に関わった．近年は世界的に災害が頻発し，とくに日本は災害大国だとも言われ，社会の関心も高い．というのも，災害はたんに甚大な被害を与える自然現象ではなく，社会的文化的に構成され，新しい社会・文化的プロセスを生み出す契機となるからである．以下では，東日本大震災の公共人類学という課題について述べよう．

　東日本大震災のような災害に対して人類学は何ができるのか．震災後比較的早い段階で，市野澤潤平，木村周平，清水展，林勲男ら災害を研究している人類学者は「東日本大震災によせて」という文章を『文化人類学』（76巻1号，2011年）に寄稿した．しかし，そこで出されているのは「専門能力を駆使して事態の収拾や改善にあたる力強い行動家ではなく，むしろ消極にすら見えるかもしれない内省的な人類学者像」であった［市野澤・木村・清水・林 2011：89］．たしかに人類学者は，防災工学者のように目に見えて役に立つ貢献ができるわけではなく，ジャーナリストのようにすばやく現地の事情を伝えることができるわけでもない．『震災の公共人類学』のなかで，木村は「おそらくできることは，やはり長期的な関わりではないか」と述べている［木村 2013：14］．人類学は，沼崎一郎が言うように，「スローサイエンス」であって［Numazaki 2012］，すぐに成果が期待できる学問ではないのだ．

　しかし，何ができるわけではないが，現地に飛び込んでいった人類学者もいた．竹沢尚一郎はその一人だった．岩手県大槌町を中心に支援を行いながら，復興計画と関わり，その関与の記録を『被災後を生きる――吉里吉里・大槌・釜石奮闘記』として出版した［竹沢 2013］．他方，高倉浩樹は自らも仙台で被災したが，宮城県からの委託で被災無形文化財に関する調査を組織し，『無形民俗文化財が被災するということ――東日本大震災と宮城県沿岸部地域社会の民俗誌』［高倉・滝澤編 2014］としてまとめた．高倉の調査

は，宮城県の文化公共事業として行われたわけで，官製公共人類学の一例である．さらに，トム・ギル，ブリギッテ・シテーガ，デビッド・スレイターらの日本在住の外国人人類学者は，ボランティア支援活動を行いつつ，その成果を「緊急の民族誌」（urgent ethnography）として日本語と英語で出版した［ギル他編 2013；Gill et al. eds. 2013］．

　筆者はと言えば，震災直後の 2011 年 4 月，何かしなくてはという思いから，東京大学教養学部文化人類学コースの調査実習の授業で東日本大震災を取り上げた．学生たちにはそれぞれの課題を設定させ，フィールド調査を実施してもらった．フィールド調査と言っても被災地ではなく，多くは東京とその周辺での調査だった．被災の中心は東北だったが，東京周辺にもさまざまな問題があったのである［東京大学教養学部文化人類学研究室 2012］[13]．学会活動としては，同年 9 月に国立民族学博物館で行われた東アジア人類学会，2012 年 11 月にサンフランシスコで行われたアメリカ人類学会年次大会，さらに 2014 年 5 月に千葉県幕張で行われた IUAES（International Union of Anthropological and Ethnological Sciences）中間会議などにおいて，東日本大震災の公共人類学に関する分科会を組織した[14]．

　しかし，筆者の被災地への直接的関与は，人類学者としてというよりむしろ NPO 法人「人間の安全保障」フォーラム（HSF）のメンバーとして行われたということを強調しておかなくてはならない．HSF は，2011 年 4 月に東京大学大学院総合文化研究科「人間の安全保障」プログラムの教員と学生を中心に立ち上げられたもので，設立直前に東日本大震災が起こったため，発足直後から「人間の安全保障」――「国家の安全保障」を補完し，人間一人ひとりの生存・生活・尊厳を保障しようとする考え方――の観点から被災地支援に関与することになった[15]．

　HSF の被災地支援事業の一環として，筆者は 2012 年 8 月と 2013 年 8 月に「まなび旅・宮城：ボランティアで夏祭りに参加しよう！」と銘打って，南三陸町からの避難者が多く住んでいる宮城県登米市の南方仮設住宅における復興のシンボルとしての夏祭りの実行支援活動を組織した．仮設住宅の住民は高齢者が多く，祭りをするには若い人びとの力が必要だということで，東京の学生を中心に延べ 40 人ばかりの若者達がこのボランティアツアーに参加した．このようなボランティアツーリズムは，震災後新しいかたちで登

場してきた復興ツーリズムの一つとして捉えられ，被災地社会の復興につなげることができると筆者は考えている［山下 2013］．また，こうしたボランティア支援活動は，「新しい公共」における活動としても位置づけることができ，そこではボランティア，NPO，地域社会，研究者（人類学者）はそれぞれの立場から——あるいはそれぞれの立場を越えて——協働できる．その意味では，「まなび旅」プロジェクトは筆者なりの公共人類学の実践なのである．

8 おわりに

　最後に，公共人類学の構築に向けてこれまでの議論を以下の3点にまとめて，結語としよう．
　第1に，「公共人類学」は「経済人類学」「医療人類学」「開発人類学」といったような人類学のサブ・ディシプリンを構成する「＊＊人類学」の一つではないという点である．「公共」とは人類学が働きかける対象であって，研究の対象ではない．それゆえ，公共人類学は，新しく形容詞のついた人類学の下位分野ではなく，公共的課題に関与しつつ，人類学を実践することである．
　第2に，公共人類学は，公共領域に関与することで，人類学の境界を越え，さらに大学（アカデミズム）を越える試みでもある．そうした公共人類学を実践するためには大学外のNGO/NPOなどとの連携が必要となる．さらに，それは「新しい公共」への参入を意味する．
　第3に，従来の人類学は，没価値的な学問としての色彩が強かったが，公共人類学は，公共的課題を解決するために，政策提言や支援を含む規範的主張と倫理的，政治的な実践を行い，よりよい社会の実現めざすという点である．その意味で，公共人類学は，よりよい世界の実現，つまり世界の解釈ではなく，世界の変革を試みるのである．
　以上，要約すれば，公共人類学とは，公共的課題に関与し，理論的・実践的に解決に取り組むことで，社会に貢献する人類学であり，それを通して人類学の公共性を推進しようとするものである．

注

1） 筆者は2014年度放送大学特別講義として「公共人類学――人類学の社会貢献」を講義した．この講義は2014年4月20日に放映され，以後5年間適宜再放送される予定である．本稿はそのときの草稿に加筆を施したものである．

2） この博物館はある意味で民族研究所の戦後版だとも言えるが，初代館長になった梅棹忠夫は「民族」博物館ではなく「民族学」博物館だと，「学」にこだわったという．

3） 「公益人類学」（public interest anthropology）という言い方もある［Sandy 2003］．

4） Rob Borofsky, Defining Public Anthropology: A Personal Perspective (2007)（http://www.publicanthropology.org/public-anthropology/）.

5） カリフォルニア大学出版会の公共人類学シリーズは，2001年12月から2013年7月までに31冊刊行されている（http://www.publicanthropology.org/public-anthropology/）．

6） もっとも，ルイーズ・ラムファーが指摘するように，「応用人類学」「実践人類学」「公共人類学」など名称の違いにあまりこだわる必要はなく，いずれ一つになっていくと考えるべきかもしれない［Lamphere 2004］．

7） アメリカの公共人類学成立の背景には大学以外に職を求める学生たちが増大したということもあったと報告されている［Lamphere 2004：431］．日本でも同様な展開が見られたわけだ．また，このプロジェクトの副産物として刊行されたのが，『文化人類学入門――古典と現代をつなぐ20のモデル』［山下編 2005］と『現代人類学のプラクシス――科学技術時代をみる視座』［山下・福島編 2005］である．これらの著書において，筆者は公共人類学について言及している［山下編 2005：7；山下・福島編 2005：10］．日本で公共人類学という言葉を使った最も早い例であろう．

8） ロブ・ボロフスキーも，Why a Public Anthropology のなかで，文化人類学の方法論の3つの基本的なツールである「参与観察」「コンテクスト重視の理解」「比較」の有効性を繰り返し強調している．また，ピーコックは，「社会は人類学を必要としている．もし私たちが存在しなかったならば，私たちは作り出されていただろう」と述べている［Peacock 1997：9］．

9） マーガレット・ミードが1944年に脱稿しながらも，広島・長崎への原爆投下がショックで出版しなかったというこの本の草稿を紹介しながら，ビーマンは "Learning to live in one world" という公共人類学的なテーマの今日的重要性について注意を喚起した．また，ビーマンは9.11以後最も多くアメリカのマスコミに登場した公共人類学者だという［Checker et al. 2011：494］．

10） http://www.sal.tohoku.ac.jp/anthropology/public_anthropology.html　これは東北大学文化人類学研究室の科学研究費補助金によるプロジェクト「現代社会における異文化共生の公共人類学的研究」（平成20-22年度：代表 嶋陸奥彦）がもとになっている．

11） 「新しい公共」を法律化したNPO法（1998年）のもとに制度化されたボランティアイズムは，国家，とりわけマーケット原理を強調し小さな政府を主張するネオリベラル国家に奉仕するものだという見方もある［Ogawa 2004：93］．

12) ウェナーグレン財団は "engaged anthropology grant" という名目で研究助成を行っている（http://www.wennergren.org/programs/engaged-anthropology-grant）．
13) 同様な調査実習やボランティア支援は多くの大学で行われたであろう［例えば川口他 2013］．また，デビッド・スレイターは "Teach 3.11" という教育・研究用のデータベースを作成している（http://teach311.wordpress.com/）．
14) それぞれの学会での分科会のタイトルは，以下の通りである．"The Public Anthropology of Disaster : The East Japan Disaster"（East Asian Anthropological Association Annual Meeting, September 8-11, 2011, Osaka），"The Public Anthropology of the East Japan Disaster: Deconstruction of Borders and the Formation of a New Community"（The 111th Annual Meeting of American Anthropological Association, November 14-18, 2012, San Francisco），"Practicing a Public Anthropology in Communities Devastated by the East Japan Disaster"（The International Union of Anthropological and Ethnological Sciences Inter-Congress, May 15-18, 2014, Chiba）．
15) 「人間の安全保障」フォーラム・ウェブサイト（http://www.hsf.jp/）．2014年7月現在筆者が理事長を務めている．

参照文献

Bash, Linda (2007) Working Anthropology: A View from the Women's Research Arena. Les Field and Richard Fox eds. *Anthropology Put to Work*, pp. 149-160, Oxford and New York: Berg.
Boas, Franz and George Hunt (1895) *The Social Organization and the Secret Societies of the Kwakiutl Indians*, Washington, D.C.: Annual Report of the National Museum.
Borofsky, Rob (2011) *Why A Public Anthropology?* Kindle E-book.
Checker, Melissa *et al.* (2011) Year That Trembled and Reel'd: Reflections on Public Anthropology a Decade after 9/11, *American Anthropologist* 113 : 491-497.
Clifford, James (1988) *The Predicament of Culture: Twentieth-Century Ethnography, Literature, and Art*, Cambridge and London: Harvard University Press.
Eriksen, Thomas Hylland (2006) *Engaging Anthropology: The Case for a Public Presence*, Oxford and New York: Berg.
Evans-Pritchard, E. E. (1946) Applied Anthropology, *Africa* 16 : 92-98.
ギル，トム／ブリギッデ・シテーガ／デビッド・スレイター編 (2013) 『東日本大震災の人類学――津波，原発事故と被災者たちの「その後」』人文書院．
Gill, Tom, Brigitte Steger and David H. Slater eds. (2013) *Japan Copes with*

Calamity: Ethnographies of the Earthquake, Tsunami and Nuclear Disasters of March 2011, Oxford: Peter Lang.
Gonzalez, Roberto ed.（2004）*Anthropologists in the Public Sphere: Speaking Out on War, Peace, and American Power*, Austin: University of Texas Press.
市野澤潤平・木村周平・清水展・林勲男（2011）「東日本大震災によせて」『文化人類学』76（1）：89-93.
川口幸大・関美菜子・伊藤照手（2013）「東日本大震災に関連したフィールドワークを行うこと／それを指導すること——『文化人類学実習』の授業を事例に」『文化人類学』78（1）：111-126.
木村秀雄（1999）「多文化主義・人類学・ラテンアメリカ」由井大三郎・遠藤泰生編『多文化主義のアメリカ——揺らぐナショナル・アイデンティティ』pp. 253-281, 東京大学出版会.
木村周平（2013）『震災の公共人類学——揺れと共に生きるトルコの人びと』世界思想社.
Lamphere, Louise（2004）The Convergence of Applied, Practicing, and Public Anthropology in the 21st Century, *Human Organization* 63：431-443.
Lassiter, Luke Eric（2005）*The Chicago Guide to Collaborative Ethnography*, Chicago: The University of Chicago Press.
Lassiter, Luke Eric（2008）Moving Past Public Anthropology and Doing Collaborative Research, *Napa Bulletin* 29：70-86.
Malinowski, Bronislaw（1929）Practical Anthropology, *Africa* 2：22-38.
Numazaki, Ichiro（2012）Too Wide, Too Big, Too Complicated to Comprehend：A Personal Reflection on the Disaster That Started on March 11, 2011, *Asian Anthropology* 11：27-38.
Ogawa, Akihiro（2004）Invited by the State: Institutionalizing Volunteer Subjectivity in Contemporary Japan, *Asian Anthropology* 3：71-96.
Peacock, James（1997）The Future of Anthropology, *American Anthropologist* 99：9-29.
Peacock, James（1998）Public or Perish? A paper presented at the session, "Defining a Public Interest Anthropology," organized by Peggy R. Sanday and Elvin Hatch at the 97th Annual Meeting of American Anthropological Association, December 2-6, 1998, Philadelphia.
Peacock, James（2001）*The Anthropological Lens: Harsh Light, Soft Focus*, Second Edition, Cambridge: Cambridge University Press.
Sandy, Peggy Reeves（2003）Public Interest Anthropology: A Model for Engaged

Social Science（Prepared for SAR Workshop, Chicago）（http://www.sas.upenn.edu/~psanday/SARdiscussion%20paper.65.）．
関本照夫（1988）「フィールドワークの認識論」伊藤幹治・米山俊直編『文化人類学へのアプローチ』pp. 263-289, ミネルヴァ書房．
清水展（2003）『噴火のこだま――ピナトゥボ・アエタの被災と新生をめぐる文化・開発・NGO』九州大学出版会．
清水展（2013）『草の根グローバリゼーション――世界遺産棚田村の文化実践と生活戦略』京都大学学術出版会．
Singer, Merrill（2000）Why I am not a public anthropologist, *Anthropology News*, September, 2000.
高倉浩樹・滝澤克彦編（2014）『無形民俗文化財が被災するということ――東日本大震災と宮城県沿岸部地域社会の民俗誌』神泉社．
竹沢尚一郎（2013）『被災後を生きる――吉里吉里・大槌・釜石奮闘記』中央公論新社．
寺田和夫（1981）『日本の人類学』角川書店．
東京大学教養学部文化人類学研究室（2012）『災害の人類学――東日本大震災を中心に』（2011年度文化人類学野外実習実験報告書）．
Turner, Terence（1993）Anthropology and Multiculturalism: What is Anthropology that Multiculturalists Should be Mindful of It? *Cultural Anthropology* 8：411-429.
van Willigen, John（1993）*Applied Anthropology: An Introduction*, Revised Edition, Westport, Connecticut and London: Bergin and Garvey.
van Willigen, John（1997）Applied Anthropology, Thomas Barfield ed. *The Dictionary of Anthropology*, pp. 21-23, Oxford: Blackwell Publishing.
山下晋司編（2003）『日本における文化人類学教育の再検討――新たな社会的ニーズのなかで』（平成13-14年度科学研究費補助金基盤研究（B）（1）研究成果報告書）．
山下晋司編（2005）『文化人類学入門――古典と現代をつなぐ20のモデル』弘文堂．
Yamashita, Shinji（2012）The Public Anthropology of Disaster: An Introductory Note, *Asian Anthropology* 11：21-25.
山下晋司（2013）「復興ツーリズム論―― 3.11以後の新しい観光」『季刊家計経済研究』99：15-23.
山下晋司・福島真人編（2005）『現代人類学のプラクシス――科学技術時代をみる視座』有斐閣．

2 応答する人類学

清水 展

1 はじめに

　本章では，私自身の個人的な経験にもとづき，公共人類学のひとつの方向性あるいは可能性について考える．結論を先取りして言えば，公共人類学という旗を掲げるにしても，その方法においては，初心に立ち返りフィールドワークと，そこでの人類学（者）の応答性を重視すること，応答性にもとづく公共性の展開や拡充が重要であることを主張する．ここで言う応答は，コミュニケーションあるいは対話と近い．しかし前者では意味が広すぎ，後者では狭すぎる．それで応答という言葉を用いる．黒人霊歌などにおける「コール＆レスポンス」（call and response）の歌唱あるいは演奏の楽式をイメージしている．メイン・ボーカルとコーラスが呼応した形で歌唱される，いわゆる「掛け合い」のことである．

　そして私が考える応答とは，人類学者の側が呼びかけられていることを自覚し，それに対するレスポンスとしての，具体的な発言と行動である．フィールドワークが終わった後も，お世話になった人々との関係を続け，さまざまな形で関与し続けることである．英語圏では "engaged/engaging"（参与する，関与する）という言葉が使われることが多い．和製英語では，コミットメントという語感に近い．

　応答するのは人類学という学問であることが望ましいが，第一義的には，個々の人類学者である．フィールドワークをしているときの応答は，人類学者と調査地の人々との日々の相互行為である．人類学者がフィールドワークを終えて大学（母国）に戻った後も続く関係，そこでの応答の継続が重要と考えている．それゆえ，人類学者が関わる公共性が，自分の属するナショナ

ルな空間（一国内）に留まらず，国境を越えて彼ら彼女らの生きる空間をも包摂していること・すべきであることを主張する．

　そうした空間を公共性という言葉で呼ぶのは間違っているかもしれない．共同性や共通性，あるいは連結性や接続性，共遇性（清水の造語）として捉えるべきかもしれない．適切な言葉を考えあぐねているが，その背後にある問題意識は，国境を越えた公共への積極的な関与をとおして，人類学の新たな展開を模索したいという希求である．個々の人類学者がフィールドの人々への応答関係を積み重ね，知識と経験を集めてゆくことをとおして，人類学そのものの再想像＝創造への手がかりを得たいと願っている．それは，自他の差異に着目する人類学（異文化理解や他者表象）から，自他の共通性や相同性，共遇性に着目し，両者が直面する喫緊の問題に協力して取り組む人類学（国際公共の追求）の可能性である．

　ルソン島西部のピナトゥボ火山が1991年に大爆発したあと，私は10年余にわたり，アエタ被災者の生活再建を支援するNGOの一員として活動した．その経験を総括した拙著のなかで，次のように述べている．「長期のフィールドワークを行うことによる出会いを通じて，フィールドワークが終わったあとも，そして民族誌を作成したあとも，人類学者は様々なかたちで現地の人々とコミットし続けている．正確には，コミットせざるを得ない状況となってきている．……そうした関わりや関与をとおして，近現代世界と周辺地域との接合と摩擦の現場から，世界の捉え直しの方途を探ってゆくことの意味は大きい．」［清水 2003：105］．同書の出版から10年を経た今でも，この思いに変わりはない．本章の結論でもある．

2　応答性への着目

　人類学者に呼びかけてくるのは，まず現地の人々であり，彼らや彼らの社会が直面する喫緊課題である．その逆ではない．速水が指摘するように，人類学者は調査を始めた時点ですでに一方的な「介入」を始めている［速水 2006：474］．しかし，誰もが経験してきたことだが，その介入は，常に相手の反応や対応を引き起こし，相互的な応答になってゆく．しかもこの応答は，時には反発と拒絶の形を取ることもあるが，通常は一度きりで終わらない．

キャッチボールのように繰り返され，増幅されてゆく．音楽とは異なり，人類学における応答には短時間で完結するような終わりがない．現地において，そして日本あるいは各々の人類学者が属する国に帰って，自身が身を置く場やネットワークで結ばれたさまざまな人々との会話や対話が続いてゆく．

　もちろん現地の人々との応答はフィールドワークの後も続く．今では，Eメールで調査地にいる友人から補足の資料や最新の情報を簡単に教えてもらえる．人類学者は，そうした会話や対話が導く相互理解の深化という共同作業をとおして，論文の執筆や民族誌の作成というオープン・エンドの物語を紡ぎだしてゆく．博士論文を書く院生ならば，フィールドワークを終えた後には主に指導教員との応答をとおして，博士論文を作成する．博士論文を書き終えたならば，職を得るため，あるいは昇任のために，学会で評価される論文や本を書き，関心を共有する会員との直接間接の応答を行う．

　公共人類学を提唱するボロフスキーが人類学の現状に対して投げかける批判は，多くの人類学者（85‐90％）が，自分の能力の評価や昇進，より良い転職をめざし，人類学会の内部だけで評価されることを目的として，狭すぎる問題や限られた地域・コミュニティだけについての論文を大量生産していることに向けられている．結果として，学会とは関係のない人々に対して，社会が直面している大きな問題の見取り図を示すことができず，世間の関心を得ることもできない［Borofsky 2011：L. 1125-1142］．人類学者たちが狭い業界のなかに安住しているというボロフスキーの指摘と批判に私も同意する[1]．しかし，彼が公共人類学として構想する人類学は，フィールドワークから大学に戻ってきた後の活動，すなわち自国において社会問題に積極的に関わることに力点が置かれている．

　ボロフスキーは，公共人類学であるためには，社会に対する説明責任（アカウンタビリティ）と透明性が不可欠である，と主張する．しかし，説明責任と透明性に加えて応答性あるいは応答責任とよぶべきものが重要である，と私は考える．それは，すでに述べたように，調査地の人々への，そして彼らが直面する問題へのコミットメントである．応答性に相当する英語はレスポンスであり，その派生語としての責任（responsibility）を含意する言葉として「応答する（または応答責任のある）人類学」（anthropology of response-bility，清水の造語）を考えている．

具体的な応答の実践に関しては，熊本に住む作家（同時に水俣病を告発する会）の石牟礼道子と，福岡に拠点を置くペシャワール会の中村哲医師の活動と発言に直接間接の示唆と啓発を受けてきた．お二人とも，問題がある場所に身を置き，そこに住まう人々の声を聞き，会報や新聞・雑誌の記事，あるいは本の形で世間に発言発信し，問題解決の方途を示すという点で，応答する人類学として私が目指すことを先取りして行ってきた．拙稿「辺境から中心を撃つ礫」のなかの1節で「人類学者として」の中村を論じた際には，中村が「医師であり，土木技師であり，現場監督であることに加えて，人類学者でもある」と主張した．なぜなら「アフガニスタンの現場から日本について語る中村の発言と批評や批判は，マーカス＆フィッシャーが『文化批判としての人類学』（1989年）で提唱する人類学のあるべき姿と通底している」からである［清水 2007：120］．いまだ公共人類学が姿を現わす以前から，その精神を彼が先取りして実践してきたことに，私は啓発され叱咤されてきた[2]．

　石牟礼に啓発されたのは，大学生のときに『苦界浄土』（1970年）を読んだ衝撃とともに，サイードが論ずる「被植民者たちを表象＝代弁すること」［1998］の問題系について，彼女がずっと早くから，誠実に応答してきたからである[3]．ただし中村の著作が人類学者としての私の導きとなったのに対して，石牟礼の著作は，詩人の感性と文学者の想像＝創造力を欠く私にできることは「愚直な民族誌」［木村 2007］を書くことであり，そのことに徹すべきことを教えてくれた．もし私に，詩人の感性と文学者の想像＝創造力があれば，わざわざ海外の異郷に赴くことなく，現前の世界を違った風に見ることが可能であろう．しかしそうした鋭敏な感受性と自由な想像力を欠くゆえに，異文化の中に身を置くことによって初めて，鈍感な私でも閉じていた目を開けられ，蒙を啓かれ，鈍い頭でも新しい視点からの思考を始めることができた．私自身が自由になり意味ある人生を生きるためには，そのことの可能性に賭けるしか他に道も術もないことを，石牟礼に教えられた．

3　ヒアリング・カルチャー

　ブロフスキーも強調するように，人類学の方法の基本は参与観察と文脈

に即した理解，そして比較である．この三本柱はいずれも重要でありながら，しかし彼自身は一番の基本とも言うべき参与観察の問題点と可能性について十分な考察をしていない．人類学のフィールドワークが，たとえば霊長類学の参与観察の方法とは根本的に異なることは自明である．サルやゴリラやチンパンジーは，自らの行動について言葉では決して説明してくれない．そこで調査者（霊長類学者）が群れの近くに身を置いて，まさしく目で観察することが霊長類学の方法である．自然の群れを追って観察するだけではなく，群れの餌付けをして近くで観察したり，飼育してさまざまな実験を行ったりすることもある．

　霊長類学に比べると人類学の参与観察は，目で観察することとともに，それ以上に耳で聞くこと，習慣や儀礼や個々の行為や，生活のあらゆる営為について，当事者から言葉で説明してもらうことが重要な情報収集と理解の方法となっている．にもかかわらず，人類学の方法をめぐり，「文化を聞く」ことにはほとんど関心が払われてこなかった．それゆえに「ヒアリング・カルチャー・ショック」が起きることもなかった[4]．『文化を書く』（1996年）ことが強い関心を集め，多くの論者が議論を重ねてきたのに比べて，「文化を聞く」ことに関して十分に検討されてこなかったのはなぜだろう？　その理由は，話を聞くことが，あまりに当たり前すぎたからであったかもしれない．あるいは，人類学者が自身の欲することを聞くだけで，現地の人々に向き合い，その声や発話をしっかりと聞き，そして応えてゆくことを十分に意識してこなかったからかもしれない[5]．相手から必要な情報だけを集めるという関係では，警察の捜査や取り調べと変わるところがない．人類学において，聞くことと書くことのあいだに広がる懸隔はあまりに大きい．

　両者の落差が生じた理由のひとつは，サイードの『オリエンタリズム』（1986［原著1978］年）の批判に直接的な淵源が求められるであろう．彼が鋭く指摘し糾弾した文化的な表象と政治的な支配（植民地主義）の結びつきの問題を，多くの人類学者が，文学や歴史学や思想史や美術史の研究者らとともに，それらに少し遅れながらも深く受け止め，誠実に考え対処しようとした．人文学の諸分野に広く衝撃を与えたゆえに，人類学もまたその影響圏のなかで，他の諸学とりわけ文学や思想哲学の領域を強く意識して，「文化を書く」こと，他者を表象すること，すなわち「民族誌という問題」の内省へ

と導かれた．

　日本でもアメリカに10年ほど遅れて1990年代から2000年代にかけてその衝撃の波紋が広がっていった［たとえば太田 1994］．少なからぬ人類学者が，文芸評論や文学理論あるいは思想哲学の研究動向や思潮を意識して研究を進めた．しかし，それらの成果が文学や思想哲学の学会誌に投稿されることは少なく，そこでの議論に人類学からの新たな知見の提供や異議申し立てが積極的になされることはなかった．それらのほとんどが人類学界の内部で流通し消費され，外部への発信がほとんどなかった．その理由は，日本の人類学会が二千人余の会員を有し，それなりに自立自足したマーケットを持っていたからであろう．

　人類学の基本が，目で観察する以上に耳で聞くこと，人から話を聞くこと，彼らの説明や解釈を聞くことという当たり前の事実は，すでにギアツが『文化の解釈学』の第1章「厚い記述」のなかでも指摘している．彼は，「民族誌学者は社会的対話を『書きしるす』．それを書きとめるのである」［ギアツ 1987：32］と明言している．にもかかわらず，社会的対話のあり方そのものに考察を加えることをせずに，「人類学の著作は，……彼ら自らの解釈に関するわれわれ自身の解釈」［ギアツ 1987：14］と言い，他の個所では，「要するに，人類学の著述はそれ自体が解釈であり，さらに二次的，三次的解釈なのである．……人類学の著作はしたがって創作である」［ギアツ 1987：26］ことを強調する．そのため必然的に，人類学をすることの比重が，おのずと聞くことではなく，社会的対話の流れを解釈の対象となしうるように，テクストを書く（創作する）ことへと大きく傾くことになる．

　その結果，人類学者は，フィールドワークにおいてはノートを書くこと，母国に戻った後には民族誌を書くことに専心する．彼らの解釈を根本テクストとして自らの解釈や注釈で上書きしてゆく作業に熱中するあまり，自分自身が編み上げてゆくテクストのなかに自足してしまう．応答する相手は，フィールドで対話を続けた人々であるよりも，人類学会の内部の先行研究であり，人文諸学の関連研究である．それらとの間テクスト世界での応酬で満足し，その外部へと出てゆくことがない．フィールドにおいて対話を続けた生身の人間同士の関係は途切れ，再びフィールドにもどって対話を再開し，対話とそれに触発される作業を継続してゆくことは稀である．

4 応答から共鳴，協働へ

　私が考える応答する人類学に戻って，その主要な問いについて考えてみたい．それは，人類学（者）が，1）誰に対して，2）何に対して，応答するのかという問い，である．問い1）については，三つの異なる相手を想定している．第一にはフィールドワークを行っている現地の人々である．関根が主張するように，現地で開発その他の支援活動をする専門家や［関根 2007: 374-377］，その国の人類学者でもありうる[6]．第二の相手としては日本（あるいは欧米）の人類学の学会，および人類学者が暮らしている現代社会・世界（日本語で論文を書くかぎりは日本社会）に対してである．第三には，きわめて個人的で言うのも気恥ずかしいが，私の頭が私の心に応答することを想定している．この第三の応答は，私自身が人類学を学びたいと思った一番の理由であり，人類学をとおして自由になるための企てとして，私にとって常にもっとも切実である．が，本章では取り上げない[7]．

　問い2）の何に対してかについては，第一にはフィールドの人々が抱える切実な問題，そして第二には日本および現代社会・世界が直面している喫緊の課題を想定している．しかも私自身がフィールドワークをしたルソン島西部ピナトゥボ山麓のアエタの村での，そして北部のイフガオの村での経験を通じて，フィールドの人々の問題と日本の現代社会の問題とが，決して切れてはおらず，深く強く結びついていることを実感している．たとえば1991年のピナトゥボ山大噴火による先住民アエタの生活世界の激変と復興の歩みは，2011年の東日本大震災の後の福島や宮城の人々の苦闘と相同である．

　他方，アエタの生活再建が軌道に乗った後，1998年から12年にわたり毎年必ず一度は訪れて，住民主導の植林運動について調査した北部ルソン・イフガオ州のハパオ村は，アジア太平洋戦争の末期に，山下将軍が率いる日本軍主力部隊が最後に立てこもった山奥の要害の地である．しかし人口1,800人ほどの同村から過去20年余のあいだに海外出稼ぎに出た者たちの総数は160人を超え，人口の1割近くに達する．今やグローバル化の波が，そうした山奥にまで届き，村人たちは，その大波に巻き込まれつつ，それに対峙して抵抗したり便乗したりして，生活の向上を目指して奮闘している．その意味では，ピナトゥボでもイフガオでも，村人たちは，日本に住むわれわれの

同時代人として，地球規模で見られる共通問題に立ち向かっている．拙著『草の根グローバリゼーション』[2013] は，イフガオの人々を，「私とは異なる場所で，しかし……私と同じ時空間を生きる同時代人として」[清水 2013：7] 描いた民族誌である[8]．

そもそも人類学は，人類としての普遍性と個別の民族・文化の特殊性の両方を求めながら，ともすれば個々の民族・文化の特殊性と差異に大きな関心を払い続けてきた．人類学者は，異文化と他者性，そして全体性を求めて，遠い国の田舎や山奥へとフィールドワークに出かけた．しかし今では，少なくとも私には，フィリピンの山奥に住む先住民のアエタでもイフガオでも，日本人との差異よりも，類似性や相同性の方を強く実感している．アエタの場合は，1991 年におきた 20 世紀最大規模のピナトゥボ火山の大噴火によって故郷を追われ，20 キロほど離れて建設された再定住地での生活の再建を余儀なくされた．平地民社会の周縁地区に住む彼らの 20 年余の復興の歩みは，焼畑農耕と狩猟採集を生業とする山中でのほぼ自給自足の生活を一変させた．被災した親たちの世代は，自らは農業賃労働者やインフォーマル・セクターの労働者となり，子どもたちには学校教育を受けさせ，より良い職と生活へと続く社会上昇を果たさせようとしている．日本やアジア諸国の親たちの思いや生活ぶりとほとんど変わるところがない．

イフガオでもアエタでも，人々はグローバル化の進行とネオリベラル経済の浸透がもたらす影響のもと，日本に暮らすわれわれと同様な問題，すなわち生活や社会の根本的な変化にともなう困難と新たな可能性に直面している．ただし，それぞれの地域や社会の発展経路の違いによって，異なった制約を受け異なった困難に直面しながら，異なった，しかし似てもいる可能性に開かれている．（ここで文化の違いと言わないのは，文化がともすれば世間一般の用法として，伝統とならんで，静態的で不変のイメージを有しているからである．）

それゆえ応答の人類学も，異なった場所で異なった歴史発展経路に支えられながら現代世界の共通問題あるいは喫緊の課題に対峙している人々との連携と協力をとおして，解決のための隘路を開く方途を探すことが責務であると考える．人類学の課題は，異文化や差異の理解にとどまらず，発展経路の違いと文化の相違を包摂して立ち現われる共通の問題群に対して共に立ち向かうために，国境や文化を超えた類似性や共通性を理解し，それを基盤と

する連携・協力をとおして，対処や解決の方途を探ることにある．

5 行きがかり，巻き込まれ，開き直り

　ここで人類学者としての自身の自己形成を振り返り，応答する人類学を考え始めた経緯について説明したい．1976年に初めてフィリピンに行ったとき，当初は北部ルソン山地に暮らすカリンガの村でのフィールドワークを計画していた．しかし共産ゲリラの活動にともなう治安の悪化や他の幾つかの理由で断念せざるを得なくなり，代わりに知人の伝手をたよって西部ルソンのピナトゥボ山のアエタ集落で調査を行うことにした．移動焼畑農耕を主たる生業とし補助的に狩猟採集を行うアエタは，社会組織にしても儀礼にしてもきわめて簡素であり，その調査から人類学の研究の蓄積や理論に対して，何か新しいことを付け加えることなどできそうもないと思った．予想される生活の大変さと成果の少なさという費用効果の計算から，それまで人類学者はあえて調査することを避けてきた．しかし逆に，簡素で「浅い」文化ならば，フィリピンに関して事前の勉強も不十分で深い知識のない浅薄な私にぴったりだ，私でも1年暮らせば，かなりのことが分かるだろう，と楽観的な気持ちになれた．

　アエタ社会は，複雑な親族・社会組織を持たず，制度や規範の拘束力は弱くゆるやかで，それらに対する無視や逸脱や違反が頻繁に生じる．個々人の生活の成り立ちや社会編成のされ方は，きわめて自由で柔軟かつ流動的である．それゆえ社会過程一般は，具体的な問題が生じた際の個々の現実的な対処対応を通じて，いわば即興的に問題処理と現状回復が行われながら進んでゆく．それに応じて私の調査法も，ある意味では単調な日々の繰り返しであるアエタの日常生活に何らかの衝撃を与え，それに対する人々の積極的な対処を引き起こすような出来事に着目し，それへの柔軟な対処の仕方，すなわち出来事の受容と馴化の過程を考察することによって，アエタ社会の存在様態を明らかにしようとするものとなった［清水 1990：1-5］．出来事に着目し，それが引き起こす興奮や喜び，怒り，その他さまざまな反応に関して村人たちの話を聞くという，基本的には受身の調査スタイルは，それ以降の調査でも変わることがない．

1991 年 6 月に起きたピナトゥボ山（1,890m）の大噴火は 20 世紀最大規模で，そのときの降灰と続く雨期に繰り返し生じたラハール（土石流氾濫）のために，山腹や山麓一帯の自然環境が激変した．噴火の直前には 2 万数千のアエタのほぼ全員が山を下り，避難センターやテント村を転々とする仮住まいを余儀なくされた．その間に千人ほどが，ハシカやインフルエンザなどの伝染病のために亡くなった．半年を過ぎる頃からは，ピナトゥボ山から 20 キロほど別々に離れた地区に造成された 9 つの再定住地に移って生活再建を始めた．

　たまたま私は噴火の直前の 1991 年 4 月から 1 年間，大学のサバティカル（長期研究休暇）を利用してフィリピンに滞在した．噴火の後は当初の研究計画を断念し，生活の拠点を置いていたマニラと現地を何度も往復しながら，主に日本の NGO（アジア・ボランティア・ネットワーク）のボランティアとして，被災後の医療活動や保健衛生プログラム，生計プロジェクトなどのお手伝いをした．その後の数年間，毎年の休みのたびに NGO の活動に参加するとともに被災地の友人を再訪し，話しを聞き，生活再建の歩みを見続けた．

　しかし噴火後のボランティアといっても，被災者の生命を救ったり生活の再建の手助けになったりするような知識や技術を私は持ち合わせていなかった．噴火直後の緊急救援（衣食住の提供と医療）の際も，危機的状況を乗り越えた後の生活再建（農業支援や職業技術訓練）の際も，人類学者としての私はまるで無力であった．私にできること，実際にしたことは，被災地の取材に訪れるメディアや NGO 関係の人たちの通訳をしたり，その場であるいは後になって，被災者と支援者の互いの真意や思惑を双方向に補足説明したりするほかは，もっぱら身体を動かす仕事の手伝いや雑役であった．

　そうしたピナトゥボでの経験で実感したことであるが，噴火などの大規模な自然災害は，被災者の生活環境を根こそぎ破壊し，生命と生存の危機をもたらす．それまで安住していた世界が全面的に崩壊することで，被災者はいわば「世界の終わり」に直面する．それは個々人にとって身体的かつ精神的な苦痛と苦悩をともなう切実な体験であり，生き延びた後には象徴的な死と再生の過程となる．と同時に，社会にとっても旧来の社会組織が無力化して機能不全となり，新たな社会編成を生み出す契機ともなる．さらには危機的な状況のなかでの助け合いと分かち合いが，「災害ユートピア」とも呼びうるような強い共同性を生み出すこともある［ソルニット 2010］．

大規模災害によって「ご一新」とも呼べるべき状況が生まれることは，ピナトゥボに限らず，たとえば関東大震災や第二次大戦中の米軍の無差別空襲による東京の炎上と壊滅，その後の焼跡闇市の状況を思い浮かべればよいだろう．そのなかで人々は，ほぼゼロからの生活再建のために，あらゆる知識と技術を再活性化し，身近な資材をときに本来とは異なった目的のために流用や再活用して復興をめざした．と同時に，新状況に即した新たな生活様式の模索や，新しい社会の建設も同時に進められた．災害は，短期間のうちに危機的な状況を生み出すことで，その社会の成り立ちの特性や危機への対応能力，さらには復元＝回復力（resilience）などを集約して明らかにする［ホフマン＆オリヴァー＝スミス 2006：11-19］．

　アエタの場合には，第二次大戦の末期に日本軍の数千の兵が彼らの生活域に逃げこみ，焼畑のイモを残らず食べ尽くした．そのため種イモさえ失ったアエタたちは，終戦後の飢饉を，山菜，野草や小動物に関する伝統知識を再活性化し最大限に活用することで乗り越えた．移動焼畑耕作民から採集と狩猟に比重を置いた生活スタイルへと一時的に先祖帰りしたのである．

　それに対して1991年の大噴火は，アエタの若者やリーダーたちのあいだに，フィリピン社会の一員として生きてゆこうとする，未来志向の自覚を生み出した．災害による環境の激変が，アエタ社会を根本から揺り動かし，個々人の生活の多様化をはじめ，社会の再編成と先住民意識の覚醒，それを支える文化の自覚をもたらした．具体的には，被災後の生活再建と復興のための奮闘をとおして，フィリピン社会の市民であり，国民であり，同時に先住民でもあるピナトゥボ・アエタとして生まれ変わり新生していった．子どもたちは，学校教育を受けて大学を卒業し，海外出稼ぎに行く者も出てきた．

　人類が等しく経験した移動焼畑農耕から定着農耕へ，さらに工場労働やインフォーマル・セクターでの労働という変化，普通は数百年ほどの歳月をかけて経験してきた変化を，アエタ被災者たちは10年か20年の短い歳月のあいだに凝縮して追体験したのである．アエタ個々人と社会の柔軟な適応力（レジリエンシー）と，そうしたことを可能にする人類共通の潜在能力を痛感した．それと同様に，私自身も彼らと深く関わることをとおして，人類学に対する考え方やその実践の仕方も大きく変わっていった．

6　コミットメントの内省

　噴火の後に初めて被災者のテント村や一時避難所を訪れたとき，友人知人たちの虚脱感のようなものを感じ，何かお役に立つことをしたいと痛切に思った．同時に，拙著のなかで正直に告白しているように，「災害の人類学」という未開拓の重要な研究領域が眼前に広がっており，オリジナルな調査研究をする千載一遇のチャンスであることも確信した．その板挟みのなかで気持ちが揺れた．かつて山での生活と調査の際に私を助けてくれたアエタの友人たちが本当に困り果てているときに，研究者としての業績を上げるため，あるいは学問のためと称して，「客観的」な調査をすることは，まるで火事場泥棒ではないかという自問自答を繰り返した．そして，やはりすべきでないと思うに至った［清水 2003：25-26］．

　支援を求めるための現況レポートなどを一般市民の読者を対象にして書く機会が与えられれば，また自らも求めて，積極的に寄稿した．しかし，当面は学術論文を書かない，そのための資料集めを積極的にしない，と心に決めた．そのように決めてしまえば，後は案外と気楽であった．被災した友人知人に恩返しができる，故郷を追われて身寄りのないいちばんの弱者であるアエタ被災者たちに役に立つことができる，という充実感があった．しかし，はて，さて，今から振り返って考えてみるに，果たして人類学者が災害に際してできることは何だろうか？　私自身，噴火後の4,5年のあいだは，もっぱら生活再建と社会復興を支援する日本のNGOのボランティアとして活動した．しかし，アエタ被災者の生活再建が一段落して安定してきてからは，少しずつ調査らしきことを始めた．結果的には，災害から10年の後には，被災者の体験談の集成と被災と再生に関する民族誌を作成し刊行した［Shimizu 2001；清水 2003］．

　調査といっても，それまでにしてきたこと，すなわち被災したアエタの友人知人たちの体験談を聞くことを繰り返しただけであった．新たに加わったのは，彼らの話をテープレコーダーに録音し，後にテープ起こしをしてその語りを文章にしたことであった．被災アエタの救援と復興のための支援活動に関わった当初から，NGOの手伝いをする以外に私がしたことは，友人知人たちを訪ね，彼ら彼女らの話を聞くことであった．彼らと親しく話し，

ニュー・カバラン避難センターで，古い友人のヴィクター・ヴィリヤに噴火時の体験を聞く(1991年11月3日，AVN(アジア人権基金)事務局長・有光健氏撮影)

　彼らの悲嘆や苦悩や思い出を，ただただ聞くことをとおして，彼らが求めていること，政府やNGOに期待していること，彼ら自身が考える将来設計や夢や希望をよく理解することができた．彼らの声に耳を傾け，話を真摯に受け止め，それに応答することが，人類学者としての私にできたことであった．

　そうした対話のなかで，彼ら彼女らが語りがたい嘆きや悲しみを口に出して語り，被災の体験と喪失の感情に言葉を与え，自らの体験を整理し納得し克服していくことのささやかな一助にはなれたと思う．また場合によっては，人びとの経験談や懐旧話に耳を傾けることに加え，その後で私が語り直して投げ返して確かめたり，補足の情報を求めて質問したりして，互いに協力しながら物語の展開を進めることが，当事者が自身の経験を解釈し，過酷な現実と折り合いをつけるためのお手伝いにもなったとも思う．

　また彼らのナラティブをフィリピンで出版することができたことで，彼ら自身の被災と再生の体験を，アエタに関心を持つフィリピンのNGOや市民と共有することができた．また同書をピナトゥボ山を取り巻くサンバレス州，パンパンガ州，ターラック州などの再定住地に分散して暮らすアエタたちや関係者らに贈ることで，彼ら彼女らの子や孫たちのあいだでも共有されうる記憶・記録となった［Shimizu 2001］．

　そうしたアエタ被災者の体験談の聞き取りという体験は，おのずと人類

学者と現地で出会う人びとの関係性の再考へと私を導いた．被災した友人知人たちをインフォーマントと呼ぶことに大きな違和感を覚えた．インフォーマントという言葉には，専門家によって分析され，処理され，活用される，重要あるいは有益な情報を提供してくれる人物という含意があり，その言葉を災害の現場で使うには不適切であると思った．彼ら彼女らは，何よりもまず被災者であり，生存者・生還者であり，生活再建の当事者であり，そうした一連の過程における"rights-holders"（「人間らしい生活をする権利を有する人々，そのための発言や主張をする権利を有する人々」）であった．災害に限らず，より広く人類学の聞き書き調査において，インフォーマントよりも当事者や利害関係者，あるいはネイティブ・インテレクチュアルなどという言葉が適切であるのかもしれない．応答の相手を何と呼ぶかは，相手との関係のありかたや質を反映するものであり，今後の課題である．

7 おわりに

　前節で人類学者が応答する相手として取り上げ考察したのは，フィールドワークでお世話になった現地の人々，友人知人，ネイティブ・インテレクチュアルなどであった．本節では，結語に代えて，一方では現地の人々や社会およびその国の人類学者との，他方では本国の人類学者さらにはより広く現代社会が直面する喫緊の課題との応答について考え，それを展開することが今後の人類学のひとつの可能性を拓くことを主張したい．

　ボロフスキーは近年の人類学が内部閉塞している状況に苛立ちを隠さない一方，アメリカ人類学の草創期で活躍したフランツ・ボアズ（1857-1942）とマーガレット・ミード（1901-1978），そして近年ではポール・ファーマー（1959-，途上国で医療援助を実践）を，公共人類学の先達として高く評価している．彼ら彼女らが人類学という狭い領域を超え，多くの市民たちや政策決定者らに対して繰り返し，明確なメッセージを発し，強い影響力を及ぼしたからである．日本においては，山下が第 1 章で述べているように，梅棹忠雄（1920-2010）や中根千枝（1926-）が同様な役割を果たし，人類学の存在意義と社会的貢献を明確に示した．

　アメリカのボアズとミードの思想と仕事の根本には文化相対主義があり，

梅棹と中根の場合には，海外での長期にわたる生活や調査滞在をとおして身に付けた，日本を相対化する視点があった．当時の時代思潮のなかで考えれば，相対主義あるいは相対的な視点から自文化の独善や異文化の偏狭な理解（むしろ誤解や曲解）を批判し，別の理解や考え方を提示することが魅力となり，広く社会の関心を集め大きな影響力をもった．アメリカにおいてボアズやミードらは，黒人に対する人種差別および女性に対する性差別への糾弾を行った．日本において梅棹や中根は，欧米社会を遅れた日本が学ぶべき進歩や発展のお手本とする単系的な近代化論に対して異論を唱えた．
　しかし文化相対主義は，ギアツの反＝反相対主義の立場を紹介するなかで小泉が的確に指摘しているように，「ある国の（つまりアメリカの）ある時代（つまり20世紀前半）に，人種差別イデオロギーを批判し，それに対抗するかたちで生まれた言説の集まりであり歴史の産物である．過去の特定の時代の特定のコンテクストで形成されたイデオロギーであり，そのイデオロギー自体に普遍性があるわけではない」［小泉 2002：206］．それゆえ，時代状況が変わり，表面的には露骨な人種差別がなくなった現在，あるいは別の視点で見れば冷戦が終了しネオリベラル経済とグローバル化の急進行が世界規模での均質化を押し進めている現在では，相対主義に支えられた批判や批評，あるいは異文化理解としての人類学が力を失ってしまうのも当然であるかもしれない．
　ボアズやミードが活躍した1930年代から40年代のアメリカ，そして梅棹や中根が活躍した1960年代から70年代の日本と，今の時代思潮と状況は大きく異なっており，そこに人類学が戻ってゆくことはできない．「新しい葡萄酒は新しい革袋に」入れなければならない．新しい文化人類学は，新しい時代状況に即したものとなる必要がある．自他を峻別して差異に着目し（他者として構築し），異なる意味世界に生きる人々として内在的に理解するアプローチだけでは，もはや有効性と妥当性を持ち得ない．そうした個別の文化・社会を包摂するグローバルなシステムのもとで，それに対峙し，抵抗したり便乗したり，リスクを避けて取り分を多くするために面従腹背で身を処して生きる人々が，結果として幾つもの回路によるネットワークで結ばれ，似たような生活の編成をしていることに関して，類似や相同性に着目した人類学が必要とされている．

応答する人類学として私が夢想するのは，人類学者自身が，フィールドワークをとおして調査地の人々と深く結ばれてしまっていることを自覚し，自らがそうした回路のひとつとなり，先方からの呼び掛けに積極的に応えてゆくことをとおして，たとえ細くても海を越えた公共空間を作ってゆくことに貢献することである．

注
1）　この問題は人類学だけでなく，日本における人文社会科学の学会に広く見られることを阿部が指摘し，「世間」という概念を用いて明快な考察を加えている．すなわち学会が自己完結したひとつの「世間」となり，研究者は「誰も読まないような研究成果の量産」に励む．その宿痾を直すために阿部は，「世間」を対象化することと，そのための「現場主義」の原則を強調する［阿部 2001］．まさしく人類学の初心である．
2）　より人類学の側に引きつけてみれば，公共人類学を実践している同時代のお手本として，ポール・ファーマーがいる．ハーバード大学で医療人類学を教える教師・研究者であると同時に，ハイチで30年におよぶ医療活動と並行して，政府や国際援助機関に助言し，マスメディアに発信し続ける．その活動は，たとえば世界保健機関（WHO）のエイズ治療計画の作成と実施に大きな貢献をした［ギダー 2004］．またハイチ大地震（2010年1月）の発生直後からの医療救援と社会復興のためのコミットメントの詳細な記録と分析・提言は，それ以前の同国での30年におよぶ活動に裏づけられた，同時進行の民族誌である［ファーマー 2014］．
3）　渡辺によれば，『苦界浄土』は，石牟礼が持つ「異常な共感の能力」あるいは悶え神として患者さんらと共苦する稀有な資質が生み出した傑作である［渡辺 2013：101, 115, 126］．それは水俣病の患者たち，すなわち「日頃忘れ去られていたり厄介払いされている人々や問題を表象＝代弁」［サイード 1998：33］して静かに告発し，憂慮する市民を運動に巻き込んでゆく力を秘めている．
4）　『文化を聞く』（*Hearing Cultures: Essays on Sound, Listening and Modernity*, 2004）と題された編著は，ウェンナー・グレン財団シンポジウムの記録であるが，議論されたのは音楽をはじめ広く音を聞くことをめぐる経験と効果についてであった．
5）　フィールドワークにおける対話のあり方，特に話しの聞き方を微視的にみれば，相手との関係によって，さまざまな聞き方がありうる．自らを低くして相手の声に謙虚に耳を傾ける傾聴に始まり，拝聴や謹聴，あるいは逆に，尊大に構えて相手の声を聞き捨てたり，聞き流したり，聞き置いたりする態度がありうる．そのなかで，私は相手の話を傾聴することと，それに応答することが大切であると考えている．そのことと関連して，スムースな対話のためには，相手の面前でノートを書かないという配慮が必要なことも多々あるだろう．
6）　現地の人々は，決して均質で一枚岩の共同体などではなく，性差や年齢，親族関係，

政治・宗教グループ，その他のさまざまな亀裂を内包している．また人類学者が政治や社会的アジェンダを実現するための活動家でない以上，現地の人々の特定のグループのみを代弁したり，支援したりすることはできない．アタッチメントとデタッチメントのあいだでの微妙な距離とバランスの保ち方が不可欠である．その意味で，安渓が自身の痛烈な経験にもとづいて，「簡単には『濃いかかわり』の側に踏み切らないぞ，と自分に言い聞かせ……『学問と地域への正直さのバランス』をとる努力をしてほしい」と真摯な警鐘と助言を発しているのは，傾聴に値する［安渓 2006：539］．

7） 私は，横須賀の米軍基地の近くの引き揚げ者寮で生まれ育ち，横浜のミッション・スクールに小学校から高校まで通い，礼拝で聖書を読み讃美歌を歌った．アメリカの影のなかで，またキリスト教の教えを受けて自己形成したゆえに，西欧近代と現代アメリカの圧倒的な影響から逃げられない自分がもどかしかった．高校から大学にかけて，中国の文化大革命とともに文化人類学は，両者に対峙して今とは違う自分を作ってくれる方途への導きとして輝いていた．この第三の応答に関しては，稿をあらためて論じたい．

8） イフガオでの調査のテーマは，住民主導の植林および文化復興の運動と，それを可能にする草の根レベルのグローバル化，それに対峙便乗しながら生きる村人たちの生活戦略であった．その調査では，ピナトゥボで試みた応答する人類学をさらに過激に試みた．私自身が植林と文化復興の運動に深く関与し，その同伴者・支援者兼レポーターとなり，JICA（国際協力機構）をはじめ日本の5つの援助団体から総額8,000万円におよぶ助成金を獲得するお手伝いをした．その経緯と活動の詳細については拙著［清水 2013］を参照．

参照文献

阿部謹也（2001）『学問と「世間」』岩波新書．
安渓遊地（2006）「フィールドでの『濃いかかわり』とその落とし穴——西表島での経験から」『文化人類学』70（4）．
Borofsky, Robert（2011）*Why a Public Anthropology? Center for a Public Anthropology*, Kindle版．
Erlmann, Veit（2004）*Hearing Cultures: Essays on Sound, Listening and Modernity*（Wenner Gren International Symposium），Bloomsbury Academic.
ファーマー，ポール（2014）『復興するハイチ——震災から，そして貧困から　医師たちの闘いの記録 2010-11』岩田健太郎訳，みすず書房．
ギアツ，クリフォード（1987）『文化の解釈学 1・2』吉田禎吾・柳川啓一・中牧弘充・板橋作美訳，岩波書店．
ギダー，トレーシー（2004）『国境を越えた医師』竹迫仁子訳，小学館プロダクション．
速水洋子（2006）「序に代えて」（〈特集〉表象・介入・実践——人類学者と現地とのかかわり）『文化人類学』70（4）．

ホフマン，スザンナ&アンソニー・オリヴァー゠スミス（2006）『災害の人類学――カタストロフィと文化』若林佳史訳，明石書店．

木村秀雄（2007）「愚直なエスノグラフィー――著作権・無形文化遺産・ボランティア」『文化人類学』72（3）．

小泉潤二（2002）「言われ続けてきたこと」『解釈人類学と反＝反相対主義』クリフォード・ギアツ著，小泉潤二編訳，みすず書房．

太田好信（1994）「オリエンタリズム批判と文化人類学」『国立民族学博物館研究報告』18巻3号．

サイード，エドワード（1998）「［ポスト・コロニアル］非植民者たちを表象＝代弁すること――人類学の対話者」（姜麦瑞訳）『現代思想』26（7）．

関根久雄（2007）「対話するフィールド，協働するフィールド――開発援助と人類学の『実践』スタイル」『文化人類学』72（3）．

清水展（1990）『出来事の民族誌――フィリピン・ネグリート社会の変化と持続』九州大学出版会．

Shimizu Hiromu（2001）*The Orphans of Pinatubo: Ayta Struggle for Existence*, Manila: Solidaridad Publishing House.

清水展（2003）『噴火のこだま――ピナトゥボ・アエタの被災と新生をめぐる文化・開発・NGO』九州大学出版会．

清水展（2007）「辺境から中心を撃つ礫――アフガニスタン難民の生存を支援する中村医師とペシャワール会の実践」『〈九州〉という思想――九州スタディーズの試み』松本常彦・大島明秀編，花書院．

清水展（2013）『草の根グローバリゼーション――世界遺産棚田村の文化実践と生活戦略』京都大学出版会．

ソルニット，レベッカ（2010）『災害ユートピア――なぜそのとき特別な共同体が立ち上るのか』髙月園子訳，亜紀書房．

渡辺京二（2013）『もうひとつのこの世――石牟礼道子の宇宙』弦書房．

II

文化の公共性

3 多文化共生

岡田浩樹

1　はじめに

　今日でも文化人類学の一般的なイメージは，主に「第三世界」の研究調査をする学問分野であり，人類学者とは，現地で長期間のフィールドワークを行うことで文化や社会を深く理解している専門家というものであろう．このために日本社会については，文化人類学は異文化を見た視点から日本社会を対象化，相対化する補助的な役割を担ってきたと言える．

　近年のグローバル化の進展は，世界の均質化や標準化あるいは相互依存の深まりという側面と，国境を越えた分裂や排除を引き起こし，社会，集団の差異化と分断化の側面を備えている［伊豫谷 2013：98］．このため 20 世紀の人類学者が前提としてきた異文化／自文化の心理的，社会的距離は，もはやかつてのような意味をもたなくなった．

　日本社会でも 1990 年代以降に長期滞在ないしは定住化する「滞日外国人」が急増し，異文化＝在日外国人の存在に多くの関心が集まっている．日本に長期滞在，定住化する在日外国人は，その数だけでなく，文化的出自も多様化したため，従来のマイノリティをめぐる問題とは異なった様相が現れている．

　近代日本は，国民国家を確立する過程で均質な社会-文化空間を共有する社会を意図的に構築してきた．日本社会には近世までの地方の多様性があり，アイヌ，在日コリアンを代表とする「異文化」が内包されていたものの，それらは社会全体の中でローカルな下位文化として位置づけられるか，異質で周辺的な存在と位置づけられ，社会の公共空間（公共領域）からしばしば排除されることもあった．しかしグローバル化の進展に伴う社会の多民族化，

多文化化といった現象は，日本社会を大きく変容しうる可能性を秘めている．

　こうした日本社会の急速な多文化化をめぐる問題解決のためには，自文化からの視点だけでなく，異文化についての深い理解，そして多様な文化の存在を踏まえた今後の社会を構築するための実践が必要であろう．つまり，日本社会の多文化化がもたらす今日的状況は，日本社会における公共人類学の重要なフィールドのひとつである．

　本章の目的は，日本社会の急速な多文化化に対応した「多文化共生」について，その具体的な実践の場である「公共空間」とはいかなる性質を備えているのか，人類学はどのようにこれに関与していくのか，その際の問題について具体的な事例に基づいて検討してみたい．

2　日本社会の多文化化と文化人類学

　1990年代以降，日系人労働者などのニューカマー外国人と呼ばれる外国人住民が急増する．1990年には約108万人であった外国人登録者数は，この20年で倍増し，2014年末現在中長期在留者と特別永住者を合わせた「在留外国人数」[1] は203万8,159人であり，総人口の1.5％を越えている．この200万人という人数は，大半の県の総人口を上回り，軽視できる数字ではない．しかも滞日外国人増加の背景には，日本社会の少子高齢化の進展に伴う人口構造の変化があり，外国人労働者，定住者の存在は今後の日本の社会のあり方に関わる重要な問題であろう．

　これまで人類学者の関心は，在日コリアンや在日華僑・華人などマイノリティや，大阪市生野区などの集住地に向けられ，マイノリティを取り巻く日本社会，特に滞日外国人が居住するコミュニティについては，比較的等閑視されてきたと言えよう．

　ところが1990年代以降，滞日外国人の居住地は日本社会全体に拡散した．現在では，一部の地方小都市において総人口の6-8％を外国人住民が占める状況すら起きている．滞日外国人は，日本社会におけるマイノリティの問題から，地域社会やコミュニティのあり方そのものに関わる存在となったのである．つまり，それまで小規模で均質な社会－文化空間を構成していた地域社会，コミュニティが「異文化」をいかに受容するのか，一般化するとミ

クロレベルのフィールドで日本社会がグローバル化によってどのような現象が起きているのか——これはまさに人類学的な問題なのである．

　この状況を受けて，日本の文化人類学においても，2000年代に入り，日本社会の多民族化，多文化化の問題それ自体に注目するようになる[2]．2004年3月に国立民族学博物館で開催された特別展示「多みんぞくニホン——在日外国人のくらし」が開催された．この特別展は，マイノリティを個別に取りあげるだけでなく，外国人住民の増加に伴う日本社会の「多民族化」に着目した点に特徴がある．その後，『文化人類学』においても，岡田［2007］，山下［2010］，岩佐［2012］，また2009年には竹沢が「〈特集〉多文化共生と文化人類学」を組み，また滞日外国人を対象とした人類学の修士，博士論文，書籍の数も増加している．

　一般的に日本社会の多文化化を理解する場合，これまで「多文化共生」という言葉が重要な概念となってきた．ただし，「多文化共生」自体は，人類学が越境，移民，社会の多文化化の現象について用いられる多文化主義（multi-culturalism）の概念とは一致しない［竹沢 2009：90-91；山下 2010：332］．「多文化共生を目指す社会」とは，日本社会において多文化状況をめぐる実践を伴ったローカルな言説である．

　同時に，「多文化共生」は「他者と共有された居場所」における「共生」の実践を意味し，多文化状況にある「場」というローカルな「公共空間」の存在が前提となっている．したがって「多文化共生」に関する公共人類学は，その個別性，地域性への視点が重要になる．同時に，日本社会の多文化化の研究は，社会全体，地域社会，コミュニティにおける実践的な社会問題の解決と結びついてきた．

　公共人類学の観点から取り組む場合には，対象，つまり滞日外国人の存在が影響を与える社会‐文化的空間「公共空間」の内実が問題となる．人々が出会い，互いに相互関係を結ぶ「場」としての「公共空間」自体を対象化する視点を備えることが重要であり，それは同時に公共人類学の実践の場（フィールド）でもある．

　「多文化共生」という用語が使われ始めたのは，1990年代の初め頃とされる［山下 2010：330-331］．1993年に在日コリアンが集住する神奈川県川崎市が策定した「川崎新時代2010プラン」のなかで「多文化共生の街づくり」

を理念として掲げたことが嚆矢とされる．ただし，「共生」という言葉自体は1970年代前半の在日コリアンの行政差別撤廃運動の中で使われ始めた言葉であり，それが1990年代に諸外国における「多文化主義」をめぐる議論と結びついたという［竹沢 2009：89］．つまり当初から「多文化共生」概念は，マイノリティの社会・政治運動と地方自治体の政策という，ある種の政治的な脈絡において生み出された点は重要である．

　1995年1月17日に発生した阪神淡路大震災を契機とした被災外国人支援活動は，「多文化共生」を一種の社会の主要な語り（master narrative）になる契機となった．これが滞日外国人居住者の急増に伴い，これに対する自治体，地域社会の対応が重要な課題であるという認識が全国的にひろがっていく．2000年代になり，その後「多文化共生」は，異質な滞日外国人を含めた望ましい「地域社会」をいかに構築するかといった具体的な政策課題のひとつとなり，現在では外国人住民の日本社会への統合を目指す概念として行政文書の中に定着し［塩原 2014：181］，多文化共生政策が各自治体に広く導入されている[3]．

　一方で「多文化共生」という用語それ自体は，今日の日本社会，さらには多文化共生に関連した研究においても，ある種のクリシェ（cliché：乱用された結果，その元々の意図が消失した常套句）となっている印象は否めない．加えて「多文化共生」の現場には政府，地方自治体さらには地域住民団体，NPO，NGOなど様々なアクターが関与し，その社会的文化的コンテクストは複雑である．「多文化共生」の意味作用とその実践，それ自体がグローバル化にさらされた日本社会の状況を把握するための人類学的課題であるとも言える．

　では，「多文化共生」が実践される場，つまり「公共空間」とは何であろうか．表面的には「多文化共生」は，政策レベルでは地方自治体を単位とし，「多文化共生の公共空間」は「地域社会」を単位とするかのように思える．しかし地方自治体は行政，すなわち「官」を単位とする「公共空間」であるのに対し，後者には，異なる「公共空間」が交差している．一般的に地域社会における「多文化共生」と述べたとき，行政の下位単位としての町村という「官」を単位とする古い「公共空間」である．同時に，ボランティアという形で「民」が関わる「新しい公共空間」が交わる場である．そこは従来と

異なる「公と私の新しい結合のかたち」[山下 2010：329] が示される場であるだけでなく，場合によっては地域社会を超えた広がりをもち，「公と私が厳しく対立する」場でもある．つまり多文化共生に見いだされるのは，新しい日本社会における「公共空間」のあり方とも言えよう．実は，このことが「多文化共生」をめぐる公共人類学の実践を複雑かつ困難なものにしている．この事を具体的な事例で見てみよう．

3 「多文化共生」の実践と人類学——兵庫県の事例

　ここでは，筆者は2006年10月より現在まで関わっている兵庫県における事例を取り上げたい．そして人類学者が日本社会の多文化化の問題に取り組む際に見えてくる「多文化共生」の問題点，公共人類学の実践における課題を検討してみたい[4]．

　兵庫県は2012年12月31日現在で，県内に129カ国，97,164名の滞日外国人が居住している[5]．もっとも登録者数が多いのが韓国・朝鮮籍で全体の50.6％，ついで中国籍の25％であり，この二つの国籍登録人数で全体の約76％を占めている．3番目にはベトナム系（4.8％），以下，フィリピン国籍（3.6％），ブラジル国籍（2.8％）と続く．

　兵庫県では，元来，1868年の開港を契機として，明治期以降の外国人居留地，チャイナタウンなど，地域と海外との交流の中で生み出された多文化状況を「資産」として位置づけ，「地域の国際化」を他の自治体との差別化を図り，政策的に重視してきたという経緯がある[6]．

　1995年に起きた阪神淡路大震災は，このような兵庫県の国際化政策の一部としての在住外国人との「共生」政策が「多文化共生」政策への転換となるひとつの重大な転機となった．阪神淡路大震災の際には，被災者に多くの滞日外国人が含まれる一方で，日本人被災者と外国人住民被災者の協力，復興支援ボランティアの外国人住民支援などが社会の関心を集めた．また被災時の外国人住民に対する災害弔慰金や医療費の問題が発端となり，行政が在日外国人諸団体，NGO，NPOなどのボランティア支援団体と情報交換や協議をする会議などが設置されるなど，行政と市民団体が連携して被災外国人住民の生活復興支援をおこなった．

ボランティア組織の一部は，後に「多文化共生センター」として関西各地に展開し，後の日本社会における滞日外国人支援活動ボランティア団体の嚆矢となる．在日外国人支援のボランティア活動に対し，兵庫県が行政的な側面で強力に支援したことは，後に多文化共生政策に対する行政支援導出の契機にもなった．同時に，本来は目的や活動が完全には一致しない市民団体，行政が「多文化共生」という概念で，接合する契機ともなった．

　筆者は，2004年から兵庫県在住の在日外国人についての学部生のフィールドワーク実習をおこなった．筆者の旧知の在日コリアンから神戸市のマイノリティ団体，外国人支援団体に紹介を受け，そこからNPO，NGOの関係者の紹介を受けてネットワークを広げ，また当事者やインフォーマントの紹介を受けた．

　フィールドワーク実習は，おおむね在日外国人の方々には好意をもって受けとめられたと言えよう．若い学生がマイノリティの存在を認知すること，学生のボランティア活動に対する好意的な評価があった．ただし，教育実践としてのフィールドワークの成果それ自体に，マイノリティ団体から高い評価が与えられたとは言い難い．学生たちのレポートは，言語の問題から日本語での資料，諸団体で中心的に活動しているインフォーマントに限定されがちである．報告書の内容は，在日外国人が日本社会に向けた「公的な」情報をとりまとめたレポート，もしくはライフヒストリーが主な内容となる．これらの報告書の内容は，在日外国人あるいは配布先の支援団体や関係する地域の人々にとっては，多くは「すでに知っている事」であり，その点に関して好意的に受けとめる程度であった[7]．

　一方でフィールドワークの現場では，筆者自身が研究者としてより実質的，直接的な「多文化共生」の実践への貢献を求められるようになった．2006年10月より，ある財団法人の研究センターの主任研究員を兼務し，市民講座や市民啓発で地域住民への啓蒙活動への関与を要請されるなど，地方自治体の文化施策の一端を担う形で調査研究に従事した．この結果，個人的な関係から始まったフィールドワークの範囲は「雪だるま式」に広がりを見せるようになった．

　ただし，こうしたフィールドワークには二つの重要な問題が当初から存在していた．

第一の問題は，フィールドワークを円滑におこなうために在日外国人団体，支援 NGO，NPO などのボランティア組織と，より一層密接な協力関係を取り結ぶ際に起きる．こうした協力は当然のことながら，諸団体や地域の住民の要望に応じたものでもあり，これはシンクタンクおよび行政の要望と乖離することもしばしばある．一方で，双方から実質的協力までも含む「地域社会への貢献」が強く求められる．授業の一環であるフィールドワーク実習においても，調査の仲介をする NGO，NPO からは，それぞれの組織の活動に学生のボランティア派遣を求め，イベントへの参加などを強く期待されていたのである．

　また当事者である在日外国人，地方自治体や地域住民との関係においては「具体的な貢献」，すなわち実効性のある提言や問題解決を示す具体的提案などを常にせまられる．フィールドワークの報告書の公刊それ自体は「具体的な貢献」と受け取られない場合すらある．その報告書が問題解決にどのように有益なのか，またどのように実践とつながるのかの説明も必要となる．フィールドワークの初期の段階で，これから行うフィールドワークの成果が実態報告や単なる問題点の提示を超えた，「この調査が彼ら／彼女らの何の役に立つのか」という回答を準備しておかねばならない．実は，ここに「多文化共生」言説の落とし穴が潜んでいる．「多文化共生の社会の実現のため」とする説明は，調査の目的についての理解を得やすい．しかし，それは個々の具体的な問題への貢献の説明にはなっておらず，「結局調査をしただけ」という批判を受ける場合がある．あるいは，限られたケースから，問題の解決について提案した場合，異なる立場の当事者から痛烈な批判をうけることがしばしばある．

　第二の問題は，「フィールドとの遭遇」のプロセスの再検討の問題である．調査対象との関係は個人の関係から在日外国人団体や支援団体というボランティア団体を手がかりに，行政や地域コミュニティへと広がる場合が多い．この過程それ自体を「フィールドとの遭遇」という人類学の一つの問題として慎重に検討する必要がある．どのようなプロセスを経てフィールドに入ったのか，またどのようなグループ，インフォーマントと関係を結んだのかなどの問題は，もともと人類学において重要な問題である．

　加えて公共人類学のような実践的研究を目指す場合には，その調査研究

や成果において，決定的な影響を与える要因は別にある．そもそも「多文化共生」は，政策の一部でもあり，限られた予算の配分にさまざまなステークホルダー（利害関係者）が介入する．彼ら／彼女たちが提供する情報だけでなく，「何が問題なのか」という問題領域の設定においても，時には「恣意的な切り取り」がしばしばなされる．ここで「恣意的」と表現したのは，それぞれのグループ，インフォーマントは，直面する現実からのみ状況を理解しており，そこから「解決すべき問題」が示されるためである．

　例えば，日本の有名大学に進学したマイノリティの子どものケースを成功した「ロールモデル」として積極的に評価する立場と消極的な評価しか与えない対立した立場がある．一方では外国人児童の進学率の低迷が主たる問題であり，他方にとっては学歴という日本社会に組み込まれないライフコースのあり方が問題となる．双方から外国人児童支援をおこなう学生ボランティアの派遣を求められた筆者は，限られたボランティア希望の学生を後者の立場をとる NPO に主に派遣した．その理由は，外国人児童の低学力と進学率の低さには日本社会の構造的な要因が作用していると考えたためである．有名大学進学者を「ロールモデル」として強調することには，市場原理を強調するネオリベラリズムに近い視点があるのではないか．50％を越える日本人の大学進学率を考えると，多様性を否定し，外国人児童への優越感，偏見を助長し，格差を拡大する危険が大きいと，筆者には思われた．この見解の是非は別として，大学進学者をロールモデルとする立場をとる NGO とは関係が悪化した．このように，「何が問題であるか」の設定は，それ自体フィールドとの関係を決定づける場合がある．その時の態度決定の際には日本社会はどうあるべきかといった最終的な回答をもすぐさま求められてしまう．

4　「多文化共生」の場としての「学校」

　兵庫県の研究センターに委託された 2006 - 2007 年度の研究課題は，在日外国人児童に対する母語による学習支援の実態調査と，これに基づく兵庫県への政策提言であった．地域の社会的文化的結節機関として位置づけられてきた学校は，在日外国人と地域社会，コミュニティが交差する社会的・文化的場として重要性が高まった．別の言葉で言えば，学校は，マイノリティで

ある在日外国人を異化させつつ，逆にその異質との共存，「共生」に関してリアリティある素描を提案しうる機関，施設として，改めて「学校」の存在がクローズアップされてくる［鈴木 1996：177］．こうした多文化教育をめぐる問題については，次章で森茂岳雄が論じているので，そちらを参照されたい．

　多くのニューカマーの児童は学校での教科学習に問題を抱えるのみならず，日常生活のコミュニケーションにも困難な場合がある．一方で，児童が母語しか話せない両親と十分なコミュニケーションが図れず，親子関係が崩壊するケースも出てきていた．在日外国人は，行政や学校に対し警戒心を持つ場合も多く，行政や学校を通じたアンケート配布調査では実態を把握できない．また児童は教員や学校に対し，従属的で弱い立場にあり，言語の問題もあって，実態を語らない傾向がある．兵庫県では，1999年度から国の緊急地域雇用特別交付金を活用し，母語が話せる指導補助員派遣を開始した．筆者は，この問題について専門家として「貢献」を求められたのである．最終的な目的は，より汎用性のある対策を作り，学校や行政への政策提言であった．

　主にインタビュー調査を基本とした調査は当初から難航した．この背景には，日本社会を対象とする場合の人類学的な調査研究の問題がある．それは第一に政策文化への人類学的アプローチの問題，第二に「文化」をめぐる人類学と地域社会の認識のギャップの問題である．

　第一は，日本の地域社会における行政の社会・文化的意味，特に行政制度，政策の策定とそもそも実施のプロセスの社会的・文化的含意に関し，人類学者の多くは基礎知識を持っていないということである．そもそも，人類学における政策に関する人類学的アプローチは日本ではあまり試みられてこなかった．調査を実施する場合には，兵庫県の教育委員会に許可を受けるだけでなく，市町村の教育委員会にも承認を得た上で，さらには各学校の国際理解教育担当の教員，児童の担任からの許諾が必要となる．調査の過程で消極的対応や調査内容に対する制限を示されることもあり，調査が中断する．この施策全体についての現状認識や評価についても，行政の部局で異なるだけでなく，各教育委員会，学校，教員間で見解の相違がある．基本的な枠組みは同じでも教育現場ごとの裁量で，異なる運用，実施がなされている．一方で

各レベルの運用は上位のレベルの方針とまったく別個になされるわけでなく,そこには微妙な相互関係がある.

　この状況に対応するためには,地方行政の組織や制度,構造を十分に理解せねばならない.在日外国人児童の問題は教育行政を越えた広がりがあり,行政上の部署は在留資格,両親の労働環境,居住環境などに分かれ,複数にまたがる.実際の政策策定の過程全体は複雑なプロセスを経て具体化されるのであり,またそれぞれの地域性が反映されており,いわば日本の地域社会の政治構造についての知識を備えることが必要となる.

　第二に,滞日外国人の「文化」をめぐる多様な主張の問題である.調査の現場においても,その解釈は一様でなく,これに対する対応,反応にもばらつきがあり,ニーズも異なっている.しかも,これらの用語の定義,解釈の基盤である,政策の理念である「多文化共生」自体がすでに曖昧さをともない,問題に関与するアクター,エージェントの複雑な相互行為のプロセスを経て,現場での実践がおこなわれている.

　例えば,学習支援は,NGO,NPO も独自におこなっているものの,多様な見解がある.在日外国人児童に対する学習支援をめぐっては,「母語」を中心におこなうか,日本語を中心におこなうかという対立がある.「母語」は,ある場合にはマイノリティのアイデンティティの基盤であると同時に「文化」である.しかし一時的な「出稼ぎ」の場合には,帰国後に備えた教育手段であり,そのカリキュラムの実施が求められる.そもそも多言語社会の場合,「母語」とは何か,という問題がある.日本語の学習支援についても,日本社会に適応するための日常言語を重視し,「学習支援」は不要であるという主張がある.あるいは学校教育への適応のために学習言語としての日本語こそ肝要であるとする立場など,さまざまな主張がぶつかり合っている.このような多様な見解,主張をすべて満たすような支援をおこなうことはほぼ不可能に近い[8].

　本来こうした対立や矛盾を内包する状況を曖昧に収束する際に,「多文化共生」という用語が用いられる.この「多文化共生」は,多「文化」の「共生」をめぐる言説と実践の問題という意味で,地域社会における「文化」の問題である.いわゆる「文化の定義」の議論とは別に,現場や地域社会において,どの文脈での「文化」を意味するのか,その「文化」の概念の意味作

用を理解することが必要となる．そして「多文化共生」については，当事者の間でも様々な立場によって異なる言説やイメージが示され，これを具体化する実践の方法も互いに矛盾している．いわば互いに立場の異なる集団や個人が「多文化共生」のイメージと実践をめぐり，ある種のゲームを繰り広げていたと言える．

しかも筆者は「多文化共生」概念の定義や妥当性の検討を要請されていたのではない．筆者への期待は，多様な多文化共生の言説やイメージ，互いに矛盾する具体的実践の方法を満たす方策を創り出すことに「貢献」することであった．それらがしかも，「多文化共生」それ自体の検討は求められているわけではない．文化を研究している人類学者が，「文化」に関する議論への貢献をまったく期待されないという皮肉な状況に陥ったのである．

例えば，県が主催するシンポジウムでは，本来は矛盾し，対立する支援団体や地域住民の提案を「多文化共生」というスローガンの下で「体系的で」「首尾一貫した」政策にまとめ上げることが要請され，時には「多文化共生」イベントで，「日系ブラジル人は必ずサンバが上手である」といった本質的な解説を承認せねばならない状況もあった．

その後，筆者の行政，政策への提言は，一部の行政担当者との見解の相違を大きくしていった．この相違は滞日外国人内部にも多様性を認めるべきだという筆者の主張をめぐって鮮明になった．そのような意見は，ようやく盛り上がった多文化共生イベントを台無しにし，かえって多文化共生の機運を損なうものだと批判されたこともあった．同時に，これと連動した在日外国人諸団体，支援団体の関係にも疎密が生じるようになった．2010年，兵庫県の財政状況の悪化を受けた外郭団体の整理統合をきっかけに，研究員の職を離れることになる．現在，行政とは一定の距離を置きつつも，在日コリアン系を中心とした一部の在日外国人支援団体と連携する形で関わっている．

近年では，地域社会においても，震災から19年が経過し，日本人の地域コミュニティと在日外国人団体，支援団体の間にさまざまな見解の乖離が生じるようになった．すなわち，日本人の高齢者，障害者，女性あるいは低所得者の問題など，行政の予算リソースだけでなく，限られた人的リソースをどのように振り向けるか，NPOの内部での見解の相違，さらにはNPO，NGOの機能分化が起きつつある．さらに，吉富［2008］が論ずるように，

NGO 自体がある種，非正規労働者の労働市場の受け皿になりかねない可能性すら含む．

このような今日的状況の中で，「多文化共生」はむしろ，見解や主張，利害関係をもったアクター，エージェントをつなぎ止める枠組みとしてのみ辛うじて意味を保っている場合すら見いだせる．

5 「多文化共生」という公共空間の構築

　以上の事例を通して，日本社会の多文化化に公共人類学の視点から取り組む際の問題が指摘できよう．まず大きくは，「多文化共生」が実践される「公共空間」とはそもそも何か，という問いである．

　これまで日本の人類学者は，日本社会における地方自治体の政策過程をめぐるローカルな状況や地域社会，地域住民との相互過程を研究対象とすることは少なかったように思われる．また，そうした地方自治体が日本の国家（政府）の行政制度の中でどのように位置づけられ，中央とどのような相互関係を構築してきたかについてもあまり関心を払ってこなかった．

　ところが，ひとたび日本の人類学者自らが属す社会への貢献を掲げた場合，その場合の特定のコミュニティにかかわらざるを得ない．多くの人類学者は可能な限り，このコミュニティの人々の側に立ち，その内部の声を捉えようとするであろう．その過程の中で，行政単位を「外部」に置き，これとコミュニティを対置しがちである．しかしながらコミュニティの「内部」は「外部」とも連動した複雑なダイナミズムがある．コミュニティの「内部」と「外部」の境界は明確ではない．コミュニティのメンバーは，それぞれがその範囲を超えた社会関係のネットワークをもち，多様なコミュニティに属するのであり，個人は社会的文脈に応じて，多様なアクター，エージェントとしてふるまう．

　このような状況の中で，「多文化共生」について流動的で曖昧なイメージ，言説とそれぞれの状況ごとに顕在化する社会問題のリアリティが同居している．したがって「多文化共生」が実践される「公共空間」は所与のものではなく，常に対象化し，検討し続ける必要がある．

　「多文化共生」の公共空間の流動性，曖昧さが前面に現れたのは，東日本

大震災であった．「日本の復興」といった国家レベルの社会問題としての側面が強調され，コミュニティ再生のイメージは，かつてあった日本人のコミュニティへのノスタルジーが「ふたたび」「もう一度」という言葉で語られがちである．そこでは今後あるべき日本社会のイメージとしての「多文化共生」は，ほとんど言及されることがない[9]．

　人類学者は「社会問題」の調査や対処法を提案するだけでなく，リアルな社会・文化空間としての「多文化共生」の「新しい公共空間」を構築することに関与すべきであると，筆者は考える．そもそも海外フィールドで他民族，民族間衝突，文化的葛藤の問題などに人類学者はしばしば直面しており，異なる文化の共存の問題は隠れた実践的課題なのである．

　観察・研究対象としての「多文化共生」ではなく，社会の公共領域それ自体を構築するような公共人類学の展開をも視野に入れることを提案したい．例えば，貧困や格差社会などの社会問題，あるいは家族や宗教の変化，さらには衣，食，住をめぐる生活文化の問題など，往々にして「日本社会＝日本人の問題」として扱われてきた課題について，外国人の存在を視野に含めた議論として行う試みである．それによって，多文化社会日本の「新しい公共空間」を問い直し，新たに構築しようとする試みである．

　グローバル化に直面した日本社会は，今後，ますます社会構造全体のみならず，コミュニティ，生活レベルでの異文化の理解，文化をめぐる問題について直面することになる．例えば，高齢者の介護の問題についても，従来の日本の家族の再検討に加え，外国人介護者を導入する場合は，「介護」（ケア）そのもの自体の文化的な問題を考慮に入れねばならない[10]．

　このような課題の問題については，海外の調査地でのフィールドワーク，異文化の深い理解と記述を行って来た人類学の蓄積は大きなアドバンテージがある．人類学者は個別性に留意しながら，社会・文化的なコンテクストを丹念に読み込みミクロレベルの問題とマクロレベルの課題を同時に視野に捉えようとしてきた．ゆえに，公共人類学の実践のためには，人類学者は，日本社会に対する基本的な知識と理解を備える必要がある．まずは，在日外国人自体よりも，行政，地域社会，コミュニティ，NGO，NPOそれ自体についてのフィールドワークと理解の深化が必要であろう．もちろん，これは人類学者単独でカバーしきれるものではなく，他分野との緊密な連携が必要となる．

注
1）　平成24年7月9日に新しい在留管理制度が導入され，外国人登録法が廃止されたため，在留外国人数と従来の外国人登録者数を単純に比較することはできない．法務省HP（http://www.moj.go.jp/nyuukokukanri/kouhou/nyuukokukanri04_00030.html）参照.
2）　また，2008年2月には，日本学術会議人類学分科会（委員長　山本真鳥）の企画で，「多文化共生──文化人類学の視点から」というシンポジウムが開催され，さらに2009年1月には，同会議の地域研究第一委員会の下に，「多文化共生分科会」（委員長　山本真鳥）が設置された．
3）　2006年3月に総務省が発表した「多文化共生の推進に関する報告書」には，地域における「多文化共生」を次のように定義している．
　　「国籍や民族などの異なる人々が，互いの文化的違いを認め合い，対等な関係を築こうとしながら，地域社会の構成員として共に生きていくこと」．
総務省：http://www.soumu.go.jp/kokusai/pdf/sonota_b5.pdf#search='%E7%B7%8F%E5%8B%99%E7%9C%81+%E5%A4%9A%E6%96%87%E5%8C%96%E5%85%B1%E7%94%9F+%E6%8E%A8%E9%80%B2'
4）　この事例は，すでに［岡田 2007］で紹介している事例であり，本章で取り上げた事例の詳細については，そちらを参照されたい．ここでは「多文化共生の公共空間」という観点から，その後の展開を加えている．
5）　兵庫県：http://web.pref.hyogo.lg.jp/ie12/documents/2012data.pdf
6）　兵庫県国際政策懇談会『兵庫県国際政策懇談会報告』1997年.
7）　フィールドワークにご協力いただいている在日コリアン団体関係者による．「内情をよく知っている岡田さんだから言うけども，いろいろな大学が調査や学生実習で来るけども，こちらも社会貢献のつもりで協力している．自分たちの存在を示す意味もあるしね．調査報告書をよこさないのは論外だが，大半の調査報告書はまとめてもらったことはありがたいけど，まあ，クリスマスカードと同じやね．」
8）　その結果，筆者の調査地である兵庫県では母語教育の推進，その中にある政令指定都市では日本語教育の推進と，「ねじれ」が起きており，一貫した政策をとることができないでいる．
9）　東日本大震災の被災地の復興におけるノスタルジーの問題については［岡田 2013：216-217］参照．
10）「多文化共生」は概念と言うよりも，地域住民においては様々な立場によって異なる言説やイメージが示され，これを具体化する実践の方法も互いに矛盾している．いわば互いに立場の異なる集団や個人は，「多文化共生」のイメージと実践をめぐり，ある種のゲームを繰り広げていると言える．

参照文献
岩佐光広（2012）「在日ラオス系定住者の相互扶助の展開過程」『文化人類学』77（2）：294-305.

伊豫谷登志翁（2013）「概説　第Ⅱ部グローバル化と移民労働者」『人の移動事典』吉原和男編集代表，pp. 96-99，丸善．
岡田浩樹（2007）「人類学"at home town"――地域社会への貢献をめぐる日本の人類学の諸問題」『文化人類学』72（2）：241-266.
岡田浩樹（2013）「人類学の立場から」『無形文化財が被災するということ』高倉浩樹・滝澤克彦編，pp. 211-222，新泉社．
塩原良和（2014）「日本における多文化共生概念の展開」『人の移動事典』吉原和男編集代表，pp. 180-181，丸善．
庄司博史（2004）「はじめに」『多みんぞくニホン――在日外国人のくらし』庄司博史編著，p. 6，国立民族学博物館．
鈴木久美子（1996）「制度と文化の両義性をもつ『学校』と都市エスニシティ」『多文化主義と多文化教育』駒井洋監修／広田康生編，pp. 177-199，明石書店．
竹沢素子（2009）「序――多文化共生の現状と課題」『文化人類学』74（1）：86-95.
山下晋司（2010）「2050年の日本――フィリピーナの夢をめぐる人類学的想像力」『文化人類学』75（3）：327-346.
吉富志津代（2008）『多文化共生社会と外国人コミュニティの力――ゲットー化しない自助組織は存在するか？』現代人文社．

ND
4 多文化教育

森茂岳雄

1 多文化教育と文化人類学

　人類学は教育，特に学校教育という公共領域における問題解決にどのような寄与ができるか．今日の学校教育を取り巻く問題には，いじめ，不登校，学力低下といった子ども自身にかかわる問題，少子高齢化や情報化への対応といった社会変化にかかわる問題，学歴主義や受験，ゆとり教育といった学校制度をめぐる問題等々，多様な問題が含まれる．本章では，そのような学校を取り巻く多様な問題群の中から，近年のグローバル化の進展の中で学校現場の喫緊の課題になっている多文化共生に向けた教育の取り組みである，多文化教育について取り上げる．ここで多文化教育とは，広義には民族，社会階層，ジェンダー，性的指向性，障がいの有無など，あらゆる文化集団に属する人々に対する構造的平等や公正の実現を通して集団間の共存・共生をめざす教育をさす．具体的には，多様な文化集団の視点に立った教材やカリキュラムの開発，学習者の文化的・言語的多様性を配慮した学習法・指導法の開発，すべての学習者への学力保障や多文化コンピテンシーの育成等々，多様な取り組みを含んでいる．

　歴史的に多文化教育は，1970年代から80年代にかけてアメリカ，イギリス，カナダ，オーストラリア等の多民族国家において成立した．その主張の背景には，マジョリティの文化的価値に支配されてきた学校教育が，児童生徒に民族的・文化的ステレオタイプを植え付け，民族間の差別や偏見を助長してきたという批判がある．その解消に向けて，各文化集団が文化的多様性を相互に承認し合い，共存・共生していくことが民主社会をより強固に，より豊かなものにしていくという多文化主義（Multiculturalism）の認識に立っ

た実践が模索されてきた．

　日本においても，1980年代後半以降，多文化化が進展する中で，多文化共生に向けた教育への行政的取り組みとして，いくつかの自治体によって「在日外国人教育方針（指針）」[1]づくりが行われ，教育現場においてもさまざまな取り組みがなされてきている．

　これらの「方針（指針）」に共通する内容は，大きく4項目にまとめられる［仲原1995：29-34］．

(1) 民族のちがいを認め尊重し，差別をなくし共に生きる人間形成（すべての児童生徒対象）
(2) 在日外国人が日本に居住するようになった歴史的経緯と現状を正しく認識する（日本人児童生徒対象）
(3) 民族的自覚を高める——外国人の子どもが自己の民族と文化について自覚と誇りをもてる——教育（外国人児童生徒対象）
(4) 進路保障——外国人の子が自らの将来に希望をもって選択（進学，就職）できる進路指導を行う（外国人児童生徒対象）

　尚，2000年以降に策定されたいくつかの「指針」では，以上4項目に加えて(5)「国際理解教育の推進」をあげ，すべての児童生徒を対象に「多様な文化を理解し尊重する態度や異なる文化をもった人々とともに生きていく資質や能力」[2]の育成が主張されるようになってきている．

　これらの中で，従来教育現場における多文化共生に向けた教育の取り組みの多くは，上記(3)(4)を中心に主にマイノリティである外国人児童生徒のための教育支援として語られ，実践されてきた．例えば，オールドカマーである在日コリアンの児童生徒については，本名を名乗る指導やみずからのルーツである韓国・朝鮮の歴史や文化を学ぶことを通して偏見や差別に打ち勝つための民族的アイデンティティ確立の支援として実践されてきた．また1990年代以降増加した主に南米からの日系人等のニューカマー児童生徒については，日本語指導，適応指導，学力形成，不就学，母語・母文化維持等への支援として取り組まれてきた．

　しかし，多文化共生に向けた教育の中で，(1)のようなすべての児童生徒，

特にマジョリティの児童生徒に対して「民族のちがいを認め尊重し，差別をなくし共に生きる人間形成」に向けた実践については十分なされてきたとはいいがたい．米山リサが米国の民族関係の文脈の中で述べているように「レイシズムは人種的マイノリティの問題ではなく，その差別的構造を支える多数派白人自身の問題に他ならない」［米山 2003：48］．同様に，多文化共生に向けた教育の取り組みもマイノリティの外国人児童生徒の問題としてのみとらえるのではなく，その差別構造を支えるマジョリティの日本人児童生徒の問題としてとらえる必要がある．なぜなら，マジョリティの意識（価値）変革なくして多文化共生はあり得ないからである．そのためには，日本の学校のもつマジョリティの支配的な価値（学校文化）を脱構築し，多様な文化的視点からの包括的な学校環境の構造的改革が不可欠である．

　本章では，包括的な学校環境の中からマジョリティの児童生徒を含むすべての児童生徒のためのカリキュラムに焦点を当て，そのカリキュラム開発において文化人類学の内容や方法がどのように活用できるか，その可能性について検討する．本論で，多文化との共生をめざすカリキュラムについて検討する際に特に文化人類学の可能性について言及するのは，文化人類学が「『他者』の存在，とりわけ研究者自らが所属する『自己』の文化とは明確に区別される『他者の文化』の存在が，真正な分析対象としてその学問領域を定義してきた」［米山 2003：14］からである．よって「他者」（多文化）との共生をめざす多文化教育において，「他者」を分析対象とする文化人類学の成果は，そのカリキュラム内容や学習方法に寄与すると考えるからである．

　以下本章では，多文化共生に向けた資質形成を目的とする多文化教育のカリキュラム開発や学習方法に，文化人類学の内容や方法を活用した事例を米国の実践の中から紹介する．次に「概念的多文化カリキュラム」(Conceptual Multicultural Curriculum）という方法を提唱したバンクス（James A. Banks）の理論の検討を通して，多文化カリキュラムを構成する基本概念に文化人類学の概念が寄与していることを明らかにするとともに，バンクスの多文化カリキュラムを思考モデルにして，日本において多文化カリキュラムをデザインする場合の視点を提案する．最後に，教育の公共人類学に向けた課題について述べる．

2　米国人類学の多文化教育への関心

　丸山孝一は，「文化力学」の立場から国際間の民族共生の要因分析を行った．それによれば，異文化，異民族との共生を阻む「共生阻害要因」として，自民族中心主義，外国文化排斥主義（ゼノフォビア），政治経済的対立競争による排外主義，メディアによる排外主義の拡大再生産と並んで，その第一要因に「異文化への無知，無関心または『誤解』」［丸山 2010：45］をあげている．この「異文化への無知，無関心または『誤解』」は，その他すべての要因の前提となるものである．この阻害要因は，国際間の民族共生だけでなく，一国内の民族共生においても同様のことがいえる．そしてその要因の克服のためには，幼児期から異文化に関する「情報」や「配慮」が適切に与えられることが必要であるとしている．ここで「情報」とは，「たとえ異文化をことさらに賛美するものではなくても，異文化に暮らす異民族の普通の暮らしをそのまま記述，説明するような情報」［丸山 2010：46］のことである．この異文化についての「情報」の供給源としての文化人類学の研究成果，及びその情報を提供する機関としての学校や博物館の役割は大きい．

　では，児童生徒の多文化共生に向けた資質形成のために学校においてどのような知識を組織し，教育内容として組織したらよいか．このすべての児童生徒を対象に，異文化の受容と承認を通して，マイノリティに対する差別意識や偏見を軽減し，社会的正義や公正の実現に向けて行動できる市民としての資質（Multicultural Citizenship）の形成をめざす教育が多文化教育である．米国では，1968 年のバイリンガル教育法や 1972 年の民族遺産研究法の成立以降，特に多民族化が進む都市部の学校において多文化教育プログラムが導入された．人類学者たちはいち早く応用人類学の対象としてこの多文化教育に関心を寄せ，その政策形成，学級組織，子どもの教室経験の組織に文化がどう関わるかの解明にエスノグラフィーの方法を活用した研究が開始された［Rosen 1977］．また，多文化教育の学習内容として文化人類学の概念や知識が，また多文化教育の学習方法として文化人類学が採用してきたフィールドワークや比較法といった研究方法が寄与できるとの認識のもと，アメリカ人類学会（American Anthropological Association: 以下 AAA と略）の下部組織の一つである「人類学と教育に関する協議会」（Council in Anthropology and Education: 以下 CAE と略）のメンバーを中心に多文化教育の実践に果たす文化人類学の役割についての検討がなされてきた．具体例としては，当時 CAE の後援により，1981 年 12 月 5 日ロサンゼルスで「人類学と多文化教育――教室への適応」というシンポジウムとワークショップが行われた．その成果は，ジョージア大学人類学カリキュラムプロジェクト（Anthropology Curriculum Project）により出版されたが，この報告書には学校教育や教師教育における多文化教育プログラムにおいて人類学の内容や方法を活用した次の八つの実践が報告されている［Moses & Higgins eds. 1983］．

>事例 1：ニューヨーク州のハイスクールで，生徒がローカルな若者のサブカルチャーの調査を通して，自分たちが多文化的世界に生きていることを実感させ，民族的多元主義の意義について学習した事例
>事例 2：カリフォルニア州のジュニアカレッジの人類学の入門コースで，いくつかの小さな民族集団へのフィールドワーク（参与観察）を通して合衆国内のサブカルチャーの多様性と複雑性について学習した事例
>事例 3：ロサンゼルスを事例に，多文化教育を実践する際に，文化やエスニシティの概念及びアメリカを構成する個々のサブカルチャーを調べるための方法としてオーラルヒストリーの活用を提案した事例
>事例 4：オクラホマ大学の博物館で，博物館の教育担当者や学校教師と大学の考古学研究者が連携して，砂場を活用した発掘というハンズオン活動を通して地域の先史文化の多様性を学習した事例
>事例 5：ロサンゼルスの小中学校を対象に，1960 年代初頭に撮影されたアフリカのいくつかの民族についてのフィルムに表れたステレオタイプを批判的に読み取る技能を発達させることをねらいとした事例
>事例 6：数学の時間を活用して，非西洋の独自の数学記号や数の数え方，計算の仕方，面積の求め方等の学習を通して，生徒がもつ西洋近代数学に対するエスノセントリズムに挑戦した実践
>事例 7：教師教育及び大学前の授業において，文化の異なる人と遭遇した時の対処の仕方を体験的に学ぶシミュレーション BaFa BaFa（その生徒版 RaFa RaFa）[3] を用いて，エスノセントリズム，文化多元主義，文化相対主義といった多文化教育の基本概念の理解を深めた実践

事例8：教師教育の方法として，科学の授業でよく用いられる探究法や読書指導で用いられる基礎技術についての学習を通して，授業活動の中に人類学の概念と多文化教育の内容を組み入れた実践

　これらの報告にある実践は，多文化教育において異文化理解としての文化人類学の概念や内容，及び参与観察，オーラルヒストリー，発掘といった人類学や考古学の研究方法の活用可能性を考える上で示唆的な実践である．また体験的異文化理解のためのシミュレーションゲーム（事例7）や，映像に表れた民族のステレオタイプを批判的に読み取るメディアリテラシーの育成（事例5）など，今日の学校教育において児童生徒の主体的参加をめざす参加型学習方法としても広く活用されている学習方法の可能性を早い時期に示唆している．しかし当時の実践（構想）は，異文化理解と並んで多文化教育のもう一つの目的であるマジョリティ文化の脱構築を通しての差別の軽減やそれによる構造的平等や社会的正義の達成といった点については，十分に意識されたものではない．また，人類学の内容や方法の活用といっても，ある学校や学年を対象に個別に行われた実践を報告したものであり，多文化教育の学習内容を構成する基本概念や，学年を通した包括的なカリキュラムを示したものではなかった．

3　多文化カリキュラムの開発と人類学の基本概念

　では，多文化教育のカリキュラムをどのように構成したらよいか．米国の多文化教育学会の会長を務めたバンクスは，多文化教育のカリキュラムを「多文化カリキュラム」と呼び，その開発のアプローチとして「概念的多文化カリキュラム」と呼ばれる方法を提唱している［Banks 2008：67-69］．この方法では，まず多文化教育の目的に従って多文化カリキュラムを構成する基本概念（Key Concepts）を抽出し，次にこれらの基本概念を構成する知識のカテゴリーを，高次レベルの／普遍的一般命題（High-Level/Universal Generalizations），中間レベルの一般命題（Intermediate-Level Generalizations），低次レベルの一般命題（Lower-Level Generalizations），及びその一般命題の示す具体的事実に階層化し，それらの基本概念や通則を獲得させるための教授スト

表1　多文化カリキュラムの基本概念 ［Banks 2009：58］

- 文化, 民族とそれに関係する概念（文化, 民族集団, 民族的少数集団, 民族意識の段階, 民族的多様性, 文化同化, 文化変容, コミュニティ文化）
- 社会化とそれに関する概念（社会化, 偏見, 差別, 人種, 人種差別, 自民族中心主義, 価値）
- 異文化間コミュニケーションとそれに関係する概念（コミュニケーション, 異文化間コミュニケーション, 知覚, 歴史的偏向）
- 権力とそれに関係する概念（権力, 社会的抗議と社会的抵抗）
- 民族集団の移動に関する概念（移住, 移民）

表2　教科領域における「民族的多様性」の教授 ［Banks 2008：69］

基本概念：民族的多様性
高次レベルの一般命題：ほとんどの社会が民族的多様性によって特徴づけられる.
中間レベルの一般命題：民族的多様性は, 合衆国の重要な特徴の一つである.
低次レベルの一般命題：
〈社会科〉1960 年代以降の合衆国への移民の新しい波が, 合衆国内の民族的多様性を増した.
〈言語技術〉民族的多様性は, 合衆国内における言語とコミュニケーションのパターンに反映されている.
〈音楽〉合衆国における民族的多様性は, フォーク, ゴスペル, ポップスに反映されている.
〈演劇〉さまざまな民族的背景をもつ合衆国の作家によって書かれた芝居は, 国民の文化を豊かなものにした.
〈体育・ムーブメント教育〉合衆国におけるダンス及びその他の身体表現活動は, 国民の民族的多様性を反映している.
〈芸術〉合衆国の視覚芸術は, 国民の豊かな民族気質を反映している.
〈家庭科〉合衆国における民族の多様性は, 国民の食べ物やライフスタイルに反映されている.
〈科学〉合衆国内の人々の多様な身体的特徴は, 民族的多様性を強化する.
〈数学〉合衆国における数学の表記と体系は, 多くの異なった民族, 人種, 及び文化集団の貢献を反映している. このことは, ほとんど認識されていない.

ラテジーと学習活動を定式化するという手順でカリキュラム開発を行っている.

　ここで, 多文化教育のカリキュラムを構成する基本概念はすべての教科領域において活用できる学際的なものでなくてはならないとして, 先行的な実践や研究を踏まえて上のような概念群を設定している（表1）.

　これらの概念はいずれも文化人類学を構成する基本概念の一部でもある. バンクスは, これらの概念が各教科でどのように通則として一般化され, 教育内容に具体化されるかを「文化, 民族とそれに関係する概念」に含まれる関連概念である「民族的多様性」を例に示している（表2）.

　これらの諸概念と一般命題を中心にカリキュラムを開発する「概念的多文化カリキュラム」の方法は, 米国の学校における民族学習（ethnic studies）

文脈の中で提案されたものであるが，各教科においてその学習内容を構成する場合，文化人類学の成果が活用できよう．この概念的多文化カリキュラムの方法は，日本における多文化教育のカリキュラム開発を考える上でも示唆的である．バンクスは，これらの各基本概念を具体的なカリキュラム内容に構成する方法や，その内容を教えるための具体的教授ストラテジーや学習活動について部分的には示しているが[4]，全概念群を活用して包括的な多文化カリキュラムを示しているわけではない．次節では，以上のバンクスの多文化カリキュラムの理論と実践構想に学んで，日本における多文化カリキュラム開発の視点について論ずる．

4 多文化カリキュラム開発の視点

日本において多文化カリキュラム開発を考える場合，次の二つの実践可能性が考えられる．

(1) 教科や領域の枠にとらわれない独自の多文化カリキュラムの開発
(2) 教科や領域の中で実践可能な単元の開発（発展学習の可能性も含む）

(1) は，主に総合的な学習の時間を活用して，場合によっては教科との関連も図りながら構想されるものであるが，すべての学校で取り組まれることを期待するのは難しい．学校において実践可能性が高いのは，(2) のような現行の教科の中でその学習内容に関連させて，あるいは既存の学習内容の深化・発展として構想する場合である．その実践に当たっては，各教科の学習内容と関連させて，多文化教育の視点や内容をどのように構成していくかを意識して指導計画（カリキュラム構成表）を作成する必要がある[5]．

ここでは，多文化カリキュラムを開発する場合の基本的な視点について再確認しておきたい．本章の冒頭で，マジョリティの意識（価値）変革なくして多文化共生はあり得ないことを述べた．多文化カリキュラムの開発に当たっては，この視点が重要である．アメリカでは，近年の「白人性」(Whiteness) 研究の影響を受け，教育分野においてもマジョリティとしての白人性が目に見えない権力作用として教育の中でいかに機能し，それがマイ

ノリティに対しいかに不利益をもたらしているかという問題意識のもと，人種主義を支えている白人性を脱構築していくための教育実践が模索されている．日本の学校におけるカリキュラム開発においても，学校知を構成しているマジョリティとしての「日本人性」(Japaneseness) を脱構築し，マイノリティの視点から学校知を再構成していくような視点が必要である．

　具体的には，マジョリティの特権を自覚させるような内容や，マジョリティとマイノリティの葛藤や対立といった内容，またその中にあるマイノリティの対抗的な語りを学習内容として構成する必要がある[6]．なぜなら，井上達夫らが主張しているように，多文化の「共生」とは「異質なものに開かれた社会結合」であり，「それは，内輪で仲よく共存共栄することではなく，生の形式を異にする人々が，自由な活動と参加の機会を相互に承認し，相互の関係を積極的に築き上げていけるような社会的結合」[井上・名和田・桂木 1992：25]である．このような異質なものに開かれた社会においてはハーモニーよりはカコフォニー（不協和音）の方が大きい．そのカコフォニーの現実を学習内容として位置づけることは，「『共生』が政治的意味を抜き取られ，他者への表面的な思いやりとして解釈されてしまいがちな現在のある傾向」[戴 2003：41]に対する警鐘ともなる．

　2008年に告示された現行学習指導要領においては，中学校社会科（公民的分野）において学習内容として「私たちが生きる現代社会と文化」が新設され，社会生活における文化の影響，文化の普遍性と特殊性，異なる文化の尊重等，文化学習が位置づけられた．また高等学校公民科（現代社会）においては，内容「国際社会の動向と日本の果たす役割」，及び同（政治経済）の内容「国際社会の政治や経済の諸課題」の中で「人種・民族問題」が取り上げられ，「文化や宗教の多様性」について触れさせることが明記され，特にこれらの内容で文化人類学の成果活用が期待される．今後，これらの学習においても世界的な文化の多様性や民族共生の問題と関連させて国内の文化的多様性や多文化共生の問題を取り上げることも可能となろう．

　ただ，多文化教育の文脈の中で，このような文化的多様性や人種・民族問題について学習する場合留意しなければならないのは，ターナー（Terence Turner）が指摘する多文化主義のもつ本質主義的「危険」性についてである．すなわちその「危険」とは，「あるエスニック集団や人種の所有物として文

化を本質化すること，境界や相互の差異を過度に強調することによって分割された個々の実体として文化を物象化すること，共同体内部が全て均質に一致しているという強要を潜在的に正当化するようなかたちで，文化の内部的同質性を過度に強調すること，そして文化を集団的アイデンティティのバッジとして扱うことによって，批判的分析の——そして人類学の——目が届かないところで文化をフェティシュ化すること」[ターナー 1998：157-158] である．多文化カリキュラムの開発に当たっては，以上の文化的本質主義の「危険」を十分考慮し，特にマジョリティが自らの文化のハイブリッド性に気づくような，すなわち「マジョリティ側の多文化意識の形成」[河合 2008：359] を促すような教育内容や教材の開発が課題になる．

5　教育の公共人類学に向けて

　本章では，米国の多文化カリキュラム開発に学んで，日本において多文化カリキュラムを開発する視点とその学習内容としての文化人類学の寄与について論じた．これまで，日本における学習内容としての人類学の活用というと，1978 年告示の高等学校学習指導要領「世界史」の「内容の取り扱い」で，主題学習の観点の一つとして「現代の諸地域の文化と社会について，<u>文化人類学などの成果を活用</u>しながら学習できるもの」(下線引用者) と述べられ，世界史の主題学習の中で主張された．しかし，その後改訂された学習指導要領ではすべての教科において (文化) 人類学への言及は見られない．

　一方，人類学の側からの教育への関心としては，1973 年の日本民族学会 (現日本文化人類学会) 第 12 回研究大会において，「大学・高校・社会における人類学・民族学の教育と普及」と題するシンポジウムが開かれ，教科書における「人種」についての記述に誤りの多いことが指摘された．これを契機として学会内に民族学・人類学両分野の研究者よりなる「高等社会科教科書検討委員会」が設置され，当時の高校地理教科書に対象を絞り，人種・民族の記載についての検討が重ねられ，その成果は石川他 [1978] として発表された．その後同学会では，青柳真智子を研究代表者として，1992・1993 年の二年に渡り科学研究費を受け，「『中学・高校における人種・民族と異文化理解の教育』についての調査研究」が行われ，その成果は青柳編 [1996] と

して発表された.

　また，学校における理科，特に生物教育における自然人類学の成果活用については，2006年の日本人類学会第60回大会において「小・中・高校における人類学教育」と題するシンポジウムが行われ，小・中・高校における人類学教育の現状とその指導改善について討議がなされた［松村・馬場 2007］．近年では，2013年に日本学術会議自然人類学分科会と人類学分科会の主催で，公開シンポジウム「中等教育で学ぶ『人種』『民族』とヒトの多様性」が開催され，その成果報告書が公刊された［竹沢編 2013］．

　このようにこれまでの人類学における教育への関心は，主に地理教育における世界の文化や人種・民族についての学習や，生物教育における人類の進化や「人種」についての学習に向けられてきた．しかし本章の考察を通して，学習内容としての文化人類学は，世界の民族や文化の学習だけでなく，一国内の文化的多様性や多文化教育の問題を考える学習にとっても可能性を示唆していることが明らかになった．さらに，多文化共生のカリキュラム実践において文化人類学の果たす役割は，学習内容としてだけではない．前述したように，文化人類学の研究方法としての参与観察やインタビューを中心とするフィールドワークや博物館の活用［森茂 2013b］は，カリキュラム実践において児童生徒の主体的参加をめざす参加型学習方法として意義がある．

　アメリカ人類学会会長を務め，公共人類学の意義を主張してきたピーコック（James L. Peacock）は，公共人類学という用語が成立する以前に同様の課題意識で使用されていた応用人類学の機能を，(1) 現実の問題解決 (problem solving)，(2) 政策への関与 (administration)，(3) 現場への支援活動 (outreach) の三つに要約している［Peacock 2001：136］．第一の「現実の問題解決」については，本章では多文化共生という現実的問題状況への人類学の寄与について多文化カリキュラムの開発を具体例として述べた．第二の「政策への関与」については，例えば米国においては，多文化教育の制度化に向けて多くの教育関連学会や研究団体が声明や指針を提出している．その中では，学校のカリキュラムや教材，教授や学習のスタイル，試験や評価，カウンセリング・プログラムから学校給食や学校行事，学校職員の民族構成等々に至るまで，それらの中に文化的多様性を反映させることが提言されている［森茂 2011：40-41］．日本においても，日本文化人類学会や日本人類学

会が教育関連学会と共同して多文化教育の制度化にむけた政策提言や「人種」や「民族」の学習における指針づくりに取り組むことが期待される．第三の「現場への支援活動」の例については，京都文教大学人類学科が人類学教育の一環として，企業，行政と連携して宇治市で取り組んでいる高校の修学旅行生にフィールドワークの方法論を伝える「まな旅サポート修学旅行」の実践［森 2007］や，国立民族学博物館（以下「民博」と略）が学校教員と連携して行っている異文化理解教育のプログラム開発［森茂編 2005；中牧・森茂・多田編 2009］及び博学連携教員研修ワークショップの取り組み［中牧・森茂・多田編 2009］などがある．特に後者は，民博の人類学者と学校現場の教員や教育研究者が共同して民博の展示を活用して国際理解・異文化理解のための学習活動をつくるもので，学校という公共空間における教育実践の創造への人類学者の「関与」と，教師・教育学者との「協働」の例と言える．

　　＊　本稿は，森茂岳雄（2009）「多文化教育のカリキュラム開発と文化人類学——学校における多文化共生の実践にむけて」『文化人類学』74 (1)，96-115 頁，をもとに，森茂（2013a）からの記述も一部加えて大幅に加筆修正したものである．

注
1）　1995 年までに出された全国の主な「在日外国人教育方針（指針）」については，鄭早苗他編（1995）に収録されている．尚，自治体において出された在日外国人に関する教育方針は，在日コリアンが最も多く住む大阪市教育委員会指導部によって，1970 年にその年度の学校教育指針として出された「外国人教育」指針が最初である．
2）　大阪市在日外国人教育「学校教育方針」2003 年．その他，滋賀県教育委員会「外国人児童生徒に関する指導指針」2005 年等参照．
3）　BaFa BaFa は，アメリカで開発された異文化理解を通して多文化共生の望ましいあり方を考えさせるシミュレーションゲームである．参加者を友好的で集団の凝縮性が強い家父長制（男尊女卑）の社会（Alpha 文化）と，男女平等で人工言語を話し経済活動を優先する社会（Beta 文化）という架空の文化に二分して交流させ，相手の文化のルールの解読を通して，参加者により適切な異文化理解や異文化交流を体験的に考えさせることを目的にしている．
4）　バンクスによる「移民－移住」概念を例にした高次，中間レベル，低次の一般命題，及び教授ストラテジーについては，森茂・中山編［2008：41-42］で紹介した．また，本書には「移民－移住」をテーマに多文化教育とグローバル教育をつなぐ移民学習の理論とその授業実践を収録した．

5）小・中学校の社会科を例にした多文化カリキュラムの構成表については，森茂［2009, 2013a］を参照．
6）その実践例として，台湾における漢民族による「原住民」への言語同化政策に見られるマジョリティの特権を自覚させるような内容や，原住民の「正名」運動（汚名化した自身の名前を勝ち取る運動），及び土地返還運動などのマイノリティの権利闘争やマジョリティとの葛藤等を扱った陳麗華の族群関係カリキュラムの構想・実践［陳編 2000］や，日本においては，在日外国人の基本的人権や権利回復の歴史，難民問題の学習を通してマジョリティの日本人の特権性の脱構築を意識した織田雪江実践［織田 2012］，日本人児童生徒の先住民に対して持っているコロニアルな認識の脱構築を通してポストコロニアルな視点の育成をめざした中山京子の先住民学習の実践［中山 2012］等がある．尚，陳の族群関係カリキュラムについては，森茂［2009］において詳しく紹介した．

参照文献

青柳真智子編（1996）『中学・高校教育と文化人類学』大明堂．
Banks, James A.（2008）*An Introduction to Multicultural Education, 4th Ed.*, Boston: Pearson Education.
Banks, James A.（2009）*Teaching Strategies for Ethnic Studies, 8th.Ed.*, Boston: Pearson Education.
陳麗華編（2000）『大家都是好朋友——族群關係學習手冊』臺北：五南圖書出版公司．
井上達夫・名和田是彦・桂木隆夫（1992）『共生への冒険』毎日新聞社．
石川栄吉他（1978）「高校社会科の教科書における人類学・民族学関係の記述をめぐって」『民族學研究』43（2）：186-201.
河合優子（2008）「文化のハイブリッド性と多文化意識」『「移民国家日本」と多文化共生論——多文化都市・新宿の深層』川村千鶴子編, pp. 343-366, 明石書店．
丸山孝一（2010）『周辺文化の視座——民族関係のダイナミックス』九州大学出版会．
松村秋芳・馬場悠男（2007）「シンポジウム『小・中・高校における人類学教育』」*Anthropological Science（Japanese Series）*115：41-60.
森正美（2007）「地域で学ぶ，地域でつなぐ——宇治市における文化人類学的活動と教育の実践」『文化人類学』72（2）：201-220.
森茂岳雄編（2005）『国立民族学博物館を活用した異文化理解教育のプログラム開発』（国立民族学博物館調査報告56）国立民族学博物館．
森茂岳雄（2009）「多文化教育のカリキュラム開発と文化人類学——学校における多文化共生の実践にむけて」『文化人類学』74（1）：96-115.
森茂岳雄（2011）「多文化共生をめざすカリキュラムの開発と実践」『「多文化共生」は可能か——教育における挑戦』馬渕仁編, pp. 22-42, 勁草書房．
森茂岳雄（2013a）「多文化教育のカリキュラムデザイン——日本人性の脱構築に向け

て」『多文化教育をデザインする――移民時代のモデル構築』松尾知明編，pp. 87-106，勁草書房．

森茂岳雄（2013b）「多文化共生をめざす教育実践の創造と博物館――ナショナリズム言説の相対化とマジョリティの特権性の脱構築にむけて」『二つのミンゾク学――多文化共生のための人類文化研究』（国際シンポジウム報告書Ⅳ）国際常民文化機構・神奈川大学日本常民文化研究所，59-64．

森茂岳雄・中山京子編（2008）『日系移民学習の理論と実践――グローバル教育と多文化教育をつなぐ』明石書店．

Moses, Yolanda T. & Patrisia J. Higgins eds.（1983）*Anthropology and Multicultural Education: Classroom Application*, Athens: Anthropology Curriculum Project.

仲原良二（1995）「在日外国人教育方針・指針の内容」『全国自治体在日外国人教育方針・指針集成』鄭早苗・朴一・金英達・仲原良二編，明石書店．

中牧弘允・森茂岳雄・多田孝志編（2009）『学校と博物館でつくる国際理解教育――新しい学びをデザインする』明石書店．

中山京子（2012）『先住民学習とポストコロニアル人類学』御茶の水書房．

織田雪江（2012）「『多みんぞくニホン』を生きる」『身近なことから世界と私を考える授業（Ⅱ）――オキナワ・多みんぞくニホン・核と温暖化』開発教育研究会編，pp. 49-109，明石書店．

Peacock, James L.（2001）*The Anthropological Lens: Harsh Light, Soft Focus, 2nd Edition*, Cambridge: Cambridge University Press.

Rosen, David M.（1977）"Multicultural Education: An Anthropological Perspective.", *Anthropology and Education Quarterly* 8（4）：221-226.

戴エイカ（2003）「『多文化共生』とその可能性」『人権問題研究』（大阪市立大学）3：41-52．

竹沢泰子編（2013）『公開シンポジウム　中等教育でまなぶ「人種」「民族」とヒトの多様性』平成22年度～26年度科学研究費補助金　基盤研究（S）「人種表象の日本型グローバル研究」研究成果報告書．

鄭早苗・朴一・金英達・仲原良二編（1995）『全国自治体在日外国人教育方針・指針集成』明石書店．

Turner, Terence（1993）"Anthropology and Multiculturalism: What is Anthropology That Multiculturalists Should Be Mindful of It ?", *Cultural Anthropology* 8（4）：411-429．（「人類学とマルチカルチャリズム――マルチカルチャリストが留意すべき人類学とはなにか？」柴山麻妃訳『現代思想』26（7）：157-175，青土社，1998年）

米山リサ（2003）『暴力・戦争・リドレス――多文化主義のポリティクス』岩波書店．

5 開発

鈴木 紀

1 はじめに

　本章では，公共領域における諸問題の解決をめざす人類学として公共人類学をとらえ，開発分野で公共人類学を展開するための課題を展望する．開発とは，開発途上国における経済発展の促進を目的におこなう国際的な事業である．その事業主体は国際機関，政府組織，NGO などを含み，事業が2国間または多国間の関係者の協力によって進められることを特徴とする．一般には，国際開発，開発援助，国際協力，技術協力などとも呼ばれるが，それらを総称してここでは開発と呼ぶことにする．

　開発に関する人類学的研究は，これまで開発人類学と呼ばれてきた．開発分野の公共人類学の課題を展望するにあたっては，開発人類学の経験を参照することにしたい[1]．次節ではまず公共人類学の特徴を考察する．公共領域という概念を規定し，公共人類学の課題を3点抽出する．続く3節で，私自身の開発人類学研究を振り返りながら，それらの課題を考察していきたい．

2 公共領域における人類学

2.1 公共領域とは

　公共人類学を志す者にとって，公共領域における問題の解明と解決を一連の作業として実践していくためには，それにふさわしい公共領域の定義が必要だろう．ここでは公共領域を「公共問題を解決するために異文化が出会い，新しい文化が創造される場所」と理解しておこう．

　「公共問題」とは，人々が集団として直面している問題で，かつ個人では

解決がつかず集団的な対応が必要な問題である．集団の大きさはあえて特定することはしない．直面する問題に応じて，地域集落の場合もあれば，人類すべてを含むグローバル社会という場合もあるだろう．次に「異文化」とは，これまで人類学が主に手がけてきた，いわゆる民族集団の文化のみを意味するものではない．本書の第1章で山下は公共領域として，国際機関，国家，地方自治体，企業，NGO，住民ボランティアの6つのレベルをあげているが，各レベルで問題解決にあたる諸集団には，それぞれの文化があると考えてみよう．その文化によって，何が問題かが認識され，その問題への対処方法も導かれるのだ．そしてそれらの文化が「出会う」ことが，公共性の本質といってもよいだろう．山下があげた6種の公共領域は，分析上は各々独立したものとして扱うことも可能だが，現実には相互に干渉しあうものであろう．例えば，風力発電所の建設は，一集落の問題であると同時に，国家のエネルギー政策の問題でもあり，グローバルな環境問題への施策という意味もある．その場合，それぞれのレベルで賛否を論じることが可能であり，そうした論争が異なるレベル間で重層化して展開することになる．

　公共領域で異文化が出会った結果，何が生じるのだろうか．開発に関する人類学や社会学の研究に先鞭をつけたロングらの編著のタイトルが『知識の戦場』[Long and Long 1992] であったことを想起したい．その中でアルセとロングは，あるメキシコ農村の農業開発プロジェクトに着目し，官僚・農業技術者・農民の3者の相互関係を描写した．官僚は国家の農業政策の施行を考え，現場の農業技術者は自分のアイデアを生かそうと試み，農民たちは積年の経験に基づいて日々の農作業にあたる．アルセらはこれら3者を異なる社会的アクターとして扱い，アクター間で知識が競われるプロセスとして開発をとらえようとした [Arce and Long 1992]．公共領域の重層性を踏まえれば，開発プロセスに対してロングらが考案した「知識の戦場」という比喩は，公共領域一般にも適用可能だろう．

　ただし公共領域は，知識の戦場として議論が戦わされるだけの場所ではない．問題解決にむけてさまざまな交渉がなされ，その結果なんらかの措置がとられる場所でもある．無論，それはすべての人々が同意するものであるとはかぎらない．しかし公共性が機能しているということは，少なくも問題が放置されず，解決のための努力がなされ，それが大方の承認をえているこ

とを意味するのではないか．「新しい文化が創造される」とは，このように一定範囲の人々の間に，問題の共有，解決方法の合意，結果への期待が見られる状態を想定している．

2.2 文化相対主義再考

社会を理解するための研究と社会を変えるための研究，あるいは文化を理解するための研究と文化を創るための研究は，これまでの人類学の歴史の中でバランスがとれていたわけではない．後者のタイプの研究は，「応用人類学」というレッテルを貼られ，人類学の特殊領域として囲い込まれてきた観がある．公共領域の問題解決をめざす公共人類学に対しても，一部の人類学者から同様のまなざしが向けられることは想像に難くない．

こうした保守的な態度はどこからくるのだろうか．おそらくその主な要因は，人類学を人類学たらしめている文化相対主義に対する誤解にもとづいているように思われる．文化相対主義とは，人間の判断は文化に応じておこなわれるという前提を受け入れることから始まる．そこから，異文化研究の際に自文化の判断を持ち込んではならないという方法論と，それぞれの文化は対等なものとして尊重されなければならないというモラルが導かれる．問題は，後者において，異文化を尊重するとは何を意味するかという点にある．異文化への不干渉の態度を貫いたり，無条件に肯定したりすることばかりが，文化相対主義のモラルだろうか．

私が注目する文化相対主義の定義は，「文化現象を扱う際に，文化に根ざす価値観や判断を一時的に停止すること」［Gross 1992：29］というものである．これは方法論としての文化相対主義の簡潔な表現である．自文化のバイアスを自覚し，性急な判断をしないことを求めている．しかしこの定義でもっとも重要なのは「一時的に停止」という部分である．停止は一時的であって，永続的ではない．つまり，ある程度異文化に関する洞察を試みた後，人類学者は一時停止を解除して，異文化の判断に向き合わざるをえないのだ．そこでは，異文化の論理と自文化の論理，そしてそれらを止揚した先に立ち現れる普遍的な人間性をめぐって，何が正しいのかを判断することになるだろう．そうした検討をへて，研究対象の文化に対する一定の価値判断に至ることが，「異文化を尊重する」ということの真の意味ではないだろうか．熟

慮の末，異文化を擁護することもあるだろうが，場合によっては批判する必要もあるだろう．これは方法論としての文化相対主義を抜きにして，エスノセントリックな態度で異文化に干渉することとは，まったく意味が異なる．

　本節ではまず，公共人類学の実践の手順を描いてみた．公共領域において人類学をおこなうということは，「知識の戦場」に分け入って，だれがどのように問題を見いだし，その解決にむけて何をしているのかを，それぞれの当事者の視点から理解することである．そしてそれらの試みが，相互にどのような関係にあるかを分析し，総合的な問題解決のための方針を定めることが重要である．さらにそうした方針を，問題解決を志す人々と共有し，自ら進んで新しい文化の創造に尽力することが，公共人類学の重要な貢献となる．そして，こうした役割を人類学者が担うためには，文化相対主義のモラルを積極的に解釈しなおすことが必要になるだろう．

　このように公共人類学を構想すると，ただちに3つの課題が浮上する．第1に，人類学者はどのように問題解決の方針を定めるのかという問題である．「知識の戦場」の中で，さまざまな知識の存在を確認したのち，それをどのように統合していくのか．ある視点を他の視点で相対化するだけでは，多様な視点が並列してしまい，問題の解決はますます困難になるかもしれない．第2に，どのようにすれば，公共問題解決のための新しい文化の創造に寄与できるのだろうか．学術の世界では，進歩は批判と論争によってもたらされるが，公共領域での問題解決はそのように自説を主張しあうだけでは不十分だろう．人類学者も1人の参加者として，立場を異にする者の間で問題解決を試みるためには，共有できる考え方の基盤をみつけて，自分の議論の輪を広げていく作業が必要だ．そのためには人類学者に新しいコミュニケーション・スキルが求められることになろう．そして第3に，そもそも研究と実践，すなわち異文化を理解することと異文化に働きかけることの切り替えは容易に実行できるのだろうか．方法論としての文化相対主義は異文化に対する判断の一時停止を求めるが，モラルとしての文化相対主義は一時停止の解除を必要とする．どのようなタイミングで，どのような状況下で，研究から実践への切り替えをすればよいのだろうか．私に模範解答があるわけではないが，以下の節では，私のこれまでの研究を参照しながら，これらの課題について考えてみたい．

3　マヤ・ユカテコの農村開発

　本節は公共人類学の第1の課題である，多様な視点の中からどのように問題解決の方針を立てるかという問題を扱う．事例として，私が学生の時にフィールドワークをおこなったメキシコの先住民族マヤ・ユカテコの焼畑農耕を取り上げる．

　マヤ・ユカテコはメキシコの南東部，ユカタン半島地方に居住する先住民族である[2]．私は，1994-95年，メキシコ政府の農村開発政策が先住民族に及ぼす影響を調べに同民族の農村でフィールドワークをおこなった．当時メキシコではNAFTA（北米自由貿易協定）が締結されたばかりで，新自由主義政策が断行されていた．

　新自由主義がメキシコ農村にもたらした最大の変化は，エヒード改革である．エヒードとは，メキシコ政府が農民グループに用益権を認可した共有地のことである．個々の農民は自分の耕地を持てるが，所有権はないため耕地を貸借，売買することはできない．ところが1992年にメキシコ憲法第27条が修正され，一定数のエヒード・メンバーの同意があれば，共有地を分割して個人所有地とすることが可能になった．これにより，土地の売買や，土地を抵当に融資を受けることなどが可能になり，企業的な農業への道が開かれた．NAFTAを最大限に活用し，北米市場向けの農産物を生産するための法的基盤が整えられたのである．

　私の調査地では，エヒード改革は分割化（スペイン語でparcelarización）という言葉で知られていた．支持者は少数で，その中心は，政府系の農村開発プロジェクトがあると，決まって村の代表になっていた人物だった．商店を経営し，商売にも関心が強い．しかし大半の村人は意外なほど冷静で，エヒード分割化はこの村には馴染まないと考えていた．彼らの農業は，ミルパといわれる天水焼畑農法で，栽培するのは主食のトウモロコシや豆である．企業的な農業といわれても，具体的なイメージを持てないようだった．しかも焼畑特有の理由から，分割化を懸念する者もいた．焼畑を開くには，長く休閑させて十分に植生が回復した森を探さなければならない．現状では，何らかの理由で耕作を止めた村人がいた場合，その人が休閑していた森を他の人が使用することができる．もしエヒードが分割化された場合，そうした融通

が利かなくなってしまうのだ．

　村人からミルパの話しを聞いていると，いろいろな発見もあった．長い間，カリブ海岸の観光地へ出稼ぎにでていた若者が，久しぶりに村に帰って来た．目を輝かせて，もうすぐトウモロコシの収穫だという．本当は，ほとんどの農作業を村に残っている父親にまかせていたのだが，自分のミルパにあるトウモロコシは全部自分の物だと嬉しそうに話す．彼の興奮は，町での生活と対比すると，よく理解できた．ホテルやショッピングセンターなどの建設作業に従事し，それなりに技術を体得していたが，彼の収入では決して彼自身が観光客としてそれらの施設を利用することはできない．賃金のためだけに働くことの虚しさを感じているようだった．

　幼い息子がはじめてミルパに行ったと誇らしげに語る父親もいた．彼の畑は村から4キロほどの場所にあり，炎天下，幼い子供が歩いて往復するのは厳しい．しかし，その日，息子は父親とともに家をでて，畑で遊んでいたという．父親にとって，息子が一人前の男になる第一歩を踏み出した重要な日というわけだ．

　私の滞在中に，有機ミルパ・プロジェクトが試行された．カトリック教会系のNGOから農業技術者が派遣され，講習会がはじまった．目的は，有機栽培技術の普及だけでなく，焼畑を常畑化し，森林資源の保全を進めることにあった．実はこの村では1930年代にエヒードが認定されて以来，人口は5倍以上に増加し，土地不足が深刻化していた．私の調査サンプルの100世帯中96世帯が焼畑をおこなっていたが，平均休閑年数は5.7年で，どの農民も休閑10-15年以上の「高い森」をエヒードの中に得られなくなっていた．当然トウモロコシの収穫も少なく，年間の自給量を確保できる世帯は半数以下だった．

　20人程度の村人が有機ミルパを試みたが，結果的には定着しなかった．その理由は，出稼ぎや行商などの農外収入に依存せざるをえない多くの村人にとって，手間がかかる有機栽培は，きわめて難しい選択だったのだ．講習に集まる村人はしだいに減り，落胆した技術者はやがて村に来なくなった．

　こうした状況下で，この村の人々にとって望ましい開発とは何だろうか．新自由主義から距離を取り，有機栽培も体得できなかった村人にとって，ミルパ農業の不振を改善する術はなかった．彼らに解決策を問うても，「どう

しようもない」が答えだった．実は，それは私も同様であり，フィールドワーク中には問題を整理して対策を考えることはできなかった．日本に戻って数年が経過し，開発学のテキスト［菊池編 2001］を分担執筆するために，開発理論の整理をしていた時に，ミルパには，それを見る者の立場に応じて，少なくとも4つの意味があることに気がついた．

　第1にミルパは，生産性の低い経済活動で，そこから得られる所得は少なく，いわば貧困の温床である．これは開発経済学の標準的な考え方で，新自由主義時代のメキシコでは，その解決策として自給用のミルパから商業的な農業への転換が求められていた．第2に，ミルパは市場経済による搾取からの避難所とみることができる．これは植民地時代以来，労働の価値は世界システムの周辺から中心へと流出してきたと考える世界システム論や，自給作物を生産している農民は，そうでない農民よりも，市場経済の中で生存機会が高いと想定するペザント経済論に通じる考え方である．第3に，ミルパは森林資源を蝕む非持続的な生産活動である．人口密度が低く，十分な休閑期間がとれる場合には，焼畑は持続可能性の高い技術だが，人口が増加し，休閑期間が短縮されると，生産性は逓減していく．そして第4に，ミルパはマヤ・ユカテコの文化の宝庫であり，民族的なアイデンティティのシンボルだといえる．これは同民族に関する民族誌［Re Cruz 1996 など］が繰り返し主張してきたことであり，私自身も，ミルパが彼らの世界観をみごとに表象していることは確認していた［鈴木 1989］．

　これら4つの視点を同時に満たすことは不可能である．何を優先すべきかを考えなければならない．新自由主義政策のマヤ・ユカテコへの負の影響を批判することは容易だと思われた．新自由主義と親和性が高い第1の視点を，第2や第4の視点から批判し，相対化すればよいのである．しかし，農民の習慣にそぐわないエヒード改革を食い止めれば，村人の生活が安定するわけではないことも明らかだった．私が人類学者として重視したいのは，文化としてのミルパの保存である．一方，村人の立場にたてば所得向上も無視できないと感じた．そこで最終目標は，農民の所得が今より増え，かつミルパが食料自給手段としても文化としても維持されることと考えてみた．そして，そのために必要なことを通時的に整理した．まず短期的に，ミルパの面積を縮小して，森林の回復を図る必要がある．その間に，不足する食料や所

得を公的に補塡する必要もあるだろう．中期的には，ある程度回復した森林資源を持続的に使用できるような新しい農業技術の開発が必要となる．休閑期の森林を資源として活用する，ある種のアグロフォレストリーが望ましい．こうした技術を身につけるためには，農民個人の努力や，組織化による共同作業も必要になるだろう．そして長期的には，ミルパと並行してより付加価値の高い経済活動に着手することである．そのためには，青少年向けの教育を充実させ次世代の村人に企業家精神を育むことが肝要である．

ところでこの試案は，不本意ながら，私案に留まっている．メキシコ政府や現地の NGO に提言したりはしていない．本章の最後でも触れるが，そうすることは私にとって時期尚早に思えたからである．

4 JICA プロジェクトの民族誌的評価

本節では，公共領域の問題解決にむけて新しい文化を創造するために，人類学者にどのようなコミュニケーション・スキルが求められるのかについて考える．事例とするのは，JICA（国際協力機構）がメキシコで実施した農村開発プロジェクトに対して私が試みた民族誌的評価と，その成果を発表するために実施したワークショップである．

4.1 開発援助プロジェクトの民族誌的評価法

私が開発援助プロジェクトの民族誌的評価を志した理由は2つある．第1に，JICA のプロジェクト評価制度が，どの程度機能しているのかを知るためである．JICA は事業評価の目的として，1) 事業運営管理の手段，2) 援助関係者・組織の学習効果，3) JICA 事業に対する説明責任，の3点をあげ，国民の支持を得てより効果的・効率的な援助を実施することを公表している［国際協力機構企画・調整部事業評価グループ 2004：19］．この中で私はとくに 2) の学習効果に注目している．着実な評価によってすぐれた教訓が生み出され，それを蓄積していけば，技術協力プロジェクトの質は向上していくはずであるが，はたして現実はどうであろうか．第2に，人類学者と国際開発関係者の間に対話の回路を開きたいと考えたためである．人類学者が自分のフィールドやその周辺で生じている開発動向に対して批判的なコメントを発しても，

多くの場合，開発援助の実務者にはうまく伝わらない．彼らは，人類学者の意見を尊重しつつも，援助実務をよく知らない者の的外れな見解ととらえる可能性があるからである．こうしたミス・コミュニケーションを免れるためには，人類学者が「援助の文法」，すなわち援助について語るための専門的な言葉遣いを身につける必要がある．そうすることで，意見交換を促進したいと考えた．

　私が「援助の文法」を学ぶために参照したのは，国際協力機構の『プロジェクト評価の実践的手法』である．同書によれば，プロジェクトから教訓を抽出する手順は，1) プロジェクトの実績を確認する，2) プロジェクトの実施プロセスを確認する，3) プロジェクトが想定していた因果関係（投入→産出→成果の関係）を検証する，4) プロジェクトに貢献した要因・阻害した要因を 2) と 3) から特定する，5) 貢献・阻害要因の中から，将来の類似のプロジェクトに対する教訓を抽出する，の5段階を踏む．このうちとくに注意が必要なのは 3) の因果関係の検証である．

　JICAは，諸外国の開発援助機関と同様に，プロジェクトの管理ツールとしてログ・フレームといわれる作業表を使用している．この表はプロジェクトが想定している因果関係を要約したもので，そこには実施手順や評価のための指標が書き込まれている．このためログ・フレームを用いる評価では，想定された結果が得られたか否かを確認することは容易であるが，その想定が正しかったか否かを確認することは難しいという限界をもつ［Gasper 2000］．そこで，因果関係を正確に検証するためには，ログ・フレームによる成果確認作業とは別に，少なくとも，プロジェクトの対象となっている人々がプロジェクトの投入に対してどのような反応を，なぜしたのかを丹念に検討することが望ましい．そのためには人類学の民族誌的手法によって，プロジェクト対象者の多様性に配慮しながら，参与観察をおこなったり，プロジェクト実施時の状況を聞き取ったりすることが有効である．

4.2　メキシコ国チアパス州ソコヌスコ地方小規模生産者支援計画

　民族誌的評価法を実践すべく，私はJICAメキシコ事務所が実施したPAPROSOC（メキシコ国チアパス州ソコヌスコ地域小規模生産者支援計画）に着目した．これは2003年から2006年にかけて，メキシコ南部チアパス州ソコ

ヌスコ地域の4市内にある5村のパイロット地区で実施された技術協力プロジェクトである．協力相手は，メキシコ政府の農牧業農村開発漁業食糧省とチアパス州の農村開発局である．プロジェクトの目標は，4市内のパイロット地区以外の村で，市と村双方のイニシアティブにより村落開発プロジェクトが開始されていること，すなわちパイロット村において試行された活動が，その村に根付くだけでなく，市内の他の村落に普及することを目指すものであった．主な活動は1）村落レベルにおける女性の組織化支援・生活改善活動の実施推進，2）行政レベルである州政府，市役所の村落開発行政能力の向上の2点である．

　PAPROSOCの終了時評価は2005年8月から9月にかけて実施され，報告書は同年10月付けで刊行されている．PAPROSOCは，戦後日本の農村で試みられた生活改善運動をモデルとして導入したが，評価報告書の教訓欄では，それを「日本国の経験をいかす試み」として取り上げ，「『日本の戦後の苦しい環境でできたことなら，今のメキシコでもできるに違いない』という女性グループメンバーの言葉は，PAPROSOCのアプローチの有効性を示すものである」と記している［国際協力機構メキシコ事務所 2005］．ところが不思議なことに，報告書では，教訓抽出の予備的考察として重要な貢献・阻害要因の分析で生活改善運動に関する記述がなく，この教訓がいかに抽出されたのか明らかにされていない．

　そこで私は，自主的にPAPROSOCの民族誌的評価を企画した[3]．同プロジェクトのログ・フレームに記載されている，投入（集落でミニプロジェクトを実施）→産出（ミニプロジェクトで正の結果がでる）→結果（市と村双方のイニシアティブで新しいプロジェクトが開始される）という因果関係を確認するために，生活改善運動の実施手順と効果に関して，現地で聞き取り調査を実施した[4]．その結果，訪問した4村のうち3村で，プロジェクト終了後も活動を継続している女性グループが存在することを確認できた．生活改善運動のビデオを見て，日本の農村の人たちが協力して清掃作業にあたる姿に感銘をうけたと語る者もいた．女性たちの中には，ボランティアとして他の村に出かけ，生活改善運動の普及に一役買っている者もいた．PAPROSOCの評価報告書が言及しているのは，まさにこのような女性たちである．

　一方で，どの村でも生活改善運動にまったく参加しなかった女性がいる

ことも明らかになった．その理由はさまざまだが，「自分は招待されなかった」という2人の女性の発言は重要だった．調べてみると，「招待」とは活動を始めるために支給される物的，金銭的なインセンティブのことで，この地方の農村で政府機関が開発プロジェクトを実施する際の慣例として「招待」する行為が存在することがわかった．PAPROSOCの主眼は組織づくりにあったため，物的支援は最低限で，その意味では「招待」のないプロジェクトと受け取られた可能性が高い．またプロジェクトに参加したものの，途中で活動を止めた女性たちもいた．期待したほど野菜が収穫できず，家計の収入向上につながらなかったとか，改良カマドの自己負担金が高額だったなど，経済的な効果に不満を述べる者が多かった．実はメキシコ最南端のこの地方は，メキシコ北部やアメリカ合衆国への移民の供給地である．パイロット村でも男性の出稼ぎや一家そろっての移住は日常的な話題だった．したがって人々は経済活動の収益性に敏感で，PAPROSOCの生活改善運動は，必ずしもその期待に応えるものではなかったのかもしれない．さらにあるパイロット村の女性たちは，プロジェクト終了後1年程度で，グループを解散していた．PAPROSOCの想定では，ミニプロジェクトは継続的な生活改善運動の動機づけとして機能するはずだったが，彼女たちはミニプロジェクトそのものを目的と考え，プロジェクト後に活動を継続する理由を見いだせなかったようだった．

　こうした聞き取りから，PAPROSOCの成果に貢献した要因として，JICAの主張通り，生活改善運動という日本の試みがメキシコの農村女性の関心を引いたことにあると確認できた．しかし成果を阻害した要因としては，インセンティブ付きの援助に人々が慣れていることや，比較的容易に国内外への移住がおこなわれていることがあげられ，グループ活動を通じて小さな工夫を積み上げるという日本の生活改善運動の理念が，必ずしもこの地方の農村生活に適合していなかった可能性が推察された．このため，PAPROSOCの評価報告書に記された「日本国の経験をいかす試み」という教訓も，相応の修正が必要となる．戦後の生活改善運動という日本の経験を途上国に導入するにあたっては，当時の日本の政治経済情勢と現在の途上国のそれを比較検討すべきである．その上でモデルとなりうる部分を精査し，より当該国の事情にあったモデルとして提示すべきであると思われる．

4.3　国際協力のための実践人類学ワークショップ

　PAPROSOC の民族誌的評価を試みた後，その成果を JICA 関係者や技術協力専門家に伝えるため 2009 年 2 月 16 日に東京の JICA 研究所で，「技術協力プロジェクト評価手法に関する文化人類学からの提言」と題するワークショップを開催した．発表者は私の他，開発人類学を専門とする白川千尋と関根久雄の 3 人であった．

　私の発表では，上記の通り JICA の技術プロジェクト評価において，結果に影響を与えた貢献・阻害要因の解明が重要であること，そのために民族誌的調査が有効であることを述べ，PAPROSOC の教訓を再考する事例を紹介した．白川は，医療協力分野の技術協力プロジェクトの終了時評価報告書の記述の分析，関根は，ソロモン諸島に固有の文化を反映させたプロジェクト評価の手法について報告した．いずれの発表でも，対象地域の文化理解にもとづいてプロジェクト評価をおこなうためのヒントや提言を提示し，建設的な議論を心がけた．

　ワークショップには JICA 職員を中心に 51 人の参加者があった．ワークショップの反応をみるため，寄せられたコメントをみてみよう．全体としては，文化人類学の開発援助事業への貢献に期待する者が多く，人類学者と実務者の対話の継続を望む声が強かった．これは，そうした関心をもつ者がワークショップに集まっていたと考えれば，予想通りの結果である．むしろ重要なのは，それにもかかわらず，一部の参加者が覚えた違和感の方だろう．民族誌的評価が必要だとわかっても，すでに定式化している現行の評価枠組みに組み込むことの難しさを懸念する声や，それを推進するためにもっと明瞭なモデルを提示し，その費用と便益を具体的に考えられるようにしてほしいという要望が寄せられた．また，より本質的な問題としては，人類学の学術的専門性とは何かという疑問や，経済学や社会学と比較して人類学には競争力がなく，その理由は「人類学の一番の弱点は，開発に対する哲学を持っていない／希薄なこと」ではないかという指摘もあった．

　これらのコメントから私が学んだのは次の点である．ワークショップで提言した評価手法の改善の必要性は概ね理解され，その意味で「援助の文法」を共有して開発援助実務者と対話しようとした試みは，ある程度成功したといえる．しかし，個別プロジェクトの評価事例ではなく，より具体的で

汎用性のある評価モデルを私たちが提示できなかったことは事実である．実務者への提言は，なるべくユーザーフレンドリー（使い勝手がよいこと）であるように努めるべきなのだろう．また，そうしたモデルの根底にある，人類学ならではの問題意識を伝えきれなかったことも認めなければなるまい．私たちは，よい評価のためには現地の文化をもっと理解しようと訴えたが，それによって実現できる望ましい開発の姿を語りはしなかった．

5　研究と実践の切り替え

　最後に，本節では公共人類学の第3の課題である，研究と実践の切り替えという問題を簡潔に検討する．最初に述べたマヤ・ユカテコの研究では，長期の住み込み調査を実施したものの，実践には踏み出していない．一方JICAプロジェクトの民族誌的評価は，数回の訪問調査しか実施していないが，実践的提言を試みた．両者の違いは，研究に着手する時点で，具体的な実践の計画があったか否かにある．前者では，フィールドワークを通して農村開発の実態を理解することに目的があり，その結果をだれにどう語るかは考えていなかった．無論，インフォーマントたちの窮状を知るにつけ，それに対してなんとかしたいという気持ちは高まった．調査村への工具の寄贈など，フィールドワーカーにできる最低限の支援は調査終了時におこなったが，冷静になって考えると，フィールドの友人たちを直接支援することよりも，メキシコや開発途上国の貧困層が抱える構造的な問題に対して有効な手だてを考えることが，研究者としては重要な貢献に思えた．そのため，多くの途上国で援助をおこなっているJICAを対象に，プロジェクトの質的向上を促すような研究をしたいと考えるようになった．

　この経験から言えるのは，十分な研究の後に実践が可能になるのではなく，実践の目標にあわせて必要な研究をすると考えた方が，研究から実践への移行は円滑になるということである．なぜならば，研究対象の人々の文化の可変性や多様性を探究する現代の文化人類学の関心では，いつまでたっても「わかった」という感覚は持ちにくく，研究継続の欲求は研究者の心に絶えず芽生えるからである．そのような場合，実践は時期尚早の挑戦に見えてしまう．これに抗するための一つの方法は，あらかじめ実践を計画しておくこ

とである．

　それでは実践を決意するためには，どのような動機づけが必要なのだろうか．私は，人類学者に固有の報恩感覚と，グローバル市民としての自覚が重要であると考える．前者は，人類学者がフィールドワークによって言語や文化を学べるのは，現地の人々のお陰であることを忘れないということである．まして，そうして学んだ知識を資源として研究者の地位を得たならば，今度は人類学者としての専門性を社会一般に還元することを考えるべきだろう．後者は，環境，開発，災害，疾病，人権などいわゆるグローバル問題の一端に自分も関わっているという自覚である．こうした問題の解決に一市民として尽力したいという関心をもつことが重要で，人類学はそのためのツールだと発想してみたい．そうすれば人類学者はもっと柔軟に選択肢を広げることができるだろう．

6　おわりに

　本章では，開発分野の問題解決を前提に公共人類学の3つの課題を展望した．課題1は，公共領域の多様な文化をどのように統合して，問題解決の方針を立てるかであった．重要なのは，人類学者が得意とする相対化という方法では不十分であるという点である．多様な視点の中から，何が優先されるべきなのかを判断する必要がある．課題2は，公共領域において新しい文化を創造するために必要なコミュニケーション・スキルは何であった．共同作業をする相手の発想法を学び，相手の土俵にたって自説を提言すること，および人類学が理想とする世界について平易に語る準備をすることが必要であろう．課題3は，文化相対主義との関連で，研究から実践への切り替えをどのように進めるかであった．文化相対主義が求める異文化に対する判断停止は，異文化を理解するための一時的な工夫であることを再認識し，計画的な判断停止の解除が必要であることを指摘した．

注
1）　開発人類学については，［鈴木1999］および［鈴木2011a］を参照．
2）　マヤ・ユカテコについては［鈴木2006］を参照．

3） PAPROSOC の民族誌的評価の詳細については［鈴木 2008］を参照．PAPROSOC の終了時評価報告書には6項目の教訓が書かれているが，私の調査では，その第1項「日本国の経験をいかす試み」を重点的に検証した．また州政府，市役所の村落開発行政能力改善の取り組みについては，［鈴木 2011b］参照．
4） プロジェクト終了後の 2006 年 8 月，2007 年 8 月と 10 月の3回現地を訪問し，パイロット地区5村のうちの4村でプロジェクトに参加した4つの女性グループへの集団的インタビューと，28人の個別インタビューを実施した．なお，ミニプロジェクトとは生活改善運動をモデルにした活動を意味し，女性グループの組織化と参加型手法による活動の計画・実施・評価からなる．活動内容は，改良カマド建設，野菜栽培，花卉栽培，料理教室，洋裁教室など，多岐にわたる．

参照文献

Arce, Alberto, and Norman Long（1992）The Daynamics of Knowledge: Interfaces between Bureaucrats and Peasants, *Battlefields of Knowledge: the Interlocking of Theory and Practice in Social Research and Development*, Norman Long and Ann Long eds., pp. 211-246, London and New York: Routledge.

Gasper, Des（2000）Evaluating the "Logical Framework Approach" towards Learning-oriented Development Evaluation, *Public Administration and Development* 20：17-28.

Gross, Daniel R.（1992）*Discovering Anthropology*, California: Mayfield Publishing Company.

菊地京子編（2001）『開発学を学ぶ人のために』世界思想社．

国際協力機構企画・調整部事業評価グループ（2004）『プロジェクト評価の実践的手法』国際協力出版会．

国際協力機構メキシコ事務所（2005）『メキシコ合衆国チアパス州ソコヌスコ地域小規模生産者支援計画プロジェクト終了時評価報告書』国際協力機構メキシコ事務所．

Long, Norman and Ann Long（1992）*Battlefields of Knowledge: the Interlocking of Theory and Practice in Social Research and Development*, London and New York: Routledge.

Re Cruz, Alicia（1996）*The Two Milpas of Chan Kom: a Study of Socioeconomic and Political Transformations in a Maya Community*, New York: State University of New York Press.

鈴木紀（1989）「マヤの4つの祭壇」『季刊民族学』13（4）：107-114．

鈴木紀（1999）「『開発人類学』の課題」『民族学研究』64（3）：296-299．

鈴木紀（2006）「ユカテコ——衰退する焼畑耕作と高揚しはじめた民族意識」『講座世

界の先住民族——ファースト・ピープルズの現在　第8巻　中米・カリブ海，南米』綾部恒雄監修／黒田悦子・木村秀雄編，pp. 211-225, 明石書店．

鈴木紀（2008）「プロジェクトからいかに学ぶか——民族誌による教訓抽出」『国際開発研究』17（2）: 45-58.

鈴木紀（2011a）「開発人類学の展開」『開発援助と人類学——冷戦・蜜月・パートナーシップ』佐藤寛・藤掛洋子編，pp. 45-66, 明石書店．

鈴木紀（2011b）「農村開発プロジェクト　カウンターパート技術者のサステイナビリティ」『開発援助プロジェクト評価のための社会調査手法に関する社会学的研究』（2011年文部科学省科学研究費補助金・基盤研究B・課題番号21330112・研究成果中間報告書）宇田川拓雄編，pp. 17-18, 北海道教育大学函館校．

III

医療とケア

6 生殖医療

柘植あづみ

　子どもが生まれること／生まれないことは私事であると同時に，共同体にとっても国家にとっても，あるいはグローバルな社会にとっても，重大な関心事でありつづけてきた．生殖技術は，「自然の範疇」あるいは「神（カミ）の領域」と考えられてきた生殖を，限定的にであれ，人間が管理するのを可能にした．だから，生殖技術の歴史を振り返れば，家族，共同体，国家などがいかに技術を利用して生殖を管理しようとしてきたかが浮き彫りになる．ここでは生殖技術がいかに政治や経済と連動してきたか，いかに社会的・文化的価値を変容させてきたかについて振り返り，医療技術によって問題を解決するという思考が強まっている時代の公共人類学の役割を考えたい．

1　日本における人工妊娠中絶をめぐる政治

　江戸時代には，間引き（嬰児殺）と堕胎による人口調整がなされていたことは，いくつかの歴史的な研究が明らかにしている［沢山 1998；太田編 1997；LaFleur 1992（森下他訳 2006）］．ところが，間引きだけではなく堕胎も，明治政府の近代化政策の下で犯罪化された．その背景には西欧の影響があった．藤目は「堕胎が可罰的犯罪と把握され刑罰的制裁の対象とされるにいたったのは，1880年刑法（1882年実施）の『堕胎の罪』によってであった．この刑法はフランスの刑法をまねたもので，その堕胎禁止条項は330条から335条にそのまま取り入れられた」［藤目 1999：119-120］と述べている．1907年の新刑法（現行刑法）でも「堕胎罪」は維持され，その後の富国強兵政策を優先した人口政策では，堕胎に加えて避妊手段や知識を普及させることも厳しく制限された．その上で，第2次大戦中の1940年には「国民優生法」

が制定された．これは，国家の優生政策のための「断種」について定めた法律である．

　戦後には「国民優生法」が「優生保護法」に改定された．人口増加政策から人口抑制政策への転換がなされたためである．「優生保護法」は人工妊娠中絶と不妊手術（断種）について定めた法律だが，その目的は「優生上の見地から不良な子孫の出生を防止する」ためであった．1949年に優生学的な理由によって人工妊娠中絶が合法化され，1950年には経済的な理由での中絶が認められ，さらに経済的な理由で中絶を認めるための運用基準が緩められた．そのために中絶件数は急増し，国に報告された件数は1950年には32万件だったが，1955年には117万件にのぼった[1]．日本は人口増加の抑制を，避妊・家族計画の普及以前に中絶で実現した稀な国となった［ノーグレン 2008］．ここで着目したいのは，生殖は高度に国政の関心事であること，さらに戦後のGHQによる占領時は，その意図による人口政策への干渉があったことである．そのために生殖を管理する医療技術の規制を厳しくしたり緩めたりした．このように，生殖技術は国家やさらにグローバルな政治の文脈と密接につながっている．

2　出生前診断と公共性

　胎児を診断するための新しい技術は1960年代に相次いで導入された．ひとつは超音波断層撮影装置（以下，超音波検査と省略）と，もうひとつは羊水検査である．超音波検査は子宮内の胎児に超音波をあてて，その反射をコンピューターで処理し，画像として映しだす．これによって胎児の身体各部の大きさと形態を知ることができる．とはいえ，1960年代の超音波検査の精度は低く，機器も高価だったため，特別な検査だった．現在では，大きさや形態だけではなく，四肢の障碍[2]や発達の状態，内臓（心臓や脳の形成状態）の障碍，性別に加えて，胎児の容貌や動きまで把握できる機器が普及している．羊水検査が胎児を診断する目的で導入されたのは1960年代末だった．これは，妊娠中の子宮内の羊水を注射針で採取して，成分を調べることによって，胎児の先天性の代謝異常，染色体や特定の遺伝子の異常を知る検査である．ただし，胎児の状態を知ることができたとしても，胎児治療ができる

疾患・障碍はごくわずかであり，出生後に治療や発症予防できるものも今のところは限られている．さらに診断された疾患や障碍の状態の個人差が大きい．

　兵庫県は1966年に「不幸な子どもの生まれない運動」[3]を開始した．1970年には衛生部に「不幸な子どもの生まれない対策室」を設けて，さまざまな施策を展開した．「不幸な子ども」とは，「1) 生まれてくることを誰からも希望されない児，2) 生まれてくることを希望されながら不幸にして周産期に死亡する児，3) 不幸な状態を背負った児，4) 社会的にめぐまれない児」[兵庫県 1971]とされた．具体的な施策としては，妊婦健診による妊婦の性行為感染症の検査（とくに梅毒が胎児に障碍を引き起こす可能性がある），母児の血液型不適合による胎児・新生児の重症黄疸や脳性麻痺の発症予防，そして新生児・乳幼児の集団健診によるフェニルケトン尿症や先天性股関節脱臼，重症心身障碍児の早期診断と対応，また，母子健康手帳の普及，家族計画の知識の普及や遺伝相談の実施などがある．さらに，1970年には全国ではじめての「県立こども病院」を設立し，こども病院からの巡回相談を実施し，妊産婦と周産期の母子への保健・医療や生活（栄養，家族計画等）の相談・指導・対応（治療や予防，医療費の支給等）の充実が図られた［兵庫県 1971］．これに加えて，1972年から「先天性異常児出産防止事業」として，胎児の先天性代謝異常と染色体異常を検査するために，まだ新しい羊水診断を希望者に提供し，その費用の半額補助が実施された［松永 2001］．

　こう見ると「不幸な子どもの生まれない運動」の内容は，周産期医療を向上させる自治体の意欲的な施策であったともいえる．実際に他の自治体からの視察も多かった［兵庫県 1971］．しかし，当時の兵庫県衛生部長が「母子衛生は生まれた者のみを対象とするのではなく，国家社会の負担を減らし，個人の責任にあらざる不幸を除くために，異常児の生まれない施策もやるべきである」とした［松永 2001：116］言葉に「公」と「私」の双方のための「異常児の生まれない施策」という思想が明確に表れている．

　これに対して，大阪青い芝の会[4]は1974年に兵庫県衛生部「不幸な子どもの生まれない対策室」に対して「公開質問状」と「要求書」を提出した．松永はこの内容を検討し，大阪青い芝の会が，「障害者は，かわいそう，気の毒」「五体満足に生まれてほしい，健康な子供を生みたい」という考えは

健常者の発想であり，障碍者差別の具体的な表れであると指摘したこと，そして，障碍をもつ胎児の抹殺を前提とする羊水検査は障碍者に対する挑戦であるとして反対したことを報告している［松永 2001：121］．

　青い芝の会による障碍者差別に対する告発は，これがはじめてではなかった．1970 年には，横浜市で 2 人の障碍児を育てていた母親が脳性マヒの 2 歳の子どもを殺害した事件の裁判の過程で，マスコミや障碍児の父母の会や婦人団体などから，被告である母親の減刑嘆願運動が巻き起こった．これに対して神奈川青い芝の会は，「可哀そうな母親を救え」という論調に反発して，「重症児『殺されてもやむを得ない』とするならば殺された者の人権はどうなるのだ．そして我々障害者はおちおち生きてはいられなくなる」［横塚 2007：41］と「殺される」障碍者の側から社会を告発した．この障碍者の「生存権」を主張する運動の先に「不幸な子どもの生まれない運動」への抗議が位置づく．青い芝の会神奈川県連合会も 1975 年に，胎児診断について神奈川県知事に要請書を提出し，反対運動を本格的に始めた．

　1972 年から 74 年には，1950 年に中絶を認める事由に「経済的理由」が付け加えられたことによって人工妊娠中絶の件数が増加したことに対して，中絶に反対する宗教団体「生長の家」の支持を得た与党・自由民主党の国会議員が「経済的理由」を削除しようとした．中絶が可能な枠をせばめようとする動きに抗して日本医師会は「胎児が重度の精神又は身体の障害の原因となる疾病または欠陥を有しているおそれが著しいときに認められるもの」という中絶要件「胎児条項」を加えるよう要求した［横塚 2007；ノーグレン 2008］．

　この法律改定の動きに対して青い芝の会をはじめとする障碍者団体が，また，中絶事由の制限となる改正案に反対した女性団体が反対運動を展開した［立岩 1997；菅野 2013］．その後，与党からの 3 年にわたる再三の法案提出にもかかわらず，1974 年に衆議院では承認されたが参議院では審議未了・廃案となった．しかし，青い芝の会をはじめとする障碍者団体の運動は，中絶を優生的な理由から合法化している法律の廃止を迫り，堕胎罪の下で条件付で中絶を認めている優生保護法の経済条項を堅持しようとする女性の運動と衝突した．1960 年代から，欧米では中絶を選択する権利をリプロダクティブ・ライツとして主張し，それが認められてきたが，1970 年代の日本では

「フェミニストたちが掲げたのは、『産める社会を、産みたい社会を』であり、『権利』という言葉は使わなかった」［菅野 2013］．彼女たちは中絶はやむを得ずにする選択であることを強調した．それでも、優生保護法の経済条項削除という生長の家の主張と、中絶の条件に胎児条項を挿入するという医師会の主張は、社会の周縁に置かれていた障碍者運動と女性運動の対立をもたらした．その後、2 つの運動が互いに歩み寄るまで、長い年月を要することになる．なお、1982 年にも、優生保護法から「経済的理由」を削除しようという動きがあり、女性運動から反対の運動が展開された．このときには、「胎児条項」の追加は含まれず、法案は国会にも提出されなかった．

　そして、1996 年にやっと「優生保護法」から優生思想に基づく規定や文言を削除して、「母体保護法」に法律の名称が変更された．法律の目的は「不妊手術及び人工妊娠中絶に関する事項を定めること等により、母性の生命健康を保護することを目的とする」と改められた．障碍者が自分たちの生存を否定する法律を存続させる社会への告発と「胎児条項」の阻止運動は、日本社会に確かに影響をもたらし、いまでも出生前診断に対して慎重な人々は少なくない［柘植・菅野・石黒 2009］．

　2013 年には妊娠している女性の血液から胎児の遺伝的な情報を知ることができる新型出生前診断の臨床研究が始まった．従来の検査には流産の危険性があったが、それが回避できるため、今後、精度がより高まり、費用が軽減されれば、出生前検査を受ける人が増加するかもしれない．アメリカやイギリス、フランスでは、すでに新しい診断技術が広範に使われつつある．坂井律子の報告によれば、フランスでは、出生前診断の費用負担を公的医療保険で負担するようなシステムになったために、検査を受ける割合が高くなり、その結果として、胎児の状態を理由にした中絶が増加し、検査できる特定の障碍をもった子が生まれる割合が減ってきたという［坂井 2013］．

　医療技術を使うか使わないかは個人の選択だとされるが、その医療技術を許可するか規制するかは高度に政治的判断である．費用対効果の判断によって技術の応用を進めるのか、その結果としていかなる社会・文化へと向かっていくのか．それについて急ぎ考える必要がある．

3　生殖技術を合理化する言説——「私」と「公」の関係

　まず，ある技術が導入され，それを利用することを望む個人と，その技術を導入することを推進する国や医師集団あるいは医療団体が存在することを考えたい．子どもを欲しいと願う不妊の夫婦の望みをかなえる医療として登場した体外受精などの生殖補助医療技術（Assisted Reproductive Technology：ARTとも呼ばれる）は，個人の望みをかなえる技術だとされる．ところが，その背景にある国家の意図，つまり少子化対策と方向性が一致していることについてはあまり言及されない．日本で体外受精を用いて生まれる子どもは2011年実績では3万人を超えた．これは年間出生数の3パーセントを占める［日本産科婦人科学会 2013］．生殖補助医療技術の費用の一部を行政が補助する施策「特定不妊治療助成事業」は，少子化対策の一環として，各地方自治体において行われている［仙波 2008］．

　新しい生殖技術に対して法的，倫理的，社会的な批判がなされると，その反論として必ずだされるのは，技術を実施している医師からの「患者の希望をかなえるため」という言説である．注意しなければならないのは，医師は，すべての「患者の希望」をかなえようとしているわけではなく，どの「患者の希望」は無視するかという判断を行っていることである．たとえば，代理出産を「患者の希望をかなえるため」として積極的に進めようとする医師も，胎児の性別判定によって産むか産まないかを決めることにはそれが患者の強い希望であっても反対し，実施しない．つまり，技術を提供するか否かの基準は医師が判断してきた［柘植 2012］．

　提供精子による人工授精（Artificial Insemination by Donor sperm：AIDと呼ばれる）は国内でも実施されているが，提供卵子による体外受精は日本ではごくわずかしか実施されていない．そのために海外に渡航して施術を受け，妊娠し，日本に戻って出産する女性の事例もたびたび報道されている．代理出産によって海外で子どもを得て，日本で実子として育てている夫婦の存在や，親子関係をめぐる複数の裁判例が報告されている．また，北米や欧州では，同性カップルやシングル女性，あるいはシングル男性が，第三者からの提供精子を用いた人工授精や体外受精，提供卵子を用いた体外受精，さらに代理出産によって子どもを得ていることは報告されている［大野 2009］．

日本で最初に新しい不妊治療技術をめぐって1950年代以降に法的・倫理的な論争をまきおこした人工授精の実施経緯を見ていこう．人工授精は，夫の精子を器具によって子宮内に注入するAIH（Artificial Insemination by Husband sperm）と夫以外の第三者からの提供精子を用いるAIDに分けられる．日本で最初に実施された人工授精は，夫に不妊の原因があって妊娠可能性がほとんどない場合に，夫以外の男性から提供された精子を，医療器具で妻の子宮内に注入するAIDだった．日本では1949年に最初の子どもが生まれたと報告されている［安藤 1960］．この技術に対してはいくつもの批判が出された．

　　人工受精児というものが生まれたことが，9月10日付の「家庭朝日」紙に報ぜられている．慶大医学部産婦人科部長の安藤博士の施術によるものである．（中略）避妊流行の逆をゆくもので，この人造人間の誕生には，法律上，道徳上，宗教上のいろいろの批判がまき起こってくることであろう．［朝日新聞1949年9月12日朝刊「天声人語」欄］

　このように指摘されたAIDに関する問題は，日本だけではなく，ヨーロッパやアメリカにおいてもいくつかの法的・倫理的な議論が生じた．たとえば，夫以外の男性の精子を子宮に注入することが「姦通罪」にあたるのではないかという議論がなされた．その他に，父が子を嫡出子と認めない場合や離婚する際に子どもの地位を守れるか，夫の遺産相続における親族間の争いの可能性などの議論もなされた［小池 1960］．実際にスウェーデンやドイツでは1980年代にAIDで生まれた子どもに対して法的な父親になるはずの男性が嫡出否認の訴えを起こし，その主張が認められる判例が出された．これらの場合には，AIDで生まれた子どもの出生時の法的な父親はいないことになる．
　AIDに関する社会的・法的議論は幾度となく行われてきた．たとえば，1967年11月16日の朝日新聞では1面の半分を割いて，人工授精（記事ではAIDを指している）に反対と賛成の立場の法律学者の意見を掲載している．そこで興味深いのは，人工授精に反対している民法学者の中川善之助金沢大学学長（当時）の論点である．彼はAIDの問題として「父［精子提供者を指し

ている：筆者注］が秘匿されている点」だけではなく「（医師が）不妊をなおすのが産婦人科医の天職であるのに，不妊のためこわれそうになっている婚姻関係を前に何とか子宝をと頼まれても，なお手をこまねいていることはできないではないかという．私はむしろそのような，可能だから実行しようという，科学だけより世の中には存在しないかのような考え方に強く反発するのである」と医療を評し，さらに，人工授精は生まれてくる子どものためではなく親本位の技術であることを批判して「生命のある人間を，親の結婚を守るためにうみだすなどということは絶対に許さるべきことではないだろう」と指摘して，反対している．また，ここから，AID を実施している医師たちがそれを合理化する論理として述べてきたことも見えてくる．

　これに対して，AID を実施している慶應義塾大学法学部の民法学者である田中実（實）教授は AID を望む人の理由として「私自身が試みた若干の調査によると，人間の自然的・本能的ともいうべき家族感情にもとづくものが多く，家や職業をつがせたいというような旧来の家族制度的意識にもとづくものは，あまり見られなかった」と述べている．精子提供者が隠されていることから生じるかもしれない問題（近親婚の危険性）について言及しながらも，その可能性が低いと述べる．そして「また，戸籍上の父と子とのあいだに真実の血のつながりのないことは，反対者のいうほど重要な問題だろうか．血のつながりは，親子にとって，ひとつの要素ではあろうが，必ずしも決定的なものではあるまい．むしろ，子を愛育する事実のなかにこそ，親子にとって決定的なものがあるのではないだろうか」とした上で「一般的に，人間関係の形成にあたって，親子の血のつながりのような非合理的なものをあまりに強調することは，かえって人間関係の合理化と社会の進歩を妨げるおそれがある」と論じている．両者とも，旧来の家族観から新たな家族観を模索し，家制度の変容，養子制度の目的は，「家」のため親のためから，子どものためへと転換したことや，血のつながりよりも養育することによって親子関係が築かれることを強調していることが興味深い．というのは，後述するが，半世紀を得た現在の AID についての議論が，血統や遺伝的なつながりを重視する傾向を呈している［水野 2014］からである．

　日本で AID を実施している医師，AID について検討した法律家のいずれも，1948 年に実施して以来，AID に関する親子関係をめぐる訴訟は起きて

いないと強調してきた［たとえば，中谷 1993］．ところが，夫の承諾を得ずに妻が AID によって妊娠し出産した子どもに対して，夫が嫡出否認の訴えを起こし，夫の訴えを認める判決が 1998 年に大阪地裁で出された．また，離婚の際に AID を用いて生まれた子どもの親権をめぐって争われた裁判の判決も 1998 年に松山地裁において出された．こちらは妻の側が，AID で生まれた子どもであるため夫は親権を得られないと主張したが，裁判所は AID は夫婦の同意の上で行われており，夫が親権を得られないわけではないが，子どもが幼いことから，妻が親権を得る方がよいとする判決だった［家永 2005］．1997 年には日本産科婦人科学会がやっと AID に関する倫理指針を出し，AID の治療成績と年間の出生児数を開示するようになった．

　さらにもう 1 件，AID を用いて生まれた子どもの「父」をめぐる裁判の判決が出された．性別再指定手術をして女性から男性へと身体の性別も法的な性別も変更した男性が，女性と結婚した．そして AID によって子どもを得た．ところが，その男性が AID で生まれた子どもを嫡出子として届けようとした際に，その男性が戸籍の性別表記を変更していたために生物学的な父親ではないことが明らかだとして，嫡出子としての届けが受理されなかった．そこで男性は親権を求めて裁判に訴え，2013 年に最高裁の判決が出された．裁判官の評決が 3：2 という僅差によって男性が父親であると認められたのである［朝日新聞 2013 年 12 月 12 日朝刊］．

　この判決はいくつかの課題を提起した．通常の夫婦であれば AID で生まれた子どもの法的な父親は出産した女性の夫とみなされてきた．つまり，夫と子どものあいだに生物学的（遺伝学的）なつながりはなくとも，民法では「妻が婚姻中に妊娠した子は夫の子と推定する」とされてきた．性別再指定手術によって男性となった人は，生物学的には父親になれないことが明らかでも，生殖補助技術を使って得た子どもの父親と推定されるのかについて意見が分かれている．さらに，父子の遺伝子鑑定が容易になってきた時代において，父子関係に遺伝子のつながりあるいは血統主義を重視する傾向が強まっているのではないかとする指定がある．水野は，性別再指定手術を受けて男性になった人と AID で生まれた子どもの関係についての判断で，裁判官のあいだで血統主義をとる人が多いことを批判的に論じている［水野 2014］．

　一方で，第三者が関わる生殖補助医療技術によって生まれた子どもが権

利を要求する動きも現れている．たとえば「出自を知る権利」である．これは，自分がいかにして生まれたのか，精子や卵子の提供者が誰なのか，あるいは両親がなぜ第三者が関わる生殖補助医療技術を用いて子どもをもとうとしたのかについて知る権利を要求している[5]．そして，親と子どもの双方の主張は，ときに対立し，医療者の姿勢も子どもの主張と対立してきたが，いくつかの国では，子どもの権利を尊重する制度を設け始めている［南 2010］．ただし，その制度を運営していくコストは小さくはない．その負担をしてまでこの技術を継続するのか，あるいは生まれてくる子どもたちの出自を知る権利を限定するのか，日本ではそこまで具体的な議論がなされていない．

4 新たな技術の導入とローカル化

　新しい生殖技術がその社会・文化の慣習や規範とのあいだに摩擦を生じさせることについて，上杉は生殖補助医療技術と社会・文化の変化について人類学的な研究論文のレビューから，次のように述べる．「『生殖革命』は今や非欧米社会にも広く普及し（グローバル化），それが到達した社会や文化の状況，とくに生殖医療のような先端的な『科学』と対峙するであろうと考えられてきた『宗教』と接合，共存・共生しつつ，さまざまな様相をもって『現地化』（ローカル化）し始めている」［上杉 2011：93］．つまり，生殖補助医療技術がその社会や文化に受容されるようにローカル化することを指摘している．

　それでは，新しい生殖技術の受容過程において，日本ではいかなるローカル化が生じたのだろうか．ローカル化には，その技術の背景として存在する慣習や価値が色濃く反映する．日本では，生殖補助医療技術は「子どもができないかわいそうな人のための不妊治療」として扱われてきた．ところが，北米やヨーロッパ，オセアニアでは，生殖補助医療技術は不妊治療としてだけではなく，シングルや同性カップルが子どもを得る数すくない手段として使われてきた．原則として，医療費が公的保険から支払われ，個人負担がないイギリスやフランス，オーストラリアなどでは，医療技術の利用の平等性という観点から，同性カップルやシングル女性・男性が生殖補助医療技術によって子どもをもつ権利について議論され，一部は認められている［柘植

2012].

　日本での生殖補助医療技術のローカル化は，AID を例にしてみると，半世紀前の議論と同じ課題をめぐって何も解消していない．AID を擁護した田中が，「親子の血のつながり」を非合理的なものとしたにもかかわらず，現在では，血のつながりは DNA のつながりというように，科学的な装いを纏って強固に維持されている．結局，子どもが欲しいとねがう不妊の夫婦はかわいそうだとみなされたままであり，だからこそ血のつながりを求めてより高度な生殖補助医療技術を利用する．さらに，新しい医療技術を用いて子どもを得た場合，とくに第三者の精子・卵子，あるいは代理出産によって子どもを得た場合には，それを子ども本人にも，周囲の人にも隠し続けることによって「普通の家族」を装う．その結果，AID で生まれた子どもたちが，精子提供者の情報を知る権利（出自を知る権利）の保障を主張することになる．というのは，精子や卵子の提供者は存在しないように扱われているためである．そのようにローカル化することが，問題の解消につながらないばかりではなく，新たな問題を生じさせることも付け加えておきたい．

5　生殖における「公」「私」の再検討

　ここまで，生殖技術を通して生殖を管理することと，新しい生殖技術の導入を合理化する言説について見てきた．とくに，明治期から戦中，戦後まで，「公」の論理を前面に出して人工妊娠中絶の禁止や条件付き合法化によって，「私」の生殖の管理をするために医療技術が使われてきた．しかし，次第に「公」の論理よりも，悩み苦しんでいる患者のため，つまり「私」のためという論理が前面に押し出されるようになった．行政は不妊治療を促進し，少子化対策という観点から不妊治療が「公」の利益となる，と見ている［柘植 2005］．少子化対策の決定打にならなくとも，少なくとも「子どもが欲しい」と女性が訴えること，それに医療技術を用いて応じることを肯定している．

　また，そこには，医師が新しい技術を利用して患者の要望にこたえて権益と利益を拡大したいという思惑があるのは想像に難くない．中川が半世紀前に新聞紙面にて批判的に指摘した，医師たちが技術の応用を拡大している

という状況がいまだ変化していないことがわかる．

　筆者は出生前検査技術，生殖補助医療技術の導入には慎重な立場をとっている．それは新しい医療技術が応用されていくことについて法的・倫理的な問題があるという理由からではなく，医療技術によって問題を解決すること，いわゆる医療化が強まっており，そのような社会は生きづらくなると予想するからである．誰が生まれてきて良いのか，どんな子どもをもつと不幸なのかが暗黙のうちに決まっている社会，そして生まれた子どもの主張は重視せず，子どもを欲しいとする大人の主張を強調し，医療技術の推進の論理として用いる社会が，多様な価値を尊重して生きやすい社会をもたらすとは思えないからである．

　出生前診断を必要とする背景には，障碍者が生きるための社会制度の不備と，差別や偏見がある．疾患や障碍のある胎児の選別中絶をする人々が存在し，その行為を受け入れる社会・文化がある．不妊治療，とくに高度な生殖補助医療技術を必要とする背景には，子どものいる生活が幸せであり，いない生活は不幸である，子どもができるのが普通であり，できないのは異常であるといった価値づけをする社会・文化があり，それに苦しむ人がいるからである．さらに，少子社会という国家の課題がある．だから，いずれの技術も，技術を選択することが，個々人，とくに女性がかかえる困難の解決策として提示されていながら，公の利益関心が見えなくされている．

　さまざまな場面での「個人の選択」が強調されるようになった1990年ごろから，不妊治療においても，出生前診断においても，それまで医師を信頼してその判断にまかせてきた，いわゆるパターナリスティックな医療慣行が変化してきた．医師は検査と診断，治療の提供者ではあるが，決めるのは患者であり，その責任も患者が負うという，「自己決定」と「自己責任」の原則が浸透した．

　ところが，「公」のためという論理が背景におかれ，「私」のための技術であることが強調されながらも，社会・文化は，あるときはゆるやかに，あるときは厳しく，技術を使用できる人とできない人，技術を使用する場合の利益としない場合の不利益を区別し，個人の選択に影響を与えてきた．公共の利益を優先するためには，福祉にかかる費用を抑えるとか有効に活用するという論理でもって，出生前診断を推進するかもしれない．少子社会への対

策が公共の利益になるとされれば，過去のように人工妊娠中絶が禁じられたり，避妊手段が制限されるかもしれない．極端に見えるかもしれないが，より広く受け入れられる洗練された合理化言説を考えつけば「公」あるいは公共の利益のために生殖を管理したいという欲求は想像に難くない．生殖管理の一例を出せば，1970年代，80年代に東南アジア，南アジア等で人口抑制政策がとられた際に，出生調整を厳しくおしつけられたのは，その国の少数民族や教育を受けていない貧しい女性だった［ラッペ／シュアマン 1998］．

　「公共」を冠した人類学はそのような多数派——数だけではなく社会経済的な力をもつという意味での——を利して，少数派を抑圧するような「公共」概念を越えて，存立しうるのだろうか．公共人類学がそのような陥穽に落ちず，エスニシティ・ジェンダー・階級・階層などの多様性を尊重しながら，社会的・文化的な課題に関わっていくことができるのだろうか．

　私は，公共人類学がそれが内包する危険性と限界を自覚すれば，少数派にも有用で有効な資料を提示することができると期待する[6]．そのためにはまず，なぜ医療技術が進展するのかという疑問を生起させ，その医療技術を必要だとしている社会・文化を検討していくことである．つぎに，青い芝の会のような「普通」の人たちとは異なる視点からの意見を積極的にすくいあげ，発信することが公共人類学の役割である．それは，多角的な視点からものごとを見るように研鑽し，異文化の知見を集め，歴史に学び，違う考え方・やり方があることを示すことでもある．そして第三に，現在の社会・文化のありよう（たとえば「伝統」とか「常識」とか「規則」とされるもの）を検討することなく肯定して，それを保持しようとするものであってはならない．つねに，「なぜそれが必要なのか」に疑問を抱き，調べ，考えていく姿勢が要請される．

　医療技術が解決策をもたらすと信じるのではなく，どんな医療技術をいかに使うか，それがない社会・文化が有する対処方法を学び，医療技術だけに過大な期待をしない社会・文化を模索し，提起していく研究／実践分野としての公共人類学に期待する．

注

1) 1955年をピークにその後は中絶件数漸減が続き，2010年には20万件までに減少した．ただし，合法化された初期には国に報告されない中絶が少なくなかったことから，実数はもっと多いとされている．
2) 本章では障碍という表記を用いる．ただし，引用の際は原文どおりに表記する．
3) 当時の新聞記事を「不幸な子ども」を検索語として検索すると，おもに障碍のある子どもとその家族についての記事が抽出された．障碍児に対する「不幸な子」という表現が浸透していたことがわかる．
4) 「青い芝の会」は，1957年に脳性マヒ者の会として東京にて発足し，全国に支部や連合会ができていった．当初は，会報の発行，脳性マヒ児の未就学児の塾の開設，親睦会を催すなどの活動から，1960年の生活保障要求の運動から行政への要求などの政治的運動を強めていった［定藤 2011］．
5) 非配偶者間人工授精で生まれた人の自助グループ・長沖暁子編［2014］を参照．
6) この分野での優れた文化人類学・医療人類学の業績としてマーガレット・ロック（Lock, M.）［1993］や Lock, M. and Shirley L. eds.［1993］, Rapp, R.［2000］などがある．

参照文献

安藤畫一（1960）「人工授精の實施状態」『人工授精の諸問題——その實態と法的側面』小池隆一・田中實・人見康子共編，pp. 9-24, 慶應義塾大学法學研究会．

藤目ゆき（1999）『公娼制度・堕胎罪体制から売春防止法・優生保護法体制へ』不二出版．

非配偶者間人工授精で生まれた人の自助グループ・長沖暁子編（2014）『AID で生まれるということ——精子提供で生まれた子どもたちの声』萬書房．

兵庫県（1971）「不幸な子どもの生まれない施策——5 か年のあゆみ」（昭和 46 年 10 月）．

家永登（2005）「生殖医療に対する法的対応」『現代生殖医療——社会科学からのアプローチ』上杉富之編，世界思想社．

小池隆一（1960）「人工授精の法的側面」『人工授精の諸問題——その實態と法的側面』小池隆一・田中實・人見康子共編，pp. 9-24, 慶應義塾大学法學研究会．

LaFleur, William, R.（1992［2006］）*Liquid Life: Abortion and Buddhism in Japan*, Princeton: Princeton University Press.［『水子——〈中絶〉をめぐる日本文化の底流』森下直貴他訳，青木書店］

ラッペ，フランシス・ムア／シュアマン，レイチェル（1998）『権力構造としての〈人口問題〉——女と男のエンパワーメントのために』戸田清訳，新曜社．

Lock, Margaret（1993［2005］）*Encounters with Aging: Mythologies of Menopause in Japan and North America*, Berkeley: University of California Press.［『更年期

――日本女性が語るローカル・バイオロジー』江口重幸・山村宜子・北中淳子訳,みすず書房]

Lock, Margaret and Shirley Lindenbaum eds. (1993) *Knowledge, Power and Practice: The Anthropology of Medicine and Everyday Life*, Berkeley: University of California Press.

松永真純（2001）「兵庫県『不幸な子どもの生まれない運動』と障害者の生」『大阪人権博物館紀要』5：109-126.

南貴子（2010）『人工授精におけるドナーの匿名性廃止と家族――オーストラリア・ビクトリア州の事例を中心に』風間書房.

水野紀子（2014）「当事者の『願望』を叶えるのが法の役目ではない」『中央公論』129（4）：34-41.

長沖暁子編（2005）「AID 当事者の語りからみる配偶子・胚提供が性・生殖・家族観に及ぼす影響」科学研究費補助金 2003-2005 報告書（研究代表者 長沖暁子）.

中谷瑾子（1993）「諸外国に見る生殖医療技術と法律」『生殖医療技術の進歩と生命倫理』日本学術会議：泌尿生殖医学研究連絡委員会，メジカルビュー社.

日本産科婦人科学会（2013）「平成 24 年度倫理委員会　登録・調査小委員会報告（2011 年分の体外受精・胚移植等の臨床実施成績および 2013 年 7 月における登録施設名）」2013 年 9 月『日産婦誌』65（9）：2083-2115.（http://www.jsog.or.jp/activity/pdf/Rinri_report6509.pdf　2014 年 3 月 23 日閲覧）

ノーグレン，ティアナ（2008）『中絶と避妊の政治学――戦後日本のリプロダクション政策』塚原久美他訳，青木書店. Norgren Tiana (2001) *Abortion before Birth Control: The Politics of Reproduction in Postwar Japan*, Princeton: Princeton University Press.

荻野美穂（2008）『「家族計画」への道』岩波書店.

大野和基（2009）『代理出産――生殖ビジネスと命の尊厳』集英社.

太田素子編（1997）『近世日本マビキ慣行史料集成』刀水書房.

Rapp, Rayna (2000) *Testing Women, Testing the Fetus: The Social Impact of Amniocentesis in America*, New York: Routledge.

定藤邦子（2011）『関西障害者運動の現代史――大阪青い芝の会を中心に』生活書院.

坂井律子（2013）『いのちを選ぶ社会――出生前診断のいま』NHK 出版.

沢山美果子（1998）『出産と身体の近世』勁草書房.

仙波由加里（2008）「少子化対策と特定不妊治療費助成事業」『テクノ・バイオ・ポリティクス』舘かおる編, pp. 160-178, 作品社.

菅野摂子（2013）「選択的中絶とフェミニズムの位相」『社会学評論』64（1）：91-108.

立岩真也（1997）『私的所有論』勁草書房.

柘植あづみ（2005）「人口政策に組み込まれる不妊治療」『国際ジェンダー学会誌』3：9-34.

柘植あづみ（2012）『生殖技術――不妊治療と再生医療は社会に何をもたらすか』みすず書房.

柘植あづみ・菅野摂子・石黒眞里（2009）『妊娠――あなたの妊娠と出生前検査の経験をおしえてください』洛北出版.

上杉富之（2011）「日欧米社会における生殖医療の受容過程と実践―― Culture, Medicine and Psychiatry 誌 2006 年特集号の概要紹介から」『新生殖技術の実用化に伴う親子・家族・婚姻関係の再編に関する国際比較』平成 20 年度（2008 年度）－平成 22 年度（2010 年度）科学研究費補助金（基盤研究（B）（海外学術調査））研究成果報告書（研究代表者 上杉富之）

横塚晃一（2007）『母よ！　殺すな』生活書院.

7 高齢者

佐野（藤田）眞理子

　少子高齢化，高度情報化，グローバル化が急速に加速される中，情報やサービス，製品や環境がもたらす利便性が向上する一方で，高齢者にとっては，医療費の高騰，介護の人材不足［NHK スペシャル取材班＆佐々木 2008］といった様々な課題が指摘され，また，人々の経済的・社会的格差も広がっている．単身世帯の増加に伴い，メディアは，社会的孤立や孤独死の増加を強調し，日本社会は家族や地域社会が崩壊し，「無縁社会」に向かっていると報じている［NHK「無縁社会プロジェクト」取材班 2010；朝日新聞「孤族の国」取材班 2012；洋泉社 MOOK 編集部 2011］．

　このような時代であるからこそ，個々の多様性をつつみこむ，人に優しい社会の創生が希求され，ケアや支援といったことに対する関心が高まっているといえよう．しかし，その一方で，アメリカの高齢者を長く研究してきた立場から見ると，これらの報道にみられる「老い」や「高齢者」の捉え方に違和感を覚える．アメリカでは，「一人暮らしの高齢者」は当たり前であり，むしろ，自立・独立の象徴として称賛されるからである．また，一人で暮らしをしているからといって，社会的に孤立しているとは限らない．では，アメリカでは，どのようにして自立と社会的つながりは両立するのだろうか？

　文化人類学的思考の特徴は，Making the strange familiar, and the familiar strange[1] であるとよく言われる．すなわち，フィールドで遭遇する未知のもの，不可解なものがその社会の人々の考え方，ものの見方の理解度が深まることによって，見慣れたもの，親しみを覚えるものに変わっていくと同時に，自文化で当たり前のこととされていることも改めて見直すことによって，新しい知見が得られるということだ．

本章では，筆者が感じた日本のメディアの「老い」や「高齢者」の捉え方に対する違和感を起点として，「一人暮らしの高齢者」に対する日米の意味づけの仕方を比較しながら，アメリカの高齢者向け公共サービスを検討したい．そして，そのような比較文化論の視点から見えてくる文化人類学的知見を明らかにしたい．

1　高齢者ケアと公共サービス

　公共サービスを考える際，障害の有無や身体特性，性別，年齢や言語・文化の違いに拘らず，情報やサービス，製品や環境の「利便性」を誰もが享受できることが必須である．そのためには，これらのアクセシビリティを高めること，すなわち，多様な誰にとっても「利用しやすく」「参加しやすく」「分かりやすく」する必要がある．しかし，その一方で，個々のニーズのすべてを満たすことは不可能である．すると，最大公約数的なところで，標準化していくという側面も重要である．従って，公共サービスをデザインすることは，多様性の尊重と標準化のせめぎ合いの中にあると考えられるであろう．

　ここでいう「デザイン」とは，ユニバーサルデザイン運動のリーダの一人，アメリカの工業デザイナー，パトリシア・ムーア[2]によるところが大きい．ムーアによると，人は，一生涯，いろいろな道具を使い，場所を利用する消費者である．人の持つ能力は，年齢によって変化するが，いつの時点でも，人には活用できる様々な能力が必ずあるはずである．人が，自立して自由に生活していくためには，その人の持つ能力に即した道具が必要であり，それぞれのニーズをデザインによって満たしてくれる道具を要求することに関しては，誰もが平等の権利を持っていると提唱している［野村編 2003：29-31］．

　この観点から考えると，公共サービスのデザイナーにとっての課題は，個人個人がそれぞれの持つ能力を発揮し，ベストを尽くせるように，社会的条件の整備と，「生活の質」（quality of life）の向上を図ることにある．同様に，個人個人にとっての課題は，自らの設計に従って，人生そのものをデザインすることにある．そこには，当然ながら，自立，生活の自己決定権，主体的な関わりが必要である．また，ムーアは，誰にとっても使いやすいものを創

り出すことは，単に便利さの追求のためだけではなく，人間関係の質を高め，充実させるのに役立つという．なぜならば，人が，自分で何かをするということは，本当は利己的なことでなく，他人に対する思いやりのはじまりであるからであるという［野村編 2003：42-43］．

　ここに述べたユニバーサルデザインの考え方や課題は，高齢者向けの公共サービスにとっても，そして，一人一人の高齢者にとっても，そのまま，あてはまるのではないだろうか？　すなわち，障害の有無，健康状態，経済状態等に拘らず，一人一人の高齢者がベストを尽くせるように，能力を引き出し，伸ばし，それぞれの人生の目標に向って巣立っていけるように支援するのが，公共サービスに携わる者の使命であるはずである．

　このような観点に立って，アメリカのシニア・センター[3]，とりわけ，ミール（食事）・プログラムを中心とした公共サービスを考えてみたい．ミール・プログラムに着目したのは，日本でも高齢者センター自体は多く存在し，教養講座の開講など，類似したプログラムは多いが，恒常的な食事プログラムというのは筆者が知る限り見られないためである．アメリカ社会では，文化の中核的価値観に自立・独立ということがあり，老後の一人暮らしも当たり前のこととされている．その一方で，アメリカは多民族・多文化社会で多様な生活習慣もある．アメリカの高齢者サービスは，(1) どのように高齢者の自立をささえているのだろうか？ (2) 高齢者の多様なニーズをどのように包摂しているのだろうか？ (3) 多様性と標準化はどのような状況でコンフリクトを起こすのだろうか？　本章では，これらの問題を筆者のウィスコンシン州の小都市における 1984–87 年の 2 年 7 か月にわたるフィールドワークと，2003–2005 年，2010–2013 年のフォローアップ調査を基に考察したい．

2　高齢者の多様性と食事

　最初に，高齢者の多様性について考えてみよう．国連の世界保健機関（WHO）の定義では，65 歳以上の人のことを高齢者としていることに準じて，様々な統計では，65 歳以上を高齢者の基準としていることが多い［厚生労働省 e-ヘルスネット[4]］．しかし，このように一定の年齢によって高齢者を一括

りにしても，一人一人の状況は様々である．例えば，健康状態，介護の必要度，収入，経済状態，家族・世帯構成，男女差などによって違いが生じる．また，65-74歳までを前期高齢者，75歳以上を後期高齢者と呼ぶように，高齢者間でもこの二つのグループでは様相が異なる．更に，たとえば，「戦争体験世代」「団塊の世代」といった世代，民族・文化的な背景によっても，生活状況も，また，個々のニーズも異なる．このような高齢者のもつ多様なニーズを包摂的に提供できる公共サービスをデザインするというのは容易ではないことは想像できる．

　次に，食事を高齢者ケアの観点から考えてみよう．というのは，食事は，自立と社会的なつながりに密接に関係しているからである．まず，「食事」や「食べること」は，人間が生きるために基本的な事である．しかし，高齢になるとともに，この基本的な事柄が一つの課題となってくる．例えば，一人暮らしであると，人のために作るといった張り合いや，一緒に食べるという楽しさがなくなり，料理を作ること自体が億劫になったり，栄養バランスを欠いた食事になりがちである．高齢期の低栄養は，慢性疾患の罹患率や死亡率の増加，入院期間の延長につながるとされている［東京都老人総合研究所 2006：1］．また，食料調達自体が困難になったり，面倒になったりする．いわゆる，買物難民である［杉田 2008］．食事内容も大事で，減塩食，高タンパク・低カロリーの食事が，病気の予防・管理と密接にかかわっている．人は，乳児期をはぶいて，「自分で食べる」ことが原則であるが，介護が必要になってくると，「食べさせてもらう」ことになる．さらに，嚥下障害を伴うようになると，点滴，胃ろうといった形で自分の意思とは関係なく食物を摂取するようになる．

　食事はケアと密接にかかわっている一方で，これほど，個人差が大きいものもないのではないだろうか？　味付けの好みに始まって，長年にわたる食習慣，さらに，エスニック・フードのように特定の民族の食文化もある．高齢者の自立を支え，かつ，個々の多様性を包摂するサービスを提供することは容易なことではない．筆者は，アメリカのシニア・センターにおけるミール・プログラムは，この課題に対する一つのチャレンジであると考える．次節で詳しく見てみよう．

3 アメリカのシニア・センターとミール・プログラム
　　——1980年代を中心に

3.1　アメリカの高齢者福祉政策とシニア・センター

　アメリカの高齢者ケアはシニア・センターを中心に展開されてきた．全米で最初のシニア・センターは，1943年にニューヨーク市に設立されたウィリアム・ハドソン・コミュニティ・センター（William Hodson Community Center）で，低所得層の高齢者のために設立されたという［Krout 1989：15］．しかし，経済状態に拘らず，高齢者を孤立や孤独から救うために日常的に集い，活動できる場の必要性が提唱された．この流れに呼応して様々なセンターが設立されたが，有名なのは，カリフォルニア州メンロパーク市に1949年に設立されたリトル・ハウス（Little House）である［Krout 1989：16］．前者は，経済的に困窮している高齢者救済を念頭に置いた社会福祉モデル（social agency model），後者は，ボランティア組織モデル（voluntary organization model）で，この二つのモデルは，アメリカのシニア・センターの二大潮流を表している［Krout 1989：16］．その後，全米の各地にシニア・センターが立てられ，1950年代には200ヶ所程度だったのが，1960年代には，1,000ヶ所を超え，1970年代の終わりには，6,000 - 7,000ヶ所にのぼり，1980年代には，10,000ヶ所を超えたという［Krout 1989：18-22］．

　様々な政策がアメリカの高齢者福祉を形作っていったが，中でも，一番影響力があったのは，1965年に制定された米国高齢者法（Older American Act）であろう．高齢者が家庭や社会で，独立と尊厳を保って生活できることを目指した法律である．この連邦法の規定は多岐にわたるが，本章では，その中で，ミール・プログラムに関するものを取り上げたい．各地のシニア・センターでは，高齢者が，1日1回は，温かい，栄養バランスの取れた食事ができるように，ミール・プログラムが提供される．その際，米国高齢者法の規定では，一定の食事代というのは定めてはいけないとし，利用者は代わりに任意の金額を寄付金（donation）として払う．これは，収入の如何によって高齢者の食べる権利を剥奪してはいけないという配慮に基づくものである．

　ここで筆者の調査地の例を見てみよう．筆者は，ウィスコンシン州パイ

ン郡リヴァーフロント市[5]で，1980年代半ばに2年7ヶ月のフィールドワークを行った．調査当時の人口は，約2万人で，住民の98％はヨーロッパ系アメリカ人だが，彼らのエスニック・バックグラウンドは，アングロ・サクソン系，ドイツ系，アイルランド系，ポーランド系と多岐にわたる．木材の集積・加工地として発達したこの小都市は，製紙工業が繁栄し，最近は，サービス業が中心となっている．ウィスコンシン大学の分校がある大学町でもある［藤田 1999；Fujita & Sano 2001；佐野・藤田 2001］．

ウィスコンシン州では，福祉事業は，郡政府を中心として行われている．1984‒87年の調査の時点では，リヴァーフロント市のあるパイン郡全域の高齢者向けサービスの管理・運営をおこなうのは，郡庁の高齢者福祉局（Department of Aging）であった．この福祉局は，リヴァーフロント市のダウンタウンに程近いところにある，ジェファーソン・センターの中に設置されていた．当時のディレクターは，ベティ・ジョンソンという50歳代前半の女性で，彼女のもとに，9人の職員がいた．高齢者福祉局の主な仕事は，ジェファーソン・センターのような高齢者向けの施設の運営，管理，そして，各種のプログラムや催し物の企画，運営，および，高齢者に必要な情報の提供であった．福祉局の行う事業のうち最も重要なものの一つは，高齢者向けのミール・プログラムである．パイン郡には，昼食を提供する場所（ミール・サイト）が，ジェファーソン・センターを含めて6ヶ所あった．このミール・プログラムは，郡全体のプログラムを管理する専任職員（50歳代の女性）と各ミール・サイトの管理責任者（40‒50歳代のパート・タイムの女性）で構成されていたが，後述するように，実際の食事を提供するサービス運営には，高齢者のボランティアの協力が果たす役割が大きかった．

ジェファーソン・センターは，多目的機能を持った施設として1979年に設立された．入口を入ると受付があり，担当の職員が利用者の質問に対して情報を提供したり，電話での応対にあたっていた．玄関は，ロビーに続いていて，4人がけのテーブルが数個とソファーが置いてあった．一角には，紅茶，コーヒーにドーナッツ等の菓子がセルフ・サービスで利用できるようになっていた．ロビーに隣接している小さな部屋にはビリヤード用の設備があった．この利用者は，大抵男性であった．

このセンターの中で一番大きな部屋は食堂で，ミール・プログラムが実

施されていた．この食堂は約 150 人収容できる規模を持つ．食堂の奥は台所になっていた．センターにはこの他，陶芸，パッチワーク等の工芸作成のための部屋，高齢者が作った作品を販売するギフト・ショップ，会議室，心身に障害をもつ高齢者のための高齢者デイ・サービス・センターと，建物の一番奥に，高齢者福祉局の職員のための部屋が数ヶ所あった．

1980 年代には，多くのアメリカの高齢者センターの活動がそうであったように，ジェファーソン・センターでも，活動の中心をなすのはミール・プログラムであった．昼食は月曜日から金曜日までの毎日提供され，多い日には，100 名近い高齢者が参加していた．センターには，送迎バスのサービスがあり，自ら運転してセンターに来る人以外は，自宅まで迎えに来てもらえる．昼食は，鳥，豚，牛肉などの肉類を中心としたおかずに，サラダと，じゃがいも，人参，豆類などの野菜，パンとバター，牛乳に加えてケーキなどのデザートがつく．調査当時は，同じようなメニューの食事を街のレストランで食べると 3–4 ドル位はした．

その日の昼食の献立は予め定められている．一週間分のメニューが前週の木曜日毎に地元新聞に発表される．利用者はそのメニューを見て参加する日を電話で予約することになっている．このセンターでは，食事自体は作っていない．地域の教育委員会と契約を結び，学校給食を利用している．時には，ホットドッグのように高齢者向けではないと考えられる献立が学校給食の中に入っていることがある．そのために，食事内容は，センター側の昼食プログラム責任者が献立予定表を検討し，必要があれば学校側に変更を申し入れる．糖尿病，高血圧等の病気を煩っている利用者のためには，減塩，減糖の特別の献立が用意される．センターに来られない人たちは，同じメニューの宅配食が配られる．

前述のように，米国高齢者法の規定では，食事代は，寄付制である．利用者は，センターの受付の所で予約名簿に載っている自分の名前をチェックする．その時に，受付の係の人から小さな封筒を貰う．各自，封筒の中に任意の金額を入れ，食堂の入口の所に置いてある箱に入れる．この箱はホステスと呼ばれる食堂の案内係の立っているところの脇に置いてあるので目立たない．このように，原則として，利用者が入れたのか入れなかったのか，また，いくら入れたのか他の人には分からないように運営されている．センタ

ジェファーソン・センターのミール・プログラム
（米国ウィスコンシン州：筆者撮影）

ーの管理者の話によると，利用者は大体一人1ドル位を小さな封筒にいれているとのことである．

3.2 ミール・プログラムの果たす役割

このように，ミール・プログラムは，低所得の高齢者であっても，1日1回は，バランスのとれた食事をすることができ，また，センターに来て他の高齢者と集うことによって，社会的なつながりもできる．特に，一人暮らしの高齢者にとっては，社会的孤立を防ぐ手段として有効であると考えられる．ミール・プログラムが，センターが提供する他のプログラムへの参加の牽引役になっているということもある．

しかし，ミール・プログラムは高齢者に食事を提供する以上の役割を果たしている．それは，高齢者にボランティアとして働く機会を提供していることである［藤田 1999］．ここで，センターの活動を支えるボランティアの役割を検討してみよう．ジェファーソン・センターのミール・プログラムを担当しているのは，前述のように郡全体の食事プログラムを管理する専任職員と各ミール・サイトの責任者だが，ミール・プログラムの実際の運営はボランティアの協力なしにはできない．食事自体はセンターで調理しないとし

ても，100人近い利用者を職員だけで賄うことはできない．そこで，実際の運営に大きな役割を果たすのがボランティアである．日本の場合は，ボランティアというと，大学生あるいは，子どもに手のかからなくなった主婦を想像しがちだが，ジェファーソン・センターのボランティアは，アメリカの多くの高齢者センターの場合と同様，すべて60歳以上の高齢者である．ミール・プログラムに関しては，1日につき4-6人のボランティアがいる．女性のボランティアが多いが男性も数人いた．各ボランティアは週に3日以上は働いてはいけないことになっていた．これは担当者の方針としてできるだけ多くの人にボランティアとなる機会を提供したいことと共に，特定の人が独占してボス化することを防ぐという意味をも含んでいた．週に1回，2回しか働かない人もいるので，ボランティアの数は週当たり，25人前後である．ボランティアの仕事の内容は，台所で配膳の準備，配膳，そして洗いものをすることに加えて，ホステスとして利用者に対する案内役および新しい参加者を食堂の入口で歓迎する役があった．

　ジェファーソン・センターのミール・プログラムの参加者も，全面的に「お客」の役割を期待されているのではなく，ある程度のことは自分でやらなければならない．食事はカフェテリア形式で，ボランティアのホステスがテーブルの上に置かれた札の番号を読み上げる．呼ばれた番号のテーブルの人からカウンターに四角いお盆のような容器をもってカウンターに並び，食事を配膳してもらう．また，食事が終了すると各自このお盆を洗い場に持って行く．例外は，足腰に障害のある人々で，カウンターまで歩いて行くのが困難な人のためにはボランティアが食事をテーブルの所まで運んでくれる．

3.3　多様なニーズを包摂する試み

　本章の第2節では，高齢者の持つ多様性を検討した．では，センターを運営するディレクター等のスタッフは，多様な高齢者を包摂するために，どのような取り組みを行っているのだろうか？　先述のように，シニア・センターは，退職後同世代の人々が集う場所という他に，低所得高齢者の救済というイメージがあるため，利用を敬遠する高齢者も多い．当時のディレクター，ベティ・ジョンソンは，センターの利用者の中には，裕福な人たちもいるが，全般的に経済的にはあまり余裕のない人々が多かったと見ていると，

ミール・プログラムの高齢者ボランティア
（米国ウィスコンシン州：筆者撮影）

筆者とのインタビューで答えていた．それ故に，利用者がセンターのスタッフによって，生活困窮者として見なされていないと感じることはとても大事なことだったという．そのため，高齢者を「手助けが必要な人」と見なさず，むしろ，「支援を行うことができる人」として扱うことが重要だったという．

　自分たちが主役だという感覚を彼らに持ってもらおうと私たちは努力しました．私たちスタッフは彼らがしなければならないことをただ指示するためにいるのではなく，彼らに手伝いを求めているのだと思ってもらうのです．

　センターでは，ミール・プログラム同様，様々な取組にボランティアを活用している．手芸，工芸，運動，読書，自分史作成等の教養講座の講師は70‐80人にのぼり，退職後の大学教員，医師，弁護士等を起用した．

　高齢者は自分の能力を発揮したいと思っているようでした．そして，私たちはそれを活用しました．彼らにはすばらしい能力がありました．彼らに自尊心を感じさせることは，大変重要な点だと思います．

昼食プログラムの他，イベントやパーティを開催し，そこでも，ボランティアに加わってもらい，彼らは「開催者の側にいる」と思ってもらう工夫をしたという．このようにして，普段，昼食プログラムに来ない人たちを含め，様々な社会階層の人々をセンターの活動に取り込む努力をしていた．

　その一方で，食事のメニューに関しては，ミート・ローフやハムとチーズのキャスロールといった，いわゆる，標準的なアメリカン・フード（All-American food）に留められ，エスニック・フードやカレーのように特定の文化に結び付けられるようなものは提供されない．この地域にはポーランド系の住民が多く，ポーリッシュ・フードを加えて良いのではという筆者の質問に対して，それぞれの家庭の味があるから，かえって「正当ではない」と苦情が出ることが予想されるので加えられないという回答だった．無難なところ，最大公約数的なところが落としどころと言えそうだ．

　このように，ジェファーソン・センターでのミール・プログラムを中心にアメリカの高齢者センターの活動を検討してきたが，そこには，いくつかの特徴がみられる．第一に，高齢者センターの企画・運営を担っているのは中年の専任職員だが，彼らはどちらかというと裏方に回り，表だった活動の中心を担うのは高齢者自身である．第二に，センターの利用者は「お客」の役，つまり，受け身の姿勢を期待されているのではない．例えば，昼食プログラムでいうと，食事の予約をしたり，カウンターに自分の食事を取りに行ったりして，主体的な関わりが期待されている．

4　ミール・プログラムの変化

　筆者は，1987年3月にフィールドワークを終えた後，フォローアップ調査のため，2003年と2004年にリヴァーフロント市を訪れた．ジェファーソン・センターに関して，この時の調査で最も際立っていたのが，ミール・プログラムが以前のような活気を失っていたことだった．参加者も30名くらいに減少し，食事の内容も落ちたように思われる．食堂の面積が小さくなったことも，もはや，ミール・プログラムがセンターの中心的活動ではなくなっていることを示していた．

　1987年から2009年までのセンターの年報を使って，ミール・プログラム

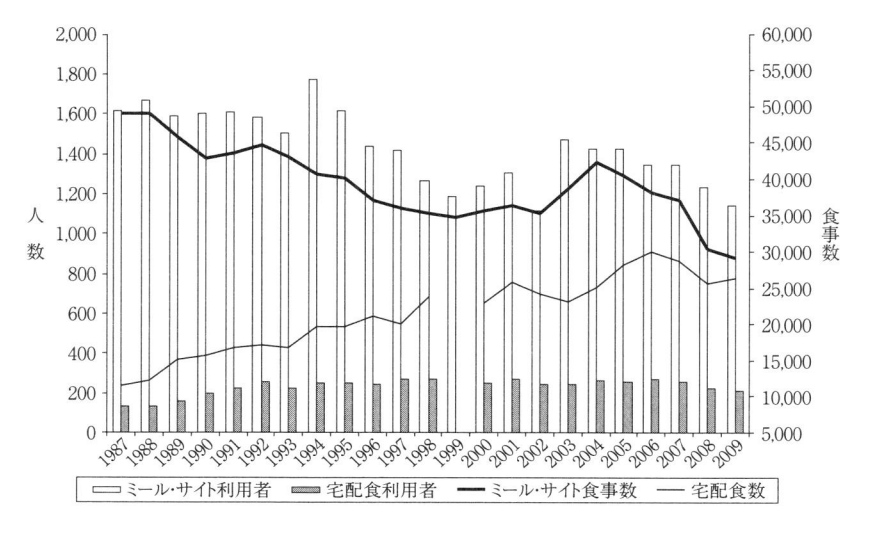

図1 食事利用者数と食事数の推移（年間）

の変化を見てみよう．図1は，ジェファーソン・センターとパイン郡の他のミール・サイトでの年間の利用者数（棒グラフ）と提供された食事数（折れ線グラフ）を表したものである．ミール・プログラムのサービスを利用している人数（白の棒グラフ）は，1992年までは，年間1,600人を上回っていたが，1,700人を超えた1994年以降，毎年，どんどん減り続け，1998年以降は，1,200人前後を推移している．しかし，同じ図1の網掛け（灰色）の棒グラフは，宅配食利用者数の変化を表しているが，こちらの方は，1987年以降，年々増加し続けている．宅配食というのは，在宅にて，調理や外出が困難な高齢者のために，センターで提供しているものと同じ食事をパックし，家まで届けてくれるサービスである．配達はボランティアが行う．ミール・サイトの利用の減少と宅配食の利用の増加は，同じグラフの折れ線グラフで表した提供された食事数の方により顕著にみられる．ミール・サイトでの年間食事数が1987年から2009年の間に，49,000食から，29,000食に落ち込んだのに対し，宅配食の食事数は，10,000食から，26,000食に増加している．

　1980年代に中心的な活動であったミール・プログラム自体が縮小してしまったことは，活動を支えていたボランティアの重要性も減少したと言える

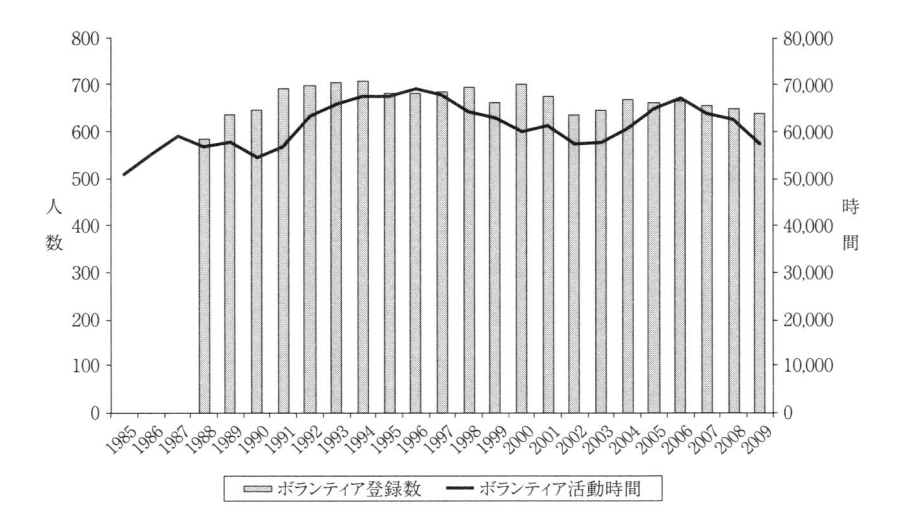

図2 ボランティア登録数と活動時間の推移（年間）

のだろうか？　図2は，センターに登録している高齢者ボランティアの数を表している．棒グラフは，年間の登録人数を，折れ線グラフは，ボランティアに従事した時間数を表す．これを見ると，1988年以降，毎年，登録者数は600人から700人の間で，従事した時間数は，60,000時間から70,000時間の間をほぼ横ばい状態で推移している．一人当たりにすると，平均で，年間90時間から100時間をボランティアとして活動していることになる．この統計から，ボランティア活動に従事する意義は，依然として，高齢者から高く評価されているといえるだろう．

　このようなミール・サイトの利用の減少と宅配食の利用の増加の背景には，どのような要因があるのだろうか？　まず，1980年代後半以降，15‐20年間に調査地に起こった変化として，（1）全米ネットワークを持つチェーンストアを中心とした大規模商業地帯の建設や，消費経済が拡大し，その一方で，この地域独自の店舗や企業の多くが閉鎖したこと，（2）酪農は家族農場（family farm）が特色であったが，大規模化・企業化する農家と廃業する農家に二分したこと，（3）ほぼ100％ヨーロッパ系アメリカ人の町であったのが，90年代にラオスやタイからのモン（Hmong）の人々を難民として受け入れ，

定住化していることなどがあげられる［Sano & Fujita 2006］．

　高齢者のライフスタイルも変化した．ジェファーソン・センターも設立から20数年経つに従って，利用する高齢者も60歳代から90歳代の幅広い年齢層であり，2世代分の開きがある．比較的若い高齢者はその上の世代よりも，経済的なゆとりがあり，健康で，活動的である．女性の労働参加も一般化し，自身の年金を持つ．健康寿命の延伸と健康増進の強調によって，フィットネスやウォーキング等の活動が好まれる．また，この間，アメリカでは，強制的定年退職制度が撤廃され，自分の退職時期をプランニングすることが可能となった．全体的に老後の選択肢が増えたと言える．

　このような全体的な社会変化の中で，ミール・サイトの利用の減少と宅配食の利用の増加についてどのように解釈できるのであろうか？

　第一に，高齢者向けプログラムやサービスのメインストリーム化である．80年代には，シニア・センターに限られていた高齢者向けの教養講座は，大学や公立学校でも提供されるようになった．高齢者を対象とした割引料金も，映画，劇場等で幅広く適用され，また，食事についても，一般のレストランでも時間帯によって割引料金や，シニア・メニューが用意されている．ファスト・フード，スーパー等での持ち帰り用惣菜等，安価で手軽な食事も定着してきている．社会が多様化，情報化するにつれて，社会の中で高齢者の受け入れが進み，退職後の過ごし方の選択肢が拡大し，多様化したと考えられる．従って，健康で元気な高齢者の活動場所は，シニア・センターに限定されなくなったことである．

　第二に，シニア・センターの役割や機能自体が変化したことである．1970年代後半から1980年代後半にかけて，シニア・センターは，高齢者の社会的ニーズを満たすために，活動の場所と交流の場所を提供してきた．その目的のためには，共食を基本とするセンターでのミール・プログラムが大きな位置を占めていた．しかし，1990年代になると，高齢者福祉局のサービスが，在宅における長期介護を支援するサービスに重点をシフトした．これには，できるだけ多くの高齢者が，介護が必要になっても，自宅や地域に留まれるようにするという狙いがある．この転換は，ミール・プログラムも，ミール・サイトで提供する食事よりも，家に運ぶ宅配食の占める割合が大きくなってきたことでもわかる．

第三に，シニア・センターが提供できるサービスの多様化には限界があるということである．2013年にジェファーソン・センターのディレクターにインタビューしたところ，高齢者の興味，関心は以前よりもはるかに多様化している．それに対して，教養講座ならば，パソコンのクラスやフィットネス等，新たな要望に応えるのは比較的容易である．また，ボランティア活動の場も，センター内に限定する必要はなく，ニーズのあるところに提供することはできるという．しかし，食事のメニューとなると容易ではない．

　　若い高齢者は，選択肢のないことに不満があります．彼らは，ピザだとか，サラダバーを好み，コーヒーも，カプチーノやカフェ・ラテのようなチョイスがあることが当たり前で，画一的なメニューは魅力がないのよね．

　調査地で人口が増えているモンの人々をジェファーソン・センターで見かけることはない．センターのスタッフは，彼らにも参加してほしいと願うが，彼らの食生活に即したメニューを用意することができないという．言語の問題だけでなく，食文化の違いも時には社会参加への阻害要因になり得る[6]．モンの人々がどのように公共サービスを利用しているかについては，別の機会に譲りたい．

5　「公共」と文化人類学

　文化人類学者は，フィールドワークに出かけると，頻繁にカルチャーショックを経験する．自国では，少なくとも，教養のある人はしないと考えられている言動を，相手が平気ですることがある．また，逆の場合もある．自分が礼を尽くしたつもりでも，相手の怒りを買ってしまうことがある．カルチャーショックは，なぜ，起こるのだろうか？　それは，お互いの行動がそれぞれの「常識」に縛られているからである．ただし，それぞれの「常識」の内容が異なるので，衝突が起こるのだ．したがって，文化人類学者にとっては，カルチャーショックこそ，相手の文化を知る，そして，自分の文化を見直す重要なキーポイントである．

本章の出発点も，そのようなカルチャーショック，文化的違和感であった．単身世帯の増加が社会的孤立や無縁社会の象徴として語られる日本のメディア報道に見られる老いや高齢者のとらえ方に居心地の悪さ，不可思議さを覚え，一人暮らしが当たり前のアメリカ社会で社会的に孤立しない仕掛けという観点から公共サービスを検討した．

　全米のシニア・センターを中心に展開されてきたミール・サービスは，収入の如何に拘らず，高齢者の低栄養や，買物難民といったリスクを軽減し，自立を支えている．このことは，センターでの共食の利用は幾分減少している傾向にあるが，宅配食という形で高齢者が自宅に留まることに貢献している．しかし，ミール・サービスは施しではない．高齢者の自立を支え，社会参加を促進しているのは，食事そのものというよりも，運営の仕方である．センターの運営者は，裏方に回り，主役は高齢者であると，高齢者自身が思えるような工夫をいたるところでしている．彼らを「支援を必要とする人」としてではなく，「支援をすることができる人」として活用している．背景にはアメリカ文化のボランティア精神があるが，いくつになっても「人の役に立ちたい」，「人と関わる機会を持ちたい」という高齢者の願望を持続させる仕組みをデザインした．結局，アメリカの高齢者向け公共サービスの中心は，ボランティアとして働く機会をふんだんに用意したことにあると言えるだろう．

　文化人類学が「公共」の分野に貢献できるとしたら，それは比較文化の視点，すなわち，同じ現象でも文化的背景が違うと見え方が違うということである．類似した課題に対する人間の対応の仕方の多様性を知ることは，当たり前だと思っていたこと，あるいは，これしかないと思い込んでいた対応の仕方を再検討する視点をもたらしてくれる．

注
1）　英文の文化人類学の入門書には必ず出てくるこのフレーズの源泉や人類学での展開については，［Myers 2011］を参照されたい．
2）　パトリシア・ムーアは，1979 年から 1982 年までの 3 年間，80 歳の女性に変装してアメリカとカナダの全土を旅行するという大胆な試みを行ったことで有名である．外見は特殊メイクを施し，目薬を使って見えにくくしたり，手や足を動きづらくするなど，老化に伴う一般的な身体の衰えを模擬的に作り出し，老人として生きることを実践した人

である．その時の体験は，［ムーア 2005］として出版された．
3） シニア・センターとは，高齢者向けの公民館のような施設で，在宅の高齢者が昼間利用する施設である．介護施設ではない．本章では，アメリカの場合は，シニア・センターという名称を使い，日本での同様の施設は，高齢者センターという名称を使用する．
4） 厚生労働省 e-ヘルスネット http://www.e-healthnet.mhlw.go.jp/information/dictionary/alcohol/ya-032.html
5） 本章では，ウィスコンシン州以外の地名，施設名，個人名については，プライヴァシー保護のため，仮名を使用している．
6） 逆に，食文化は，他の文化を包摂する役割も果たすこともある．たとえば，筆者が調査をしたカリフォルニア州ロサンゼルスにある，もともとは日系アメリカ人のシニア・センターとして始まったものが，現在は，台湾系，中国系，フィリピン系の利用者の方が多くなっているが，彼らが魅力を感じるのはコメを中心とした和食であるという．食文化は凝集力にもなり得る．

参照文献

朝日新聞「孤族の国」取材班（2012）『孤国の国——ひとりがつながる時代へ』朝日新聞出版．
藤田真理子（1999）『アメリカ人の老後と生きがい形成——高齢者の文化人類学的研究』大学教育出版．
Fujita, Mariko & Toshiyuki Sano（2001）*Life in Riverfront: A Middle-Western Town Seen Through Japanese Eyes（in Case Studies in Cultural Anthropology）*, Fort Worth: Harcourt Brace College Publishers.
Krout, John A.（1989）*Senior Centers in America*, New York: Greenwood Press.
ムーア，パトリシア（2005）『私は三年間老人だった——明日の自分のためにできること』木村治美訳，朝日出版社．
Myers, Robert（2011）The Familiar Strange and the Strange Familiar in Anthropology and Beyond, *General Anthropology（Bulletin of the General Anthropology Division）*, 18（2）：1, 7-9.［(Article first published online, 12 Oct. 2011). Wiley Online Library. http://onlinelibrary.wiley.com/doi/10.1111/j.1939-3466.2011.00007.x/pdf］
NHK「無縁社会プロジェクト」取材班（2010）『無縁社会——"無縁死"三万二千人の衝撃』文芸春秋．
NHK スペシャル取材班＆佐々木とく子（2008）『「愛」なき国——介護の人材が逃げていく』阪急コミュニケーションズ．
野村雅一編（2003）『老いのデザイン』求龍堂．
佐野敏行・藤田真理子（2001）『自立した老後——アメリカ中西部小都市と周辺地域

の歴史人類学的研究』渓水社.
Sano, Toshiyuki & Mariko Fujita (2006) Through Japanese Eyes: Culture Change in a Midwestern Town, *Globalization and Change in Fifteen Cultures: Born in One World, Living in Another*, George Spindler & Janice E. Stockard eds., pp. 351-371, Belmont, CA: Thomson Wadsworth.
杉田聡 (2008)『買物難民——もうひとつの高齢者問題』大月書店.
東京都老人総合研究所 (2006)「老人研 News」No. 213, pp. 1-3. (http://www.tmig.or.jp/J_TMIG/books/rj_pdf/rj_no213.pdf)
洋泉社 MOOK 編集部 (2011)『無縁多死社会』洋泉社.

8 障　害

亀井伸孝

1　はじめに——「障害をもたない側への共感」はなぜ起こるのか

　本章では，障害をめぐる領域において文化人類学が果たしうる役割について検討する．それは，障害をめぐって流布している，ある種の不均衡な理解のありかたに対する疑問に発している．

　たとえば，「出生前診断」という医療技術がある．ある種の障害や遺伝病をもつ子どもの出生の可能性を予測する診断技術として，産科医療の現場に少しずつ浸透しつつある．この技術をめぐっては，生命倫理の分野などを中心にいくつかの議論があるが，筆者がこの話題に接するたびに懸念していることは，多くの議論が「生む側／選ぶ側の視点」，すなわち，障害をもった子どもをもちうる親の立場に共感しながら進められがちなことである．障害当事者団体などが，優生社会の到来の可能性を指摘して批判的にこの技術の是非を議論しようとしても，このような「生まれる側／選ばれる側の視点」に対して，広い共感を集めることは難しい．

　他にも，障害をもつ子どもを殺害してしまった親がいた場合，その親に対する減刑嘆願の運動が起きることがある．障害をもつ市民が公共の施設などで入店拒否や乗車拒否にあったとき，拒否した側の店員や乗務員をかばう論調が噴出することがある．いずれも，何かの衝突や対立が生じた時，多くの人びとは，深く意識しないままに「障害をもたない側」に自身を重ね合わせて問題をとらえるというケースの数かずである．

　なぜ多くの人びとは，障害をもたない側に共感してしまうのだろうか．障害をもたない者であると自らを規定している人びとにとって，それは自然であり，やむをえない状況であると言ってよいのか．それとも，何らかの方法

を考案することにより，そのような理解のあり方に一石を投じるのがよいだろうか．文化人類学は，このような状況を座視していてよいのだろうか．

　障害をめぐる「文化人類学の公共性」の議論は，このような現状認識を出発点としている．本章では，他者理解を旨とし，対等なる自他関係の構築と表現を目指す学問である文化人類学が，この分野において何を提示することができ，そして，この分野に十分にコミットするためにどのような課題に取り組む必要があるかを検討したい[1]．

2　文化人類学の特徴の活用——長期，中期，短期の公共性

2.1　文化人類学とその特徴——対等であることへの強いこだわり

　文化人類学とは，世界の人間集団の文化・社会を比較研究し，多様性と普遍性の両面から人間を理解する学問である．フィールドワーク，とくに対象集団における参与観察を基本の手法とする，あらゆる文化に対して文化相対主義の立場を採る，エティックな認識だけでなくエミックな認識を研究対象にする，対象集団との間のラポールを重視するといった特徴をあわせもつことが多い．

　文化人類学のこれらの特徴は，一朝一夕に生じたものではない．人種主義が横行する19世紀に，ヨーロッパが獲得した広大な植民地における一種の実学としての側面をももちあわせて出現したこの学問は，人種の序列，文化の序列などのさまざまなバイアスを含むモデルを修正，克服する中で，次第に参与観察を中心とする現在のスタイルを確立した．

　とくに，生物学的な理論によって強化されてきた根強い人種主義に対しては，文化人類学は人間の生物学的な対等性を掲げて反論を続けてきた．文化人類学の父とも呼ばれるイギリスのタイラーは，人間の精神斉一性を前提として人種主義との離別を織り込んでいたし，アメリカ人類学の立役者であるボアズは，ナチスドイツの人種政策を厳しく批判し続けた人物として知られている．レヴィ＝ストロースは『人種と歴史』［レヴィ＝ストロース 1970］の刊行によって，ユネスコによる反人種主義のキャンペーンに寄与した．

　また，「文明人による未開社会研究」という図式で始まったこの学問が，やがて実証的な研究を重ねながらその図式を自らの手で解体し，文化相対主

義に根ざした多文化の世界観を構築した．さらには，『文化を書く』[クリフォード／マーカス編 1996]以降の批判と自己批判を経て，「調査して書くこと」自体への内省をも経験した．つまり，異文化を紹介し説明することができる「最後に残された特権者＝文化人類学者」自身も相対化してしまい，自らも数ある文化を営む者のひとりに過ぎないという立場に身を置くこととした．

　このような「序列バイアスの修正業としての文化人類学」は，歴史を重ねるにつれて，研究者である自身も含めて，自他が対等であるべきだとの強い倫理性を帯びることとなった．「文化相対主義」の提唱はその最たる成果のひとつであり，先に挙げた参与観察調査やラポールの重視，エミックな認識への関心などは，それを実際に研究の中で遂行する手段として今日も重要な特徴であり続けている．障害をめぐる領域について検討するとき，この文化人類学の成立過程と学的なこだわり，練り上げられた各種のツールは，部分的にではあるものの，その効力を発揮することとなる．

2.2　文化人類学の三つの公共性

　本節では，上記で述べた文化人類学の特徴に照らしつつ，それがそなえている公共性を，効果が発揮される時間の長さを基準として，長期的，中期的，短期的な公共性の三つに分類して検討したい．

【長期的な公共性——新たな人間観を創出する】

　これは，世紀をまたいで，文化人類学の成立から今日に至るまでの間に，ゆるやかにかつ着実に達成されてきた公共性の側面である．文化人類学は人種主義を脱し，人間の文化の多様性と普遍性を実証的に示すとともに，文化相対主義を確立して他者理解の原則を提唱してきた．今日では，「世界は多様で対等な多文化によって構成されている」「みだりに他者の文化を否定してはならない」といったことはすっかり一般社会の常識として根付いている．1世紀以上をかけてこのような人間観を創り上げ，一般社会において共有してきたことは，重要な寄与である．

【中期的な公共性——特定地域・社会の専門的知識を提供する】

　ひとりの文化人類学者が，その研究者人生の間を通じて達成することが可能な程度の，中期的なスパンにおける公共性である．文化人類学者は長い

時間をかけて対象集団の言語を習得し，それを通じて文化に対する深い理解を得る．対象社会に関する知識を必要とする人に求められた時，文化人類学者と民族誌は一種の「知恵袋」として役に立つ．当該集団に関連する医療，教育，開発，観光などの実践的な分野もおのずと対象に含まれるため，必要に応じて知識や情報の提供者となることもある．時に，植民地支配やオリエンタリズムの一助となってしまうなど，批判も含めて検討の余地があるとしても，文化人類学者はこのような社会への関与をすることが多い．従来，「応用人類学」と呼ばれてきたのは，おおむねこのレベルの中期的な公共性である．

【短期的な公共性——その場に居合わせて関わる】

　文化人類学者は，調査対象の人たちとの間で，お互いに支援したり支援されたりする関わりをもつことが多い．薬を提供したり，勉強を教えたり，写真や映像による記録係を引き受けたりすることもある．また，災害救助，けんかの仲裁，デモへの参加や人生相談など，何かの問題解決のために奔走する人たちもいる［武田・亀井編 2008］．外部者として来訪して滞在するだけで，現地に何らかの活性化の効果をもたらすこともあり，開発援助や福祉の現場などでもこのような個人の多義的な行動が重要な意味をもつ可能性が指摘されている［小國・亀井・飯嶋編 2011］．フィールドワーカーは，知識の応用を考えるまでもなく，「その場にいるだけですでに実践的である」という観点に立ち，個人がその場に居ることがもたらす効果に注目することも重要である．これらも，最も短期間のうちに発揮されうる公共性の現れとして，公共人類学の射程に含めて考えることとしたい．

3　アフリカろう者研究の実際——三つの公共性の検討

3.1　ろう者コミュニティ研究の特徴

　この節では，筆者が約 17 年間関わってきた，アフリカのろう者コミュニティと手話言語の研究を例にとりながら，三つの公共性の実際の状況を見てみたい．

　ろう者とは，手話という視覚的諸言語を話す耳の聞こえない人びとのことである．世界各地には複数の異なる手話言語が分布しており，その数は未

記載のものもあるのでいまだ不明であるが，少なくとも 137 種類の異なる手話言語が世界に分布していることが分かっている［Ethnologue, on line］．

　手話という言語を共有する特定地域のろう者たちは，強いつながりをもって結ばれる言語集団（ろう者コミュニティ）を形成しており，その構成員によって習得，共有，伝達されるさまざまな慣習や価値観，歴史観，学術・芸術活動などをもっている．「文化」の定義はさまざまであるが，「特定の社会の人々によって習得され，共有され，伝達される行動様式ないし生活様式の体系」（『文化人類学事典』［石川他編 1994］）という古典的定義に従うならば，これはまぎれもなくろう者における文化と言え，文化人類学による観察と記述の対象となりうるものである（ろう文化）．

　筆者は，1997 年から，西・中部アフリカ 8 カ国において，ろう者と手話の文化人類学的研究を行ってきた．この過程において重視していたことは，ろう者コミュニティの文化を，聴者（耳が聞こえる人たち）の文化と対等なものと位置づけ，それらの間に序列をもちこまない，すなわち文化相対主義の立場を徹底したことである．現地の手話（フランス語圏アフリカ手話）を自ら習得し，ろう者コミュニティの中に長期間参加して信頼関係を築き，外面的に観察可能な事象のほか，その語りを通じてその文化を生きるろう者たちの価値観や分類体系，歴史観などの調査を行い（エティック／エミックの両方の視点），それらを民族誌として紹介した［亀井 2006］．つまり，文化人類学が用いてきた「いたって古典的な手法」を用いる姿勢を貫いた（次頁写真参照）．

　付言すれば，以下の点が，従来の民族を対象とした調査とは異なっていたと言える．

【特徴 1】血縁関係に裏打ちされない，社縁的な集団である．

　ろう者コミュニティの特徴として，構成員の多くは血縁関係にあるのではなく，聞こえない個人たちが学校や教会，NGO などの場に集まってきて手話言語集団を形成するという点がある．しかし，この特徴は，この言語集団が文化人類学の調査対象となるにあたって阻害要因となったわけではない．

【特徴 2】ふだんは個人としてマジョリティの間に点在して生活することが多い．

　ろう者はろう者だけの村，都市，国家を通常もたないので，職場や家庭では聴者たちの間で暮らし，折に触れてろう者たちの集まる場にやってきて

現地の手話を習得し，手話で参与観察や聞き取りを行う．
(2004年，ベナン共和国にて筆者撮影)
アフリカろう者コミュニティでの調査

手話の場に参加するという状況がしばしばある．つまり，生まれ故郷においてさえ，ある種のディアスポラ（離散）の状況にある人びとである．ただし，ろう者たちの帰属意識は通常は手話言語集団にあり，そこで営まれる文化の体系のきめ細かさなどをも考慮した場合，ろう者コミュニティをひとつの単位として文化相対主義を適用するに妥当な集団と位置づけ，民族誌の対象とする意義はあると判断することができる．

【特徴3】身体が異なること．つまり，調査者である筆者は耳が聞こえるが，相手は耳が聞こえない．

　これについて，筆者自身が現地の手話を習得して調査で一貫して用いている範囲においては，当面の支障はない．ただし，ある種の対等でない関係が生じうることが，やがて調査経験の中で分かってきた．これについては重要であるため，後節で触れることとする．

　この調査を行うことで，これまで記載されていなかった西・中部アフリカの諸地域の手話の言語分布が明らかになった．また，そのような人びとが存在することすらほとんど認識されていなかった状況に対して，アフリカ各地のろう者コミュニティと，そこで営まれている文化と歴史，また，その言語話者自身の認識などを網羅的に明らかにし，記録して，世界に向けて紹介

することができた．

3.2 ろう者コミュニティ研究がそなえた三つの公共性

　筆者の調査経験を，先に述べた文化人類学におけるタイムスパンの異なる三つの公共性に照らして，検討してみたい．

【短期的な公共性——その場に居合わせて関わる】
　まず，筆者がアフリカに手話の調査のために訪れたとき，手話の権利を擁護したいと願うろう者たちの活動が活性化した．共同研究を通じて手話という少数言語の存在を社会に知らしめようと勢いづいたグループが研究協力者となり，手話の撮影や記録作業が進められた．筆者は，しばしば手話通訳者となったり，政府省庁での会議に同席したり，現地のろう者や手話関係者のためのワークショップを開催したりして，調査者でありながら，なかばマイノリティの権利運動の参与者という意味付けも伴って長期滞在した．そのような現地の人びととの活性化は，翻って，調査の円滑な推進にも役立った．まさに，現場にいながら何らかの寄与をするという，フィールドワーカーとしての諸文脈への関与ができた．

【中期的な公共性——特定地域・社会の専門的知識を提供する】
　アフリカのろう者や手話に関して得られた知識を論文や著書，ウェブ上のデータベースなどで提供し［Center for Asian and African Sign Languages, online］，アフリカのろう者に対する偏見や誤解を除去したり，問い合わせに応じたりすることによって知識の共有をした．また，手話の辞典を編纂したり，教材を作成したりする過程を通じて，実際に現地の社会でのろう教育や手話通訳者育成に間接的に関わってきた．さらに，手話とろう者の文化を正しく理解するための啓発的な書物で，手話への偏見を軽減させようとする試みをした［亀井 2009a］．これらの活動を通じ，アフリカの手話言語集団に関する知識を社会に向けて提供した．

【長期的な公共性——新たな人間観を創出する】
　これらの調査活動全体を通じた長期的なねらいは，人間観の部分的な修正である．「人は音声言語を話す」という標準的な人間観に対し，「人は言語を話す．その言語には，音声言語と手話言語の両方が含まれる」と修正を加

えることである．両者を対等に人間観に含めることで，音声言語を標準と見なし，手話を特殊な逸脱事例と見なす傾向を正したいということを長期的にもくろんでいる．

このように，アフリカのろう者研究は，文化人類学の古典的な調査のスタイルをそのまま活用することで，三つの公共性をバランスよく体現する事例となった．「序列バイアスの修正業としての文化人類学」が，その特徴を十全に活かせた経験であったと言える．

アフリカのろう者に限らず，他の地域でも，また，他の種別の障害をもつ人びとに対しても，このような研究を今後も推進していくことが望ましい．それが，学術面でも，それがそなえた公共性の発露の側面でも必要である．以上が，本章の前段における結論である．

4 文化人類学の限界と身体をめぐる新しい課題

4.1 従来の文化人類学の適用の限界——身体の差異をめぐって

ここまでは，文化人類学のこれまでの手法の延長線上で，障害をめぐる研究が可能であり，かつ役に立つという趣旨において事例を紹介したが，以下では限界の面を指摘しておきたい．

第一の問題として，フィールドワーカーが体験して理解する内容には，実は限界がある．聴者が手話という言語を習得し，慣習を身に付けるなど，「相手の言語・文化を習得して参与する」ことはある程度できる．しかし，「耳が聞こえないという身体的特徴を習得して体験する」ことはできない（後節の課題 (1)）．

参与観察は，相手の言語と文化要素を習得して，いわば疑似体験によってその集団の全体的理解に努めようとする．それは，身体条件がほぼ同一である者どうしにおいて，きわめて有効に活用されてきた．しかし，障害に関連してこれを行おうとした場合，「身体的な違いを置き去りにしたまま，習得可能な要素だけをかき集めて，他者を理解したつもりになってしまう」恐れがある．残念なことであるが，たとえば，「手話は非常にうまい，しかし，ろう者の気持ちが分かっていない」などと，ろう者たちに揶揄されてしまう聴者たちがいる（文化人類学者に限らないが）．耳が聞こえないという身体経験

への理解や洞察，共感が抜け落ちてしまっているケースである．
　第二の問題として，文化人類学の古典的手法は，障害をもたない研究者が，障害をもつ人たちの集まりに参与する場面において適用できるという点に留意したい．つまり，理解が一方向に限定されてしまう恐れがある（後節の課題(2)）．
　「ふたつの文化として対等である」という命題を杓子定規に相互理解の方法に当てはめた場合，聴者が相手の言語（手話）を覚えてアプローチするのと同様に，ろう者は相手の言語（音声言語）を覚えて理解の努力をせよと強要することにもなりかねない．聞こえない身体にとって不可能に近い困難な体験を要求することは，理解の断絶を生む恐れがある．「相手の言語を覚えて参与観察せよ」という方法は，「もしそれが調査者にとって身体的に可能であるならば」という留保付きでなければならない点に思いいたるのである．
　これらの限界は，いずれも「身体が異なる」という点に起因している．文化人類学はこの点をあまり重視してこなかった．本章の冒頭でも述べたように，生得的な身体能力の差異を強調する人種主義に対抗する立場上，文化人類学は身体の差異を扱うのではなく，むしろ身体の斉一性を前提としながら，その上に構築されてきた諸文化の理解を進めていった．参与観察を通じて習得できる言語と文化の理解に努め，「文化面での擬似的な当事者」となって，それを対等な形で世に紹介することに貢献した．それは，相互の行き来が可能な身体どうしであったからこそできる調査のスタイルであった．
　逆に，身体そのものの差異に触れることは，人種主義への揺り戻しとして警戒される面もあったのであろうか，しばしば議論の俎上から外された．人間の社会の中に現に存在している，聞こえない，見えない，歩けない，その他の人びとについて，文化人類学は対等な理解を開く相手として大きな関心を払ってこなかった．対等性の追求を重ねてきた文化人類学にとって，これは重要な課題であると言わざるをえない．

4.2　異なった身体に宿る異なった文化——身体と文化の適合性の課題

　筆者が，耳が聞こえないろう者たちと，手話という言語，ろう者の文化を学べば学ぶほど，ある人間観，文化観が生まれてくる．それは，「人間の身体は斉一でなく，多様である．そして，多様な身体にそれに適したそれぞ

れの文化が宿る」という一般的認識である[2].

　耳が聞こえない人たちにとって，音声言語は自然と耳に入ってはこないため，それを習得することは困難である．しかし，視覚的な言語である手話は自然と目に入ってくるため，その習得は早く，容易である．このように，ろう者たちは身体に合う手話を話す集団を作り，音を使わない視覚と触覚の文化の体系を発達させた．一方で，耳の聞こえる人たちは，身体に適合した音声言語を受容し，音を使う慣習や芸能などの文化を発達させた．両者に見られるのは，「それぞれの人びとの身体になじむ言語・文化が習得され，集団内で円滑に共有，伝達されていく」という共通した事実である．

　視覚をめぐる障害の有無に関しても，似たようなことが指摘できる．目が見えない人たちは，触覚で読み書きする文字の体系（点字）を世界の約100言語において発明し，用いている．また，触覚で世界を感知し，コミュニケーションする身体技法を身につけている（触文化）［広瀬 2009］．つまり，光を用いる必要のない生活様式である．一方，目が見える人びとは，視覚で読む文字（墨字）を使って読み書きをしている．双方において，身体に負荷のない文化が生成し，受け継がれてきたという共通点がある．

　文化生態学のモデルを参照しながら，この指摘を整理したい．文化生態学では，「文化は環境によって規定される」点を重視する．人間は地球上のさまざまな環境に進出したが，各地の環境に対応した文化が発明されたため，人間は身体的な進化を遂げずとも多様な生態環境に適応することができたとする．つまり，環境が文化の「外側」からの規定要因となっていると考える．ただし，ここでの人間の身体は，斉一的なものと想定されている（図1）．

　このモデルを拡張するならば，「文化は身体によっても規定される」，つまり文化の「内側」からの規定要因も存在すると考えるのである．そもそも身体そのものが差異に富んだ多様な存在であり，文化はそれぞれの身体に適合的なものとして生成されると考えるのが，このモデルの特徴である（図2）．さらには，先に見た手話言語やろう文化のように，特定の身体条件をそなえた人たちのグループが自律性の高い固有の文化を営む可能性についても予期できるであろう（図3）．障害のテーマを取り入れようとする文化人類学の今後を考える上で，この視点は欠かせないものと考える[3].

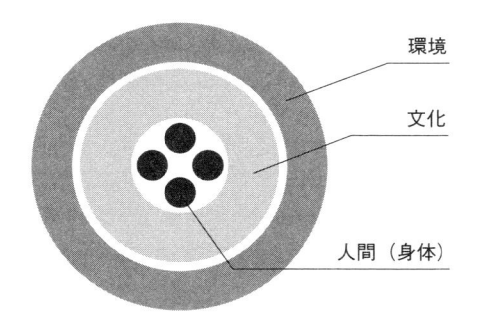

環境により文化が規定される．構成員の身体は斉一と想定されている．
図1　文化生態学のモデル

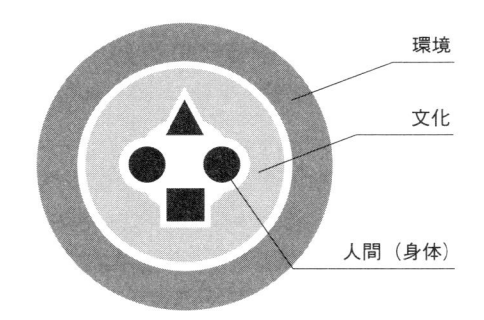

環境と身体の双方により文化が規定される．構成員の身体に
差異を認め，それぞれに適合する文化が生じると考える．
図2　文化生態学＋身体多様性のモデル Ⅰ

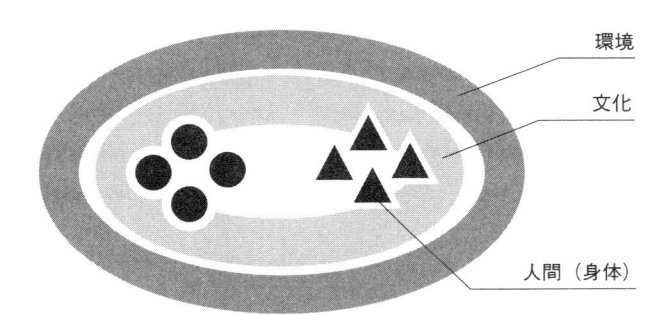

環境と身体の双方により文化が規定される点は図2と同様であるが，
特定の身体条件をもつグループが固有の文化を生む可能性も予期する．
図3　文化生態学＋身体多様性のモデル Ⅱ

4.3 文化人類学の宿題——身体の差異を含む新しい相対主義の地平へ

　文化人類学者は，斉一的な身体が並び，その上に多様な文化が花開く世界を，参与観察によって自由に泳ぎ回ってきたかに見えた．それは多くの理解と誤解を生みながらも，次第に優劣の序列のないフラットな多文化世界という人間観を創り上げた．自らの特権的な立ち位置をも捨てて，いち文化実践者として越境し，多くの人びとと出会ってきた．

　しかし，ここへきて，身体の差異ともう一度向き合わねばならないタイミングが訪れた．文化人類学者は，容易に離脱することのできない各自の身体という牢獄に，ふたたび自他を縛り付けてしまうことになるのであろうか．ともすれば，人種主義の再来を招かないとも限らない．しかしもはや看過することもできないこの危険な領域を，いかに注意深く扱うべきだろうか．

　事例として，課題（1）「障害をもたない文化人類学者は，どこまで障害をもつ人びとを理解できるか」，その逆の課題（2）「障害をもつ文化人類学者は，どこまで障害をもたない人びとを理解できるか」の二つに対する解を検討することで，前途を模索したい．まとめれば，「いかに身体の差異を乗り越えた理解に至ることができるか」である．

4.3.1 課題（1）の検討

　筆者は，聴者の研究者がろう者コミュニティにおいてどれほど参与観察を重ねて，手話がうまくなったとしても，ろう者が知覚している世界を追体験することはできないと考えている．なぜなら，「聞こえないこと」はその人固有の身体の属性であって，文化ではなく，従って参与観察において習得して疑似体験することはできないからである．しかし，聴者がろう者の理解を深めるためには，聞こえない身体の内側からの認識を，断片的にであっても受け止めることが欠かせない［亀井 2009b］．

　障害をもたない学生や生徒を対象に，目隠しや耳栓を付けさせ，あるいは車いすに乗る体験をさせて，一時的に障害の模擬体験をするワークショップがしばしば行われるが，「大変だった」「自分は障害がなくて恵まれている」などと，むしろ理解の断絶を招く恐れがある．重要なことは，模擬体験をしながらも，「それが自身の身体にとっての標準であり」「今後，一生持続する常態であり」「自分の周囲を異なる身体の人びとが取り巻いている状況にあり」「その中で他者との快適な共存を考え続ける必要がある」という，

当事者性の高い条件のもとになされる経験として受容される必要がある点である．

そのような発想から，筆者は，言語的，身体的なマイノリティであるろう者の境遇を擬似的に体験し考察するためのワークショップを考案した［亀井 2008］．ワークショップ「音のない講義」（耳の聞こえない学生となって大学に通う状況）と，ワークショップ「テレパシーの世界で」（音声言語話者が多数派によって「テレパシーを使えない障害者」と見なされる世界に暮らす状況）の2種類を考案し，授業などで行った．これらのもととなったのは，筆者に対して投げかけられてきたろう者たちの膨大な語りであった．耳が聞こえる筆者が経験できない，しかし，手話を通じて語られる，聞こえない身体経験の数かず．これら当事者によって紡ぎだされる物語を通じて，筆者は「参与観察では得られない」ろう者たちの身体の内側からの叫びを受け止め，さらにそれを人に紹介するための教材として組み立てることができた．

参与観察による文化の習得では到達できない，身体の差異を越えた理解は難しい．しかし，当事者の語りによって構築される物語と，それを理解しやすく再現する手法を工夫することによって，ある程度は達成できるということを当面の解答としたい．

4.3.2　課題（2）の検討

逆に，障害をもつ文化人類学者による，障害をもたない人びとの理解はいかに可能か．参与観察して文化を習得せよというだけでは，身体の差異の壁に阻まれてしまう恐れがあることは，先に指摘した．

『ボディ・サイレント』は麻痺しゆく身体の中から［マーフィー 2006］，広瀬浩二郎は見えない身体の中から［広瀬 2004, 2009］，民族誌を編み出してきた．また，文化人類学者ではないが，車いすを使用する弁護士が著した『車イスから見た街』も，フィールドワークのセンスが光る啓発的な作品である［村田 1994］．いずれも多くの読み手を獲得した作品であるが，課題（1）への寄与，すなわち，障害のことをあまり知らないマジョリティたちの学習に資するものと言える．

障害をもつ文化人類学者の作品が，しばしば「自文化人類学」の性格を強く帯びてきたことは，重要でありつつも，文化人類学におけるひとつの現状を示すものであろう．つまり，文化人類学は，障害をもつ人びとに対して

「描かれる側」としての役割期待を続けている構造があるとは言えまいか．障害をもつ人を，障害の有る無しに拘らず人間一般に関する新しい知見をもたらす調査者／表現者として，対等に歓迎する用意はできているであろうか．

　聞こえない文化人類学者は，調査対象とする集団の音声言語を習得することが困難であろうから，手話通訳者を介した参与観察を行うことがあってよいかもしれない．車いすを使用する文化人類学者は，必ずしも村人と同じ家屋で寝起きして踊って歩き回らずとも，車いすでの移動範囲でできる参与観察を行うことがあってもよいかもしれない．また，身体の差異を越境するために，課題（1）に見たのと同様の物語の援用も必要かもしれない．障害をもつ調査者／表現者を積極的に受け入れていく中で，それぞれの言語と身体技法を通じていくつかの新しい調査手法が編み出されることであろう．身体の差異の境界線を越えてまなざすマイノリティによるマジョリティ像は，新しい人間観を追加することに貢献するに違いない．双方の認識が対等に民族誌の中に出現してこそ，身体的にも文化的にも対等な両者の共存が達成されるであろう．

　参与観察の奨励は確かに有効であったし，今後も有効であろう．しかし，それは身体の斉一性を期待できるマジョリティ集団の中で通用した相互理解のありかたである．身体の差異を越境する状況では，いくつかの条件が付加される．参与観察の精神を受け継ぎつつ，それを拡張しうる調査と理解の技法を検討したい．

　人間は，自身の行動選択によって出自の言語と文化を脱し，越境することができるが，所与の身体を脱して越境することは困難である．ただし，実際に多様な身体が社会の中で共存している以上，それへの理解を閉ざすこともできない．おそらく，人間は想像力によって，所与の身体の差異の境界を越えることができる．文化人類学の新しいフロンティアである．

5　おわりに——身体の相対主義をふまえた新しい公共人類学へ

　本章をまとめておきたい．障害という，今なお多分に優劣の序列のニュアンスを伴って語られがちな領域において，公共人類学は威力を発揮する．その力の源泉は，「未開社会」と呼ばれてきた集団の研究を通じ，序列のバ

イアスを修正する中でつちかわれてきた文化人類学の古典的な調査法と姿勢，すなわち参与観察や文化相対主義がそなえてきた強みを活かすことである．それらを活用することで，現場に居合わせる者としての「短期的な公共性」，対象集団に関する豊富な知識に基づいた「中期的な公共性」，新しい人間観の創出による「長期的な公共性」の三つの公共性のすべての側面をそなえた営みとして，社会に，そして障害をめぐる領域に関与することができる．つまり，文化人類学の手法と姿勢を，今後も世界の隅ずみにおいて適用する必要がある．これが第一の提案である．

　一方，障害のテーマは，文化人類学が十分に照らしてこなかった身体の差異に正面から向き合うことを要請する．これは，人種主義を脱してよりこのかた，身体の斉一性を前提として学の振興を図ってきたこの分野における，1世紀ぶりの大掛かりな挑戦である．それは，身体の差異をもって人間を序列化してきた思想の再来を招きかねない，一種のパンドラの箱であるのかもしれない．しかし，ここで思考停止をしてしまっては，理解からの逃避となりかねない．「多様な身体に，多様な文化が宿る」という二重の多様性を念頭においた新しい人間観の創出へと，文化人類学は勇気をもって踏み出すべきであろう．これが，第二の提案である．

　「多様な身体の対等なる共存」，つまり身体の相対主義を確立し，それら身体の上に宿る多様な文化の相対主義の徹底を図ることによって，人間観はまたひとつ刷新される可能性がある．障害の有無によらず，多くの人びとが自由に参画し，観察し，記述し，自他を表現することができる開かれたプラットフォームとして文化人類学がよみがえることがあれば，来るべき世紀の新しい人間観の常識を構築することに貢献するであろう．

　冒頭の懸念に戻るならば，「障害をもつ／もたない」といった事柄が，このような二項対立によって理解されるのではなく，「多様な文化をまとった多様な身体」という序列なき二重の多様性の理解の中において発展的に解消される日が来ることを望みたい．このような認識を受け入れることによって，「障害をもたない者が，障害をもたない者の側にもっぱら共感を寄せる」といったマジョリティの傾向は大きく修正され，対等な相互理解の道が拓かれるであろう．新しい人間観は，文化人類学の公共性の発露であるばかりでなく，新しい時代の公共性を検討しようとする諸学に引用される人間観となる

はずである.

　ラディカルな文化相対主義を1世紀かけて確立し，諸学と一般社会に根付かせることに成功した文化人類学のこれからの世紀は，その新しい跳躍によって明るいものとなるに違いない.「公共人類学」——文化人類学の公共性を前面に掲げた，社会にコミットし続ける学的営為——は，その道を拓くために欠かせない重要な柱のひとつであると確信している.

注

1) 障害を主題とした文化人類学の作品は複数存在しており［イングスタッド／ホワイト編 2006；グロース 1991；Rogers & Swadener eds. 2001 ほか］，古典的な文化人類学の手法により一定の成果を生んでいる．また，障害学（disability studies）の成果を検討することも重要である［杉野 2007 ほか］．ただし，理論的に十分に深められていない以下の各点については留意が必要である．①障害を文化的文脈の中に位置づけ，社会的に構築されたものであるとする一方で，実態として存在している身体と身体経験の差異を越境する調査法や視点を提唱できていない点．②それに関連し，しばしば身体の差異を「インペアメント」と呼びなして重視しない点．③障害をもつ人びとにおけるエミックな視点を十全に受け止めていない点．④それに関連して，文化相対主義を障害をもつ人びとにおいて徹底して適用することへの躊躇．⑤身体の多様性とそれらに宿る文化の多様性の全体像を汎用的モデルとして一般化できていない点．⑥障害をもつ文化人類学者が，障害をもたない人びとを含めた社会全体に対して調査者／表現者としてアプローチする場面を十分に想定できていない点．古典的な文化人類学の手法にこだわり，身体の差異を越境することを躊躇する傾向と見ることもできるかもしれない．本章は，これら理論的課題の検討を始めるための序論と位置づけることができる．社会のあらゆる場面にコミットしようとする公共人類学は，そのための力強い後押しとなる.

2) 極論すれば，人間の身体は一人一人異なるため，「あらゆる個人がそれぞれ異なる文化を宿す」という立論も可能となる．ここでは，ある種の生活様式／行動様式を共有しうる類似の身体をもったグループの存在を想定している（たとえば，耳が聞こえない人たちには音声言語ではなく視覚的な手話言語がなじむ，というように).

3) 身体の差異に着目する視点は，性別や性的指向性，その他，身体属性の差異と，それに密接に関連して生じる文化の分析にも寄与する可能性がある．たとえば，出産を経験した人たちの間で共有される文化を語る時，そのすべてを「社会的構築物としてのジェンダー」によって説明することは困難であろう．ただし，常に，生物学的な決定論に結びつけない慎重さが必要であることは言うまでもなく，とくに人種主義への揺り戻しに対する警戒の必要性を強調しておく.

参照文献

Center for Asian and African Sign Languages（AASL）http://aasl.aacore.jp/wiki/
Ethnologue http://www.ethnologue.com/
クリフォード，ジェイムズ／ジョージ・マーカス編（1996）『文化を書く』春日直樹・和邇悦子・足羽與志子・橋本和也・多和田裕司・西川麦子訳，紀伊國屋書店．
グロース，ノーラ・エレン（1991）『みんなが手話で話した島』佐野正信訳，築地書館．
広瀬浩二郎（2004）『触る門には福来たる――座頭市流フィールドワーカーが行く！』岩波書店．
広瀬浩二郎（2009）『さわる文化への招待――触覚でみる手学問のすすめ』世界思想社．
イングスタッド，ベネディクト／スーザン・レイノルズ・ホワイト編（2006）『障害と文化――非欧米世界からの障害観の問いなおし』中村満紀男・山口惠里子監訳，明石書店．
石川栄吉・大林太良・佐々木高明・梅棹忠夫・蒲生正男・祖父江孝男編（1994）『文化人類学事典』弘文堂．
亀井伸孝（2006）『アフリカのろう者と手話の歴史―― A・J・フォスターの「王国」を訪ねて』明石書店．
亀井伸孝（2008）「異文化理解の姿勢を教室で教える――ろう者の文化を学ぶワークショップ」『アクション別フィールドワーク入門』武田丈・亀井伸孝編，pp. 125-139，世界思想社．
亀井伸孝（2009a）『手話の世界を訪ねよう』岩波書店．
亀井伸孝（2009b）「言語と身体の違いを越えて関係を構築する――アフリカのろう者コミュニティにて」『フィールドワークの技法と実際Ⅱ　分析・解釈編』箕浦康子編，pp. 74-90，ミネルヴァ書房．
レヴィ＝ストロース，クロード（1970）『人種と歴史』荒川幾男訳，みすず書房．
村田稔（1994）『車イスから見た街』岩波書店．
マーフィー，ロバート・F（2006）『ボディ・サイレント』辻信一訳，平凡社．
小國和子・亀井伸孝・飯嶋秀治編（2011）『支援のフィールドワーク――開発と福祉の現場から』世界思想社．
Rogers, Linda J. & Beth Blue Swadener eds. (2001) *Semiotics and Dis/ability: Interrogating Categories of Difference*, New York: State University of New York Press.
杉野昭博（2007）『障害学――理論形成と射程』東京大学出版会．
武田丈・亀井伸孝編（2008）『アクション別フィールドワーク入門』世界思想社．

IV

公共と政策

9 公共の生成と設計

福島真人

1 公共的制度の生成と分析

　本章は，公的な制度を設計，分析することの意味を，二つの思想の流れ，すなわちハイエク（L. Hayek）による制度の自生的秩序論と，フーコー（M. Foucault）による制度の系譜学的批判を対比しつつ論じることを目的とする．この両者を対立的にみる従来の議論に対して，本章ではこの二つが興味深い収束点を示していると主張する．またこの二つをつなぐ概念的補助線として，ある建築モデルを取り上げ，その共役可能性を探求する．本章は公共とは何か，という問いに対して，その生成のダイナミズムを追跡することで，間接的に答えることを目的とする．

1.1 道路というメタファー

　まず公共的制度のメタファーとして，ここでは道路を考えてみる．道路は，獣道から近代的な高速道路にいたるまで，歴史と技術の結節点であると同時に，タオ（道）という語が示すように，宇宙論的な秩序の象徴としても使われてきた．人類学という文脈でいうと，道路のようなインフラが直接その研究対象になるのは稀であったが，近年の科学技術と文化の相互構築についての関心の高まりに付随して，人類学的な観点から「道路」そのものを扱おうという試みも多少出始めている［例えばDalakoglou & Harvey 2012］．

　道路という公共施設は，我々の社会的実践の制約要件であると同時に，それを促進する土台でもありうる．道路はまた，大規模な拡張計画によって，住民ともめたりするが，こうした計画はまさに「合理的な設計」の顕著な一例である．道路がもつこうした計画的な側面，より一般的には，いわば上か

らの合理化に対して，原理的な批判を行ったのが，アレグザンダー（C. Alexander）の『都市はツリーではない』［Alexander 1966］という論文である．ここでは，都市を構成する要素が，上位概念から下位概念に一義的に構成されている訳ではなく（ツリー），実際はその階層間にクロスオーバーがあること（セミ・ラティス）が指摘されており，ツリー概念に基づいて設計された都市が，住みにくく荒廃しやすいと著者は厳しく批判している［cf.柄谷 1983］．

1.2　設計主義的合理主義とその批判者

　このアレグザンダーの批判が，ハイエクによる設計主義的合理主義（constructivist rationalism）批判と共通点があるとするのが，本章の出発点である．この語は，科学的な手法で，社会を合理的に設計するという社会主義的な信念を示す[1]．ハイエクは『科学による反革命』［1979］という書の中で，この思想が，フランス革命後のエコール・ポリテクニックとサン・シモン主義に端を発し，勃興する科学的な知識への信頼をもとに，のちに猛威を振るうようになることを指摘している．ハイエクのこうした批判の背景には，市場という複雑系を合理的に統御するのは不可能である，という理論的信念がある［ハイエク 2010］[2]．

　ハイエクは，自然と社会の秩序に関して，従来古代からは，一対の概念セットしかなかったという．つまり，自然界は自生的に成長するが，人為的秩序は設計によるものだという二元論である．ハイエクによれば，この二元論をこえる第三のタイプの秩序概念が出現したのは，ヒューム（D. Hume）やスミス（A. Smith）に代表されるスコットランド啓蒙主義者の議論，つまり市場社会が，私益にもとづく行為の意図せざる結果の累積によって形成されるという考え（いわゆるみえざる手）によるものであるという［ハイエク 2009a］．ハイエクはポラニー［1988］の用語を借りて，これを自生的秩序と呼ぶ．例をあげれば，英国における私有財産の保護は，もともと王権の制限を目的としたが，それが結果的に市場活動を活発化させ，英国の経済的興隆を生んだというわけである［ハイエク 2009b］．

　ハイエクが強調するのは，自由市場の生成過程における，社会的な慣習（convention），すなわち商業や私有財産に関わるルールの重要性である．こうした社会的慣習は長期的な試行錯誤の結果形成され，進化的な色彩をもつ

が，そのポイントは，設計主体のない，漸進的な蓄積という点である．ハイエクのこの観点は，伝統社会に関する人類学的な知識の蓄積，特に儀礼的な慣習についての議論に強く影響を受けている．

設計主義と対比すると，市場の特徴としては，それが分散したシステムであり，その参加者は，ローカルな情報しかもっていないという点が指摘できる．無数の参加者は，価格という単純なシグナルに基づいて，拡散的な共同活動を行い，それが全体として作動する．ハイエクは市場を情報の観点から観る理論の創設者であると同時に，参加者の学習過程の重要性をも同時に指摘している［ハイエク 1986a, 1986b；福島 2010］．

道路になぞらえていうと，現在ある秩序は，もともと獣道のような，いわば「古道」の長い伝統から出発し，その拡張にしたがって交通量も増大し，店もならび，賑わっている．行政はあくまでその古道由来の長い歴史的な脈絡を尊重しつつ，それを高速道路化する，といった感じであろう．後年ハイエクは市場を阻害する社会制度を排除するための制度的な提案を厭わなくなるが［ハイエク 1986b, 2008a］，その意味合いについてはあとで論じることにする．

ここでのハイエクの主要な論敵は社会主義であるが，次項で紹介するのは，これとは別の態度，つまりこの二者間の対立とは異なる次元で制度の生成を論じ，潜在的にはハイエクと複雑な関係にある第三のアプローチである．

1.3 　負債としての歴史的蓄積——系譜学

自生的秩序論は，制度生成をローカルな実践の累積効果と考える．ここでのポイントは，その結果としての秩序が基本的によきものと考えられているという点である．しかし現行の秩序の偶然性を，マイナスと考える発想があってもおかしくない．その最もラディカルなケースがニーチェ（F. Nietzsche）の系譜学的な批判であり，フーコーがそれを取り上げたために，社会科学業界にも知れ渡るようになったものである．

フーコーの一連の著作，特に『監獄の誕生』［フーコー 1977］等の中期の議論は，『善悪の彼岸』［ニーチェ 2009a］，『道徳の系譜学』［2009b］に代表されるニーチェの系譜学的な議論にその方法の根拠をおいていると，本人が明言している［フーコー 1999；中山 2010］．いうまでもなく，ニーチェの系譜学と

は，自明と見なされている，特定の現象（ここではキリスト教道徳）の歴史的な生成過程をたどることによって，その偶然性を暴くことを目的としており，キリスト教道徳に関していえば，その起源を，弱者が強者に対して抱くルサンチマンだと主張したのはよく知られている．文学的なニーチェに対して，フーコーはより厳密な歴史的手法を用いて，現在の監獄という制度形成の背景に，訓練－規律をめぐる実践の組み合わせがあることを指摘したのも既に繰り返し論じられている．

　ここでのポイントは，この規律権力と称される力の働き方が，中心的な権力者や国家のような権力機構（法－主権権力と雑駁にまとめられているが）とは別だというフーコーの主張である［フーコー 1977］[3]．監獄というのは，当時の都市への人口の流入等の諸問題に対する，日常的な創意，対処法の組み合わせであり，特定の設計的な意図に還元できない［cf. 重田 2011］．よく語られるパノプティコンとは，「日常的実験」［福島 2010］の累積的蓄積の結果として形作られる社会的「装置」（dispositif）を構成する要素（象徴的ではあるが）の一つに過ぎず，それが社会の諸レベルに「転用」されるようになったという点なのである[4]．

　あるインタビューで彼は自分のことを「花火師」と呼んでいるが（正確には「爆破技師」）［フーコー 2008a］，その意味は，現行制度の起源の偶然性（無根拠性）を爆砕し，我々に新たな可能性を示すことである．いわば，現在の幹線道路は，偶然にできた古道に由来し，それ故現状のルートをとるこれといった必然性はないし，実際別のルートも可能だ，というわけである．

2　自生的秩序と系譜学——その交錯

　こうして並べてみると，この両者は一見正反対の立場にあるようにみえる．自由市場を支える公的慣習の進化的累積を強調するハイエクと，規律権力を告発し，掟とその侵犯（バタイユ）の愉悦を論じるニーチェ主義者のフーコーでは，表面上水と油である．

　しかしこうした対比は，この両者の密かな共通点を見逃している．この両者とも，制度が合理的な設計の結果だという観点を排し，その自生的，偶発的性質を強調している．ようするに，現状の道路は，（それがいいか悪いか

は別として）かつての古道から由来しているというわけだ．市場の発達を支える社会的慣習は，漸進的に累積していく．統治のための諸技術もまた，ローカルな問題を解決するための，小さな工夫の積み重ねである．

　この両者を対立させる議論は，フーコーの講義録に基づく場合が多い．彼は『監獄の誕生』以降，生政治，統治性といった概念を矢継ぎ早に生み出すが，十全に展開するまもなく，古代ギリシャ・ローマにおける主体形成の話へと，探求の方向をかえてしまう．その直前（1979 年）の講義で，戦後ドイツのオルド（秩序）自由主義を中心に議論をし，時折ハイエクが言及されているため［フーコー 2008b］，気の早い論者の中には，これがフーコーによる，ハイエク的「新自由主義」の「批判」だという紋切り型的理解に陥っているものも多い 5)．

　しかしこの講義録を読むと，これが日本語でいうところの「批判」（相手を論難，攻撃する）ことになっているかはかなりあやしい 6)．むしろより正確には，カント（I. Kant）的な意味での批判（Kritik），つまりそれを可能にする潜在的な条件の吟味という意味に近い．その意味でいうと，この両者の関係は，全面対立というよりも，科学技術社会論（STS）でいう非対称的（asymmetrical）な側面があるのである 7)．

2.1　変転する自由主義概念

　その重なり具合をすこし詳しく見てみる．政治思想史において，両者とも，自由主義という概念が，スミスを含むスコットランド啓蒙時代から，大陸の設計主義の影響を受けて大きく変化したことを論じているが，ベンサム（J. Bentham）の扱いがこの両者で全く異なっている．フーコーはベンサム的な自由主義こそ，「自由の生産と消費の増大」のために，規律権力が大きく増大する根拠の一つであるとしている［フーコー 2008b：82-83］のに対して，ハイエクは，ベンサムが表面上自由主義を標榜しているが，その実態は大陸哲学の影響で設計主義化しており，自由主義の伝統は，英国においてすら，19 世紀には大きく変容したと考えているのである［ハイエク 2009b：70］．

2.2　オルド自由主義という変種

　その後のフーコーの議論においても，自由主義についての理解のねじれ

はついてまわる．講義録では，戦後ドイツのオルド自由主義に注目しているが，それは，強力な社会的介入によって自由市場を作り上げるという主張であり，フーコーはここに，自由と介入のパラドクシカルな関係を見ている［フーコー 2008b：91-254］．しかしこの立論には無理がある．

佐々木によれば，このオルド自由主義者たちは，ナチスと共同で経済政策を考案しており，その思想はシュミット（K. Schmidt）の決断主義の強い影響下にあったという［佐々木 2008：510-512］．とすれば，彼らの国家介入主義的な傾向は，ハイエクのいう自由主義一般の議論とはもともと素性が異なるのである．

このあと講義録は，フランス，アメリカのケースを駆け足でなぞったあと，話は急にスミスらのスコットランド啓蒙主義の議論に戻ってしまう．みえざる手による秩序化とそれによる市民社会という概念が，経済表（ケネー）によって経済全体を理解・操作できるとした重農主義と対比され，市場は経済的主権者を持たない（つまり中心がない）という新しい考えが，従来の法的主権の考え方と，決定的に異なっていることを指摘して終わっている［フーコー 2008b：329-390］．これでは，自生的秩序論との違いは一向に明らかにならない．

しかもフーコーの場合，自由主義の分析が，社会主義肯定に至らないのは，おなじ講義録で，社会主義に固有の統治理性はなく，さまざまなタイプの統治性に接続されて初めて活用可能になる，と言い切っている点からも明白である［フーコー 2008b：111］．全体として，この時期のフーコーの議論は，本人も指摘するように，かなり混乱しており，その後は，主体形成へとテーマが大きく変わってしまう[8]．それゆえ，この講義録での議論を，フーコー対ハイエクという図式的対立で捉えると，両者の密かな収斂（共犯）関係を見逃すことになる．

3 系譜学のあと──制度批判に続くもの

3.1 生成の厳粛さ

ここでは話を系譜学に戻す．前述したように，系譜学には現行制度の自明性を打破し，別の可能性へと読者を誘うという目的がある．しかしフーコ

ーの場合，系譜学的な暴露に続く，次のステップが無い．そのあとの判断は，ある意味読者，あるいは問題の当事者に任せ，彼自体はせいぜいその助産婦役に徹していようにみえる．当然この規範性の徹底した欠落に対して，多くの論難が起きているが[cf. リラ 2005]，フーコーシンパは，彼を擁護して，現状から抜け出すためには，精密な記述で十分だとする[cf. 重田 2011：236-239]．

フーコーの盟友であるヴェーヌ (P. Veyne) は，これを「新たな実験，創造の試みは，ある意味すべて等価である」という立場と考え，それを「生成の厳粛さに敏感」[ヴェーヌ 2010：214]と表現している．それゆえ，彼の政治行動は，外見上二転三転し，晩年にはホメイニ革命に対する熱狂ぶりとその後の政治的沈黙が逆に人々の注目をひく．特定の政治理念に基づく政治参加という考え自体が否定されているので，ある意味当然ではあるが[ヴェーヌ 2010：197]．

3.2 超人の政治思想

他方本家ニーチェの系譜学には，一見その次のステップがあり，それは従来のキリスト教道徳に代わる新たな価値の創造（超人／永劫回帰／力への意志）というプログラムである．しかしその政治的現実性は，これもかなりあやしい．実際，ニーチェの一連の著作から，どのような「政治的な」帰結がえられるかは，解釈者の間でも論争が絶えないからである．当時興隆していた政治潮流（民主主義，社会主義その他）を悪しざまに論難したニーチェから，具体的政治思想を導き出すこと自体，かなり難しい[須藤他 2013：183-185]．超人の「集合的な」活動についての記述はほとんど見当たらないが，あえていえば，超人思想を多少は学んだはずの「ましな人間」達が，最後の直前で驢馬祭りという妙な儀式に勤しむ姿を描くツァラトゥストラ第四部[ニーチェ 1966：432-436；村井 2008]に，まさしく超人の政治思想の不可能性が見えると筆者は考える．系譜学後の新たな（制度的）価値創造については，どちらにせよ困難が伴うのである．

3.3 「系譜学」の系譜学

さらに系譜学に内在する問題もある．系譜学が，現存する制度の起源の無根拠さを示すとすれば，その指摘そのものが「単なる解釈の一つ」で終わ

っては困る．フーコーが哲学的解釈学を嫌い，実証主義と見紛うほどの立場をとったのは，解釈学的循環により，系譜学的な爆弾が，いわば「湿ってしまう」のを嫌ったからである．

ところが，ニーチェ自身のパースペクティヴィズムの主張は，系譜学的な解読もまた，一つの解釈に過ぎず，それ自体がルサンチマンに基づく所作，という議論をも生みかねない[9]．この難点はフーコーの議論においても継承される．循環する力，そして統治性という形で概念を時間空間的に一般化すると，自らが生み出す統治性そのものもその対象にならざるをえなくなる．ここに系譜学的なアプローチの落とし穴があるのである．

4　公共の偶発的生成

さて，これらの問題を公共的制度の文脈で見直してみると，ここで登場する論点は，一つは設計主義的合理主義であり，公的制度は合理的な計画によって創られる必要があると考える立場である．その批判者の代表が，ハイエクらの考えであり，そこでは制度の自生的秩序が強調される．それに対比する形で，フーコー（ニーチェ）の系譜学的な分析が示され，そうした歴史的経由の無根拠性が暴露され，新たな道へのあり方が鼓舞される．

しかし本章では，系譜学と自生的秩序論にはある種の共通点があると考える．それは現行制度のある種の偶発的な生成である．ハイエクはそれを「意図せぬ結果」としての秩序と捉えたが，興味深いことに『監獄の誕生』［フーコー 1977］の教訓の一つも，まさにそれに近い．特に第四部は，制度が当初の意図をこえて，意図せぬ方向へと変化していくという様子をうまく描いている．政治的に見ても，系譜学によって鼓舞された，現行制度への懐疑は，さまざまな修正の試み，実験，工夫を生むだろうが，それらは時に集積し，予期せぬ方向へと膨らんでいく可能性は否定できない．これを近年の科学技術社会論（STS）の論点から照らし合わせると，二つの興味深い共通点が見いだせる．

4.1　転用とモメンタム

一つは，すべてのテクノロジーは，その本来の意図をこえて，他の目的

に転用可能だという点である．STS の文脈ではこれを，当初の意図（script）からあらたな文脈への「脱スクリプト化」(de-scription) 過程と呼んでいる [Akrich 1992]．この新たな文脈の発見は，かなりの程度そのユーザーが重要な役割を果たす [cf. Oudshoorn and Pinch eds. 2003]．

もう一つは，そうしたミクロの革新が，条件に応じて，巨大な流れに転化する可能性である．カロン（M. Callon）はそれを，個別のラボが手さぐりでお互いの連携を模索する初期段階と，全体の方向性が定まり，ゲノム解析のような，マスレベルの競争段階という二つに分けている [Callon 2002]．またヒューズ（T. P. Hughes）は，技術発展のこうした勢いを「技術的モメンタム」(technological momentum) と呼び，電力の歴史にみられるように，ある段階をこえると，技術の進歩は，他の可能性をあっというまに駆逐していくとする [Hughes 1994]．いわば技術的なロックイン状態が現出し，それを覆すのは非常に困難になる．

興味深いことに，STS での科学／技術の転用可能性やモメンタムの議論は，自生的秩序論や系譜学と共通する点が多い．実際ハイエクは，市場の自生的生成は肯定する一方，現行の法や行政制度が，歴史的に党派的な目的から利用されてきたと考えるため，それらに対する修正や新たな法，行政制度の提案を躊躇しない [ハイエク 2008a, 2008b]．こうした歴史的蓄積の転用可能性とモメンタムの負の部分もそれなりに理解しているからである．他方フーコーは，監獄という制度の負の特性には敏感であるが，現行の監獄について，改革の全体的なプログラムはもっていなかったため [cf. ヴェーヌ 2010 : 210]，監獄改善運動等がもつ，転用可能性やモメンタムの力学に対しては，やや無防備であると見える．

4.2 アレグザンダー再考

社会的に分散した工夫や創発性，筆者の用語でいえば「日常的実験」[福島 2010] が，転用され，大きな制度的モメンタムを持つという展開の予期不能性は，さけられないようにみえる．だがこうしたローカルな創意をより積極的に総合し，新たなものを造り出すという方法はないのであろうか．

本章冒頭でアレグザンダーを紹介したのは，彼の実験的試みに，そのヒントをさぐるためである．ツリー概念に基づく，建築，都市計画に代わる設

計原理として，彼とそのチームは，伝統的に蓄積されてきた，各地の建築，都市デザインのパターンを収集し，それらをボトムアップ式に組み合わせることで，伝統建築や都市がもつある種の「質」を新たにつくれないかと考えた．それがパターン・ランゲージである［アレグザンダー他 1984］．その手法を用いて埼玉県の盈進学園東野高校が設計された．

紙幅の関係上詳論はできないが，この斬新な試みも，必ずしも建築家達の賛同をえるところにならなかった．キッチュという意見もあり［井出他 1985；難波 2007］，本人も指摘するように，独特の「質」が必ずしもうまく表現できたとは言えなかったようである［グラボー 1989］．

もちろんここでは，理論的留保が必要となる．例えば，文化人類学が多く記述してきた，自生的に生成してきた諸制度のパッチワーク的な性格と，ここでいう建物のデザイン上の構築を同一の平面で扱えるかという問題である．社会的制度は，運用過程でその機能，構造自体が変わっていくが，建物は，その物質的レジリエンスのため，制度ほどは変化しないという特徴をもつ．

他方デザインへの不満は，ある意味設計主義的合理主義の誘惑を理解する面でのヒントにもなる．伝統的デザインのゴタゴタした感じに対する，建築家の苛立ちは，バロック状に膨れ上がった社会制度を，よりすっきりしたものに鍛えなおす改革志向性と似た側面がある．現行制度にあるローカルな矛盾を合理的に修正したいという意思をもつことは自然である．問題は，そうした修正が，長期的にどういう意味をもってくるかは，局所的な観察者には前もって分からないという点なのである．

5　合理性の島嶼——必要悪としての最少設計主義

ここで我々は最少設計主義のようなものを考えざるをえないかもしれない．日常的実験としての学習の契機は，社会全体に分散した実験領域のあり方に依存する［福島 2010］．実験的領域論は，現存の制約の構造への分析だが，それらが全体として，どうより合わさって，拡大していくかはまた別の話である．その意味では，自生的秩序論，系譜学ともそれぞれの難点がある．

そこでミニマルな設計であるが，ハイエクも強調するように，我々の合理的計算には，最初から限界があり，複雑なシステムでは，すぐに計算量爆

発を起こしてしまう［西野 1999］．だからこそ我々には市場が必要なのだとハイエク派は考える［cf. 塩沢 1990, 1997］．他方合理性は局所的になら，機能しないわけではない．あまりにクネクネと蛇行する古道は，部分的に修正し，そこだけでもすっきりさせることは可能であろう．道路のある程度の整備はどうしても不可欠だし，人類学的な意味での伝統的な社会制度もそれなりの修正が要求される，という態度である．

　問題はこの設計主義の背後に，社会全体への改革という千年王国的な熱狂が潜んでいるという点なのである．理性の限界を見通しながらも，それに代わる選択肢は必ずしも一つではない．まだみぬ超人への可能性へと賭け，あらゆる生成の厳粛さに過激にアンガージュするというのも一つの道であり，我々の限界ある理性の能力を補佐するための，歴史的に蓄積されたルールに基づいて，広い範囲で共同作業を行うという，また別の道もある．しかしその効果といえば，前もって予見することはできない．実際，制度の自生的秩序に共感しないフーコーのみならず，自由市場に信頼をおいていたハイエクですら，晩年にはそれがもたらす変化に人々が耐えられない可能性について，悲観論を吐露している［山中 2007］．

　いずれにせよ，制度の変化が転用とモメンタムという特性によって，原則的に予測できないとすれば，それへの修正はローカルなものにとどまらざるをえない．その意味で，最少設計主義は，設計主義全体のヒュブリスをたしなめつつ，「生成の厳粛」のある種の毒を中和するための必要悪なのであり，哲学的ホメオパシーとでもいうべきものである．しかし日常的実験の累積と，ローカルな統御である最少設計主義がどう相互に機能するか，そのプラグマの研究は，今始まったばかりなのである．

注

1） constructivism という言葉は，普通構築主義と訳されるが，ハイエクの場合は，人為的な構築というニュアンスが強いため，日本語では設計主義と訳されている．
2） ハイエクの主張は，のちにフリードマン（M. Friedman）を中心として強調されるシカゴ学派のマネタリズムとは単純に同一視できない．
3） ただしこの明確な弁別（主権権力／規律権力）はのちにどんどん曖昧になっていく．佐々木［2008］はルジャンドル（P. Legendre）の法人類学的分析に依拠しつつ，この後のフーコーの紆余曲折を，法-儀礼システムからのフーコーの逃走の失敗という形で精

4） この視点が，のちの大雑把な生政治概念の追加によって概念的混乱にいたる過程については佐々木［2008］が詳述している．また國分［2013：213］等も参照．
5） たとえばシンガポールで筆者が出席したバイオポリス研究会では，Aihwa Ong が，まさにそうした意図でフーコーを引用していた［Ong 2013］．
6） 実際ミラー［1998：327］などは，フーコーにしては，いままでにない共感に満ちた分析，とすら評している．
7） ブルア（D. Bloor）が科学的実践の成功例と失敗例を同等に（symmetrical）に扱うとした用語を，カロン（M. Callon），ラトゥール（B. Latour）らが拡大転用したもの．ブルア［1985］）参照．
8） これもまたニーチェ的テーマである［ザフランスキー 2001：392-393］．
9） この矛盾の指摘は多いが，永井の主張では，この二つの視点（彼は第一および第二空間と呼ぶ）の矛盾を解体するのが永劫回帰（第三空間）の考えであり，そこでは系譜学，力への意志といった概念の働きも無効化され，偶然と肯定のみが支配する空間になる．それによって系譜学の意味そのものも変わるとする［永井 1998：第 6 章］．

参照文献

Akrich, Madeline（1992）The De-Scription of Technical Objects, *Shaping Technology/Building Society: Studies in Sociotechnical Change*, Wiebe Bijker and John Law eds., pp. 205-224, Cambridge, Mass.: MIT Press.

Alexander, Christopher（1966）A City is Not a Tree, *Design* 206：46-55.

アレグザンダー，クリストファー／サラ・イシカワ／マレー・シルバースタイン（1984）『パタン・ランゲージ——町・建物・施工』平田翰那訳，鹿島出版会．

ブルア，デイヴィッド（1985）『数学の社会学——知識と社会表象』佐々木力・古川安共訳，培風館．

Callon, Michel（2002）From Science as an Economic Activity to Socioeconomics of Scientific Research: The Dynamics of Emergent and Consolidated Techno-economic Networks, *Science Bought and Sold : Essays in the Economics of Science*, Philip Mirowski and Esther-Mirjam Sent eds., pp. 277-317, Chicago: The University of Chicago Press.

Dalakoglou, Dimitris & Harvey Penny（2012）Roads and Anthropology: Ethnographic Perspectives on Space, Time and（Im）Mobility, *Mobilities* 7（4）：459-465.

福島真人（2010）『学習の生態学——実験，リスク，高信頼性』東京大学出版会．

フーコー，ミシェル（1977）『監獄の誕生——監視と処罰』田村俶訳，新潮社．

フーコー，ミシェル（1999）「ニーチェ，系譜学，歴史」『ミシェル・フーコー思考集

成Ⅳ　1971-1973　規範／社会』伊藤晃訳，pp. 11-38，筑摩書房．
フーコー，ミシェル（2000）「ミシェル・フーコーのゲーム」『ミシェル・フーコー思考集成Ⅵ　1976-1977　セクシュアリテ／真理』増田一夫訳，pp. 409-452，筑摩書房．
フーコー，ミシェル（2008a）『わたしは花火師です──フーコーは語る』中山元訳，筑摩書房．
フーコー，ミシェル（2008b）『生政治の誕生──コレージュ・ド・フランス講義1978-1979年度』慎改康之訳，筑摩書房．
グラボー，スティーブン（1989）『クリストファー・アレグザンダー──建築の新しいパラダイムを求めて』吉田朗他訳，工作舎．
ゴールドスミス，モーリス（1985）『バナールの生涯』山崎正勝・奥山修平訳，大月書店．
ハイエク，フリードリッヒ（1979）『科学による反革命──理性の濫用』佐藤茂行訳，木鐸社．
ハイエク，フリードリッヒ（1986a）「社会における知識の利用」『市場・知識・自由──自由主義の経済思想』田中真晴・田中秀夫編訳，pp. 52-76，ミネルヴァ書房．
ハイエク，フリードリッヒ（1986b）「競争の意味」『市場・知識・自由──自由主義の経済思想』田中真晴・田中秀夫編訳，pp. 77-99，ミネルヴァ書房．
ハイエク，フリードリッヒ（1986c）「自由主義」『市場・知識・自由──自由主義の経済思想』田中真晴・田中秀夫編訳，pp. 200-255，ミネルヴァ書房．
ハイエク，フリードリッヒ（2007）『ハイエク全集8　法と立法と自由1　ルールと秩序』矢島鈞次訳，春秋社．
ハイエク，フリードリッヒ（2008a）『ハイエク全集9　法と立法と自由2　社会正義の幻想』篠塚慎吾訳，春秋社．
ハイエク，フリードリッヒ（2008b）『ハイエク全集10　法と立法と自由3　自由人の政治的秩序』渡部茂訳，春秋社．
ハイエク，フリードリッヒ（2009a）「政治思想における用語の混乱」『ハイエク全集Ⅱ-5　政治学論集』山田優・田総恵子訳，pp. 201-234，春秋社．
ハイエク，フリードリッヒ（2009b）「自由主義社会の秩序はどうあるべきか」『ハイエク全集Ⅱ-5　政治学論集』山田優・田総恵子訳，pp. 67-94，春秋社．
ハイエク，フリードリッヒ（2009c）「デイビッド・ヒュームの法哲学と政治哲学」『ハイエク全集Ⅱ-7　思想史論集』八木紀一郎監訳／中山智香子他訳，pp. 77-102，春秋社．
ハイエク，フリードリッヒ（2010）「複雑現象の理論」『ハイエク全集Ⅱ-4　哲学論集』嶋津格監訳／長谷川みゆき他訳，pp. 121-152，春秋社．

Hughes, Thomas P. (1994) Technological Momentum, *Does Technology Drive History?: The Dilemma of Technological Determinism*, Merritt Roe Smith and Leo Marx eds., pp. 101-113, Cambridge, Mass.: MIT press.
井出建・難波和彦・樋口裕康・布野修司 (1985)「手負いのユートピア――東野高校に何が見えたか」『建築文化』40 (404) : 48-54.
柄谷行人 (1983)『隠喩としての建築』講談社.
國分功一郎 (2013)『ドゥルーズの哲学原理』岩波書店.
リラ, マーク (2005)『シュラクサイの誘惑――現代思想にみる無謀な精神』佐藤貴史・高田宏史・中金聡訳, 日本経済評論社.
ミラー, ジェイムズ (1998)『ミシェル・フーコー――情熱と受苦』田村俶他訳, 筑摩書房.
村井則夫 (2008)『ニーチェ――ツァラトゥストラの謎』中公新書.
永井均 (1998)『これがニーチェだ』講談社現代新書.
中山元 (2010)『フーコー――生権力と統治性』河出書房新社.
難波和彦 (2007)「クリストファー・アレグザンダー再考」『10+1』47 : 213-222.
ニーチェ, フリードリッヒ (1966)『ツァラトゥストラ』手塚富雄訳, 中央公論社.
ニーチェ, フリードリッヒ (2009a)『善悪の彼岸』中山元訳, 光文社.
ニーチェ, フリードリッヒ (2009b)『道徳の系譜学』中山元訳, 光文社.
西野哲朗 (1999)『中国人郵便配達問題――コンピュータサイエンス最大の難関』講談社.
Ong, Aihwa (2013) Why Singapore Trumps Iceland, Asian Biopoleis III workshop 16-17 July 2013, draft. National University of Singapore.
Oudshoorn, Nelly and Trevor Pinch eds. (2003) *How Users Matter: The Co-Construction of Users and Technologies*, Cambridge, Mass.: The MIT Press.
ポラニー, マイケル (1988)『自由の論理』長尾史郎訳, ハーベスト社.
ザフランスキー, リュディガー (2001)『ニーチェ――その思考の伝記』山本尤訳, 法政大学出版局.
佐々木中 (2008)『夜戦と永遠――フーコー・ラカン・ルジャンドル』以文社.
重田園江 (2011)『ミシェル・フーコー――近代を裏から読む』筑摩書房.
塩沢由典 (1990)『市場の秩序学――反均衡から複雑系へ』筑摩書房.
塩沢由典 (1997)『複雑さの帰結――複雑系経済学試論』NTT出版.
須藤訓任・児玉斗・竹内綱史・岡村俊史・大久保歩・武田宙也・五郎丸仁美 (2013)「ニーチェは今, どのように読まれているか」『現代思想』41 (2) : 178-200.
ヴェーヌ, ポール (2010)『フーコー その人その思想』慎改康之訳, 筑摩書房.
山中優 (2007)『ハイエクの政治思想――市場秩序にひそむ人間の苦境』勁草書房.

10 公共政策学

田原敬一郎

1 はじめに

　本章の目的は，社会問題の解決手段としての公共政策とそれを研究対象とする公共政策学との関係のあり方に関し，具体的な事例に即して批判的に検討することを通じて，出現しつつある公共人類学の可能性と課題を考えることにある．

　この目的のために，以下では，公共政策の一領域としてユニークな特性を持つ科学技術政策を事例としてとりあげ，近年注目されている「科学技術政策のための科学」に関する議論を紹介するとともに，公共政策学の過去40年強の歩みに照らし合わせながら，それらの何が問題かを論じる．

2 公共政策学へのアプローチ——事例としての科学技術政策

2.1 科学技術政策とは何か

　「科学技術政策」と聞いて，読者諸氏は何を思い浮かべるであろうか．ある人は，宇宙開発など人類のフロンティアに挑戦する夢のある姿を想起するかもしれない．2003年に打ち上げられ，次々に起こる技術的なトラブルを乗り越えて地球へと帰還した「はやぶさ」の物語は記憶に新しい．またある人は，環境問題や生命倫理の問題，原子力発電所事故など，不吉な予感を伴ってそれを思い起こすかもしれない．はやぶさも原子力発電も科学技術政策の典型的な結果の1つであると言えるが，社会の成熟化や科学技術の進展に伴い，それが関わる範囲は公共政策のほとんどといってよい局面にまで拡大してきている．

このことは，科学技術の関わる政策を扱っている省庁がどこかを考えると想像しやすい．日本の場合，文部科学省をはじめ，経済産業省，総務省，厚生労働省，農林水産省，国土交通省，環境省，防衛省といったように，非常に多くの省庁がその境界を明確には区分できない形で関係している．また，これらの各省の取組に大きな影響を与えている主体として，内閣総理大臣が議長を務める総合科学技術・イノベーション会議がある．これは，科学技術政策における「司令塔」として，各省より一段高い立場から，総合的・基本的な科学技術イノベーション政策の企画立案及び総合調整を行うことを目的として設置されたものであり，科学技術基本法に基づき，国全体の科学技術政策の方向性を定めた「科学技術基本計画」の実質的な審議を行っている．

　このように，科学技術政策の指示する範囲や関与するアクターは実に広範であり，各国においても，その発展段階や焦点に応じて，研究政策，研究開発政策，科学技術イノベーション政策といった様々な呼称が用いられてきた．小林は，科学技術政策について，「各国の歴史的背景の違いや時代の変化とともにその内容は変遷してきて」おり，そのため，「明確で，権威のある定義はないに等しい」とし，その概念の成立の経緯や展開について，包括的にレビューを行っている［小林 2011］．

　科学技術政策の特徴としてまず挙げられるのは，科学技術が政策の目的であると同時に，政策の手段でもある，という二面性である．小林は，1971年に発表された経済協力開発機構（OECD）による報告書（通称，ブルックス報告）を引き，前者を「科学のための政策」（policy for science），後者を「政策のための科学」（science for policy）と呼んだが，両者は明確には分離できないという性質を持っている．なぜなら，「長い歴史の中で蓄積された科学技術の知識であっても，そのままでは個別の政策課題に対して適切な知見を提供できるとは限らず，新規の研究開発が必要になる場合も少なくない」からであり，その場合，個別政策分野の問題解決のために動員される科学技術能力の結集施策（science for policy）は，「科学技術の振興施策（policy for science）に限りなく近いものとなる」からである．その意味で，「科学技術の振興政策と個別政策の中で取り組まれる科学技術能力の結集政策の両面を持ちつつも，それらを別の政策としてではなく，包括的に対象とする政策領域として成立してきたのが，科学技術政策」であるといえる．また，科学者コ

ミュニティは，科学技術政策において政策的支援を受ける対象である一方で，その資源配分の決定等にも専門家として関与している．つまり，科学技術政策は，「科学技術が政策を支える専門性であると同時に政策の対象であるという反射的（自己言及的）」な特性を持っており，このことが科学技術政策を「他の政策にはない際立った」ものにしていると同時に，「複雑性の源泉となっている」といえる［小林 2011］．

一方，科学技術政策は，上記のような二面性だけではなく，科学技術がもたらす負の側面への対応，という性格も持ち合わせている．つまり，科学技術が問題それ自体となる場合であり，科学技術の専門家は問題解決の担い手であると同時に，問題を引き起こす当事者ともなりうる．専門家に対する社会の信頼はこのような中で揺れ動き，そのことが科学振興に対する投資や規制のあり方にも大きな影響を及ぼすことになるのである．

2.2　科学コミュニティの危機と「科学技術政策のための科学」の登場

このように，科学は社会の中に埋め込まれた営みであり，こうした科学に対する支援をどのように行っていくべきかについては，各国においても多くの論争を引き起こしてきた．カズンズは，第二次世界大戦後の米国の科学政策の特徴を，科学に関わることは科学コミュニティにまかせておくことが社会に対して最も効果的に便益をもたらす方途であるとする勢力（繁栄の自治派）と，科学であっても公的支援を受けるからには説明責任を果たすべきであると考える勢力（説明責任派）との拮抗の歴史として描いたが［Cozzens 2001］，税収の減少や財政危機等を背景に，米国を含む先進国では後者の立場を重視せざるを得ない状況になってきている［福島・田原 2013］．

このような中にあって，2005年4月，当時の米国大統領科学顧問であったマーバーガーは，全米科学振興協会（AAAS）の会議において，イノベーションの活力を十分にとらえ，かつ研究開発への政策評価をより有効に機能させるため，経済学や社会科学，情報科学を結集した研究の強化による定量的な科学技術政策研究，すなわち「科学政策の科学」の導入を提唱した．この背景には，政府の研究開発投資額を決定するための合理的な根拠や，科学技術のグローバリゼーションが米国社会に及ぼす影響の予測が不十分である，といった問題意識がある［Mervis 2005；Marburger III 2005］．このマーバーガ

ーによる宣言を契機に，17 の省庁を横断する「科学政策の科学」省際タスクグループ（SoSP-ITG）が発足し，その後，全米科学財団（NSF）がこれらの研究を助成するためのプログラム「科学イノベーション政策の科学」（Sci-SIP）を立ち上げることとなった．

　日本でもこのような動きはフォローされ，当時の文部科学省科学技術政策研究所などを中心に検討されはじめた．しかしながら，政策レベルの課題として明示的に取り組まれるようになったのは 2011 年に入ってからであり，その大きなきっかけとなったのは，民主党政権下で実施された事業仕分けである．スーパーコンピュータ開発事業の必要性をめぐり，「2 位じゃダメなんでしょうか？」と厳しく追及した蓮舫議員に対し，ノーベル賞受賞者らから「将来，歴史という法廷に立つ覚悟はできているのか」といった激しい反発があったことを思い出す人も多いだろう．事業仕分けは，日本においても，説明責任派（政治）と繁栄の自治派（科学）の対立が表面化，先鋭化した象徴的な出来事であった．

　こうした「科学界の危機」に対し，文部科学省は，科学技術イノベーション政策における「政策のための科学」関連事業を推進する方針を打ち出した．これらの事業を通じて，文部科学省は政策や投資に対する説明能力と予測能力を向上させようとしており，事業に関する公式文書[1]においても，「客観的根拠（エビデンス）に基づき，合理的なプロセスにより政策を形成する」，「政策形成の実践の場に活用できる客観的根拠に基づく複数の政策メニューが提示され，そこから科学的合理性をもった選択がなされるという政策決定のプロセスが必要」といったこれからの科学技術政策の目指すべき方向性が描かれている［福島・田原 2013］．

　以下では，こうした方向性の是非を，科学技術政策研究とは独立に発展してきた公共政策学の歴史に照らし合わせながら検討する．

3　公共政策学の展開

3.1　公共政策学の誕生

　小林が指摘するように，「個別政策のために結集される科学技術は，政策的意思決定の科学化，合理化を支援するという点で，政策科学（policy science）の性格を有することになる」[小林 2011]が，たとえ社会科学であっても，理論をそのまま応用すれば政策に役立つ，というものではない．現代の人間社会の中で生じる様々な問題は，ある側面の解決策が別の側面で新たな問題を引き起こすといった相互依存性を持つなど極めて複雑な構造を有している一方で，科学はその発展の中であまりにも専門分化されており，その結果，科学の一領域が取り扱える範囲が限定されると同時に，それを扱う科学者の視野の断片化を招いてしまうからである[宮川 1994；秋吉他編 2010]．「われわれは月に人を送り込むことができたのに，なぜ都市の貧困の問題を解決できないでいるのか？」[Nelson 1977（後藤訳 2012）]という問いかけは，社会問題の解決手段としての科学の潜在力への期待の表れであると同時に，科学の持つ問題解決能力や社会的関連性に対するある種の失望の表れともなっている．

　こうした事態に対し，第二次世界大戦後の米国を中心に，科学の持つ問題解決能力を強化，結集しようとする動きが現れた．スタンフォード大学でのシンポジウムを受け，1951年にラーナー及びラスウェルがまとめた報告書『政策科学』（*The Policy Sciences*）は，その典型的な動きの1つである[Lasswell 1951]．ラスウェルは，同報告書の巻頭論文「政策志向」(The Policy Orientation)において，科学は自身と実践とを調和させるための求心力を失っているとし，政策プロセス自体を適切な研究主題と認識し，主として意思決定の流れの合理性を改善しようとする政策志向の重要性を説いた．ラスウェルは，こうした志向を持つ学問が具備すべき特徴として，政策決定者が実際に活用できるよう具体的な情報や説明の内容を改善することに加え，単なる分析や記述ではなく，民主主義を維持・前進させ，あらゆる人間の尊厳を十全に実現することを目指すこと等を指摘した[McCool 1995；木下 2005]．ギボンズは，従来のアカデミックな研究様式である「モード1」に対し，問題設定がアプリケーションのコンテクストで決まり，それに対する問題解決の枠組みがディシプリンを超越したトランスディシプリナリな形で用意されるとともに，個別のディシプリンにはない独自の理論構造，研究方法，研究様式を構築する研究を「モード2」と呼んだが[Gibbons *et al.* 1994（小林監訳 1997）]，まさにこうした様式の政策科学が必要とされるようになったのである．

その後，1960年代の米国のジョンソン政権下において取り組まれた「偉大な社会」構想における対貧困戦争や予算編成の合理化・効率化を目指したPPBS（Planning-Programing-Budgeting System）の導入に際し，多くの社会科学者が動員されるようになるが，学問領域としての公共政策学が本格的に検討されるようになったのは1970年代に入ってからのことである[2]．1970年には，専門学術誌 Policy Sciences が刊行され，翌1971年には政策科学における代表的古典であるラスウェルの『政策科学序説』やドロアの『政策科学のデザイン』が相次いで上梓された．

3.2 公共政策学とは何か

ディシプリンとしての公共政策学を政策科学として最初に体系的に論じたラスウェルは，『政策科学序説』の中で，政策科学について次のような作業定義を与えている．

> 政策科学は，公共的秩序（public order）及び市民的秩序（civic order）の決定過程についての知識（「of」の知識）とその過程において役立てられる知識（「in」の知識）を取り扱うものである [Lasswell 1971]．

まず，「of」の知識は，「政策がいかに策定され，どのように実行されるか」についての体系的，経験的な研究によって生み出されるものであり，政治学，行政学等からの貢献により成り立っている．一方，「in」の知識は，「現実の意思決定において動員される利用可能な知識のストック」のことであり，これには，経済学や統計学，社会調査，システム分析等の調査分析手法を扱う学問領域が深く関わっている．また，ラスウェルの構想は，「法的に擬制された公共的秩序としての国家（res publica）」による問題解決だけではなく，「動態として現出する市民的秩序としての社会（societas civilis）」によるそれを含むものであり [小林 1999]，「新しい公共」の概念を先取りするものであったことは特筆に値する．

さて，ラスウェルによる政策科学は，このように，社会科学を中心とした諸学問領域からの貢献を動員し，現実の問題解決にそれらを役立てようとするものであるが[3]，その「学」としてのアイデンティティは，「コンテク

スト志向性」(contextuality),「問題志向性」(problem orientation),「方法多様志向性」(method diversity) という3つの特性で説明できる．これは，人間活動システムを対象とする際の従来の科学が抱えていた「視野の断片化」(fragmentation),「問題に対する盲目性」(problem-blindness),「単一方法」(single-method) という問題に対置されるものとなっている．

3.3 認識論及び方法論の転換

一方，公共政策学の歴史を振り返ると，必ずしも頑健な1つのディシプリンとして存在してきたわけではない．足立が指摘するように，公共政策学の研究領域をどのように規定し，区分するのか自体が「公共政策原論に課せられた最も重要な検討テーマの1つ」[足立 2005] であり，捉え方は論者によって多様である[4]．実際，その後の公共政策学の展開をみると，当初のラスウェルの構想とはかなりかけ離れたものとなっていった．

たとえば，トーガソンは，公共政策学（政策分析）にはその歴史的発展段階に対応して3つの顔の移り変わりがある，としている[5][Torgerson 1986].まず，第一の顔は，啓蒙主義の公共政策学とも呼べるものであり，客観的知識と理性に基づいた秩序ある政治を実現するために，政治を知識に置き換えようとするものである．公共政策学の黎明期において，科学技術の進歩はそれを期待させるだけの可能性を秘めているようにも思えた．一方，第二の顔は，「政治が知識の仮面をかぶる」と言われる状況であり，第一の顔の暗い側面の現れである．政策研究者は，価値に関わる問題を意思決定者側に委ねることで政治的中立性を担保しようとするが，このことは政治状況の本質を基本的に理解していないことであり，政策分析が適用される政治的コンテクストについての批判的疑問を抑圧してしまう傾向を生み出す．つまり，公共政策学は，理性に対する忠誠を誓いながら，「現実には特定の利害に奉仕するだけではなく，既成の政治体制のイデオロギーと秩序を強化する」方向で作用するのである．政策問題は，別の諸問題と相互に関連するより大きな全体システムの一部であり（全体性），ある問題の解決が別の問題を悪化させる可能性を常に孕んでいる（相反性）．また，それらの問題状況から何を政策問題として認識し，切り取るかは解釈するアクターによって異なることに加え（主観性），時間とともにその問題構造や要因が変化していく（動態性）という

複雑な性質を有している［宮川 1994；秋吉他編 2010］．そのため，政策問題は所与のものとして政策研究者の前に現れるのではなく，「何が問題か？」を定義するプロセス自体が問題解決においては焦点となる．第二の顔を持った政策研究者は，こうした価値の領域に踏み込むことを忌避することで，「間違って定義された問題を正しく解く」第三種の過誤［Kimball 1957］に期せずして加担してしまうのである．また，事実と価値，知識の生産と利用を区分しようとする態度により，政策分析の結果が都合よく使われる可能性に対しても無自覚になってしまう．

　公共政策学のこうした2つの顔は，いずれも実証主義的認識論[6]に根差したものであり，政策決定者の期待とは裏腹に，近代化以降に登場した「込み入った」（wicked）「悪構造の」（ill-structured）政策問題の改善にほとんど役に立たなかった．そればかりではなく，公共政策学が民主主義を脅かす要因にさえなりうるとトーガソンは指摘したのである．

　このような状況に対し，「第三の顔」を目指す動きが政策研究者の内部から現れるようになった．これは，知識と政治がもはや決定的な敵対関係ではなくなるような可能性を示唆するものであり，具体的には，公共政策学の依拠する認識論として実証主義からポスト実証主義へと転換を図ると同時に，当初ラスウェルが構想したような「自動化の選好」から「創造性の選好」へと，また，「専制主義の政策科学」から「民主主義の政策科学」へと回帰しようとするものである．ここで言う公共政策学（政策研究）におけるポスト実証主義とは，モルケールによれば，その理論や実践において以下のいずれかあるいは複数の考え方に立脚するものである［Morçöl 2002］．1）政策研究のための知識は研究者の先入観や信念，価値観によって前提づけられ，歴史的・文化的・政治的文脈によって形成されている．2）政策過程やその分析過程を記述する言語によって生成される意味は社会的に構成されており，複数の解釈を認める．3）政策形成過程への参加者は事実，価値，理論や関心が統合されたフレームを通じて何が問題であるかを構造化する．4）政策研究における対象の観測不能性や不確実性，曖昧さを認めた上で，多様なデータや手法，参加者を利用した多角的な分析により方法論的バイアスを減少させる．5）政策は市民と意思決定者の民主的な交流において形成され，政治的制度をデザインし直すことで促進される．

このポスト実証主義が現代における公共政策学の主流の認識論的立場であり，その象徴的な方法論として登場したのが参加型政策分析である[7]．参加型政策分析とは，「技術的専門家が有する専門的知識に加え，市民が有する『普通の知識』を取り込み，言説と議論を基本的な媒体とした審議プロセスを経て政策問題の代替案を作成するという分析手法，もしくは分析的問題解決プロセス」[秋吉他編 2010]である．そこでは，政策研究者は，従来のように価値中立的な立場ではなく，政策決定者との議論のプロセスにおいて市民に対し助言や論証を与え，議論への参加を支援する役割を担うことになる[Durning 1993；秋吉 2013]．

4　公共政策学と公共人類学

4.1　「科学技術政策のための科学」の方向性

　さて，以上のような観点から日本における「科学技術政策のための科学」構想を改めて眺めてみるとどうであろうか．政策文書に書かれてある内容を字義どおりに捉えるならば，非合理な政治性を科学技術政策の世界から極力排除し，ゆくゆくは意思決定を知識によって代替しようとする態度のように思える．このままでは，トーガソンの言う「第一の顔」もしくは「第二の顔」の表れである，との誹りを免れることができないであろう．

　一方，日本が範にとった米国の「科学政策の科学」（SoSP）について，当時全米科学振興協会（AAAS）の科学・政策プログラムディレクターであったタイクは，米国議会下院研究・科学教育小委員会による公聴会において，次のように述べている[8]．

> 研究がなされたからといって，それが用いられることを意味しない．……分析は利用者の助けになるだろうが，同時に，政策立案者は研究や分析のみならず，有権者のニーズ，経済的・政治的配慮，国民の意見，国家的優先事項についての見解によって，意思決定を行っている．……政治は政策形成プロセスにおける混入物質ではない．それが結局のところ民主主義の本質である．

つまり，「科学技術政策のための科学」は政治にとって代わるものではなく，「客観的」なエビデンスは問題の解決を保証するものではない．その活動や成果は，政策過程の「合理化」や「自動化」にではなく，政策過程におけるよりよい議論を促進することに向けられるべきである，という考えである［福島・田原 2013］．

科学技術政策にせよその他の政策にせよ，社会問題に対する知識の無自覚な適用は，60年代の「偉大な社会」構想やPPBSの失敗例を引くまでもなく，結局のところ大きな失望へとつながっていくだろう．このままでは，科学コミュニティがますます危機的な状況に追い込まれていくことは想像に難くない．日本における「科学技術政策のための科学」には，知識と政治との関係のあり方についての反省的な検討が求められているといえる．

4.2 公共人類学との協働に向けて

公共政策学は，社会的な問題の解決における知識の生産と利用のあり方に関し，40数年来豊富な議論を積み重ねてきた．こうした議論の蓄積は，今まさに出現しつつある公共人類学の，そして，公共人類学者のあるべき姿を考える上での羅針盤となりうるであろう．また，「公共に資する」という意味において，公共政策学と公共人類学とが協働できる部分も少なくないように思われる．

まず，社会的問題の解決を図ろうとするならば，前述のように，「何が問題か？」についての定義が最も重要である．これに対する公共人類学の貢献としては，参与観察を通じて，問題や問題当事者のおかれた文脈を丁寧に紐解いていく，といったことがすぐに想起できる．参与観察により，これまで顕在化していないもしくは私的なものとしてしか認知されていなかった問題を公共のそれとして浮き上がらせることができる．ただし，公共政策学にせよ公共人類学にせよ，自らが生産する知識やその生産プロセスを通じて社会における諸問題に関与しようとするならば，これらの研究活動は人間の価値の領域に踏み込むものとなり，その成果はおのずと規範的な性格を帯びたものになる．公共政策学においては，人間の価値を扱う社会への介入もしくは関与の学問として，規範と方法が原理的に分かちがたいものである，との認識に立っているが，このことは方法の持つ「政治性」に自覚的であり続ける

ことの必要性を示唆している．方法としての参与観察も然り，であり，これに対し自覚的であるかどうかが「応用」を超えた公共人類学の「公共」たるゆえんの1つになるだろう．

　また，自覚的な関与としての参与観察の結果を，一研究者の問題意識を超えて社会的に解決すべきものとして浮上させるには，政策決定者もしくは問題解決手段を持つ主体に優先順位の高い問題として認知してもらう必要がある．ラスウェルと並ぶ公共政策学のパイオニアの一人であるドロアは，公共政策学が取り組むべき4つの研究領域の1つとして，「実現戦略」を掲げている［Dror 1971］．これは，公共政策学を実際の政策決定の改善に役立てるための手段や方法自体が重要な研究課題である，とする考え方である．公共人類学においても同様の取組が求められるが，この場合，公共人類学者は，活動家としての顔を持たざるを得なくなるだろう．さらには，政策立案や実施の過程において，問題定義が不当に歪められていないか，新たに深刻な問題を引き起こしていないかを批判的に検証していく監視者としての役割も期待される[9]．

　このように，公共人類学には参加型政策分析の重要な担い手としての役割が期待できる一方，これらの諸活動を公共人類学のみに求めることには大きく2つの点で困難がある．第一は，資源もしくは公共人類学の成立基盤に関わる問題である．公共政策学がそうであるように，公共人類学においても社会問題の解決に寄与することが第一義的に求められるとするならば，研究それ自体や研究者としての業績の評価に多くの困難が伴う．「モード2」としての科学研究は，「必ずしも個別のディシプリンの知識体系の発展には寄与しない」［Gibbons *et al.* 1994（小林監訳 1997）］からである．つまり，公共人類学者としての実践の結果が論文という研究者としての成果に必ずしもつながらない中で，実践者と研究者という二重生活を送ることにはリソース上の限界がある．公共人類学の「市場」がほとんど大学のみである場合，特に安定的なポストを得る前の若手研究者にこのようなスタイルの活動を求めることには無理があるだろう．

　第二の困難は，公共人類学の専門性に由来するものである．公共人類学は，フィールドワーク等を通じて問題の構造化に寄与する一方，それに対する解決策をデザインする構成的な方法論を持ち合わせていない．問題の構造化と

解決策のデザインは不可分であるため，たとえば，前者を公共人類学が，後者を公共政策学がそれぞれ担うといった明確な役割分担はそもそも困難である．

それでは，このような課題に対し，どのように対処していけばよいだろうか．まず第一の課題に関して，大学が公共人類学の「市場」の大部分を占める状況では，やはり「モード1」的な評価基準をとらざるを得ないだろう．したがって，公共人類学者が活躍できる場を多様化させると同時に，「市場」を拡大していく必要がある．

第二の課題について考えられる処方箋としては，「実践のコミュニティ」を構築していくことである．米国の「科学技術イノベーション政策の科学」においても，関連する多分野の研究者で構成されるコミュニティの構築に加え，こうしたコミュニティと政策実務家との間での橋渡しの重要性が強調されている．政策実務家や問題当事者，公共政策学者との知識交流は，公共人類学に対して研究と実践のタネを提供してくれる格好の機会ともなりうる．

しかしながら，これらの取組は，一朝一夕に実現できるものではない．公共人類学には，40数年来の歴史を持つ公共政策学がいまだにそしてこれからもそうであるように，自らを運動それ自体として自覚しつづけるとともに，学としてのあり方を再帰的に見つめ直しつづけるという不断の努力が求められるのである．

注

1) 「科学技術イノベーション政策における『政策のための科学』基本構想（案）」（平成23年5月16日，文部科学省政策科学推進室）．(http://scirex.mext.go.jp/download/pdf/abo_kousou.pdf)
2) こうした歴史的経緯については，[宮川 1994] に詳しい．
3) ドロアは，政策関連領域に含まれるディシプリンとして，23種類をリストアップしている [Dror 1983（足立監訳 2006）]．
4) 実際，ラスウェルが「出現しつつある科学」[Lasswell 1970] として政策科学のコンセプトを提示してから40年以上が経過した現在においても，「政策科学とは何か」を巡っての論争がある．たとえば，『政策科学』(The Policy Sciences) 第37巻3-4号では，「政策科学の将来に関する討論会」と題する特集が組まれている．そこでは，政策運動の中での，そして，政策運動それ自体としての政策科学を再帰的に振り返り，これからの政策科学のあり方について多くの問題提起がなされている．

5）当然のことながら，これらの3つの顔は，歴史的，時期的に明確に区分されるものではない．
6）今日において，実証主義という認識論を正確に定義づけることは難しい．その理由の1つとして，フィッシャーが指摘するように，いろいろな形で「偽装」が施されているからであり，現代の社会科学においては，新実証主義もしくは論理経験主義という形として大雑把に把握することが可能である［Fischer 2000, 2003］．これらは，程度の差こそあれ，政治的な自由裁量といった非合理な側面を極力排除・縮小し，科学的な方法による合理的な意思決定を求めるといった「自動化の選好」を志向している点で共通しているといえる［Lasswell 1955；上原 1999］．
7）ドレオンは，科学技術政策の文脈で開発されてきた市民陪審やコンセンサス会議を，参加型政策分析の発展に向けた重要なステップである，と位置付けている［deLeon 1990］．
8）2010年9月23日，米国議会下院研究・科学教育小委員会は，科学技術政策研究の現状，この研究がどのように政策形成に伝わっているか，この出現しつつある学際領域におけるアカデミックな研究と教育を強化するにあたって連邦政府はどのような役割を果たすべきかについて精査するために，公聴会を開催した．この公聴会には，タイクのほか，全米科学財団 SciSIP プログラムディレクターである J. レーンなども証人として呼ばれている．
9）　秋吉は，マジョーンの議論を引き，公共政策学においては「決定論パラダイムでの実証主義的政策分析による問題解決ではなく，参与的観察をもとにした反省的対話を繰り返していくことの重要性が共通認識として形成されてきた」とする［Majone 1989；秋吉 2013］．ただし，研究者に対して意思決定者から参与観察の機会が与えられることはめったにない．ダーニングが指摘するように，多くの政策分析はクライアント（意思決定者）の要求に基づいて行われる一方，その認識論的な基盤であるポスト実証主義が，政策決定の根底にある規範的，理論的前提について，さらにはクライアントの所属する組織自体について，批判的に検討することを要求するからである［Durning 1999］．

参照文献

足立幸男（2005）「序章　公共政策学はいかなる学として成り立ちうるか」『政策学的志向とは何か――公共政策学原論の試み』足立幸男編著，pp. 1-18，勁草書房．
秋吉貴雄（2013）「『科学技術イノベーション政策の科学』と公共政策学」『研究技術計画』28（1）：37-48．
秋吉貴雄・伊藤修一郎・北山俊哉編（2010）『公共政策学の基礎』有斐閣．
Cozzens, Susan (2001) Autonomy and Accountability for 21st Century Science, *Science, Technology and Governance*, John de la Mothe ed., pp. 104-115, New York: Pinter.
deLeon, Peter (1990) Participatory Policy Analysis: Prescriptions and Precautions, *Asian Journal of Public Administration* 12 (2): 29-54.

Dror, Yehezkel (1971) *Design for Policy Sciences*, New York: American Elsevier Publishing Company Inc.

Dror, Yehezkel (1983 [2006]) *Public Policymaking Reexamined*, New Brunswick, N. J.: Transaction Publishers.［『公共政策決定の理論』足立幸男監訳，ミネルヴァ書房］

Durning, Dan (1993) Participatory Policy Analysis in a Social Service Agency: A Case study, *Journal of Policy Analysis and Management* 12：297-322.

Durning, Dan (1999) The Transition from Traditional to Postpositivist Policy Analysis: A Role for Q-Methodology, *Journal of Policy Analysis and Management* 18 (3)：389-410.

Fischer, Frank (2000) *Citizens, Experts, and the Environment: The Politics of Local Knowledge*, Durham: Duke University Press.

Fischer, Frank (2003) *Reframing Public Policy: Discursive Politics and Deliberative Practices*, Oxford: Oxford University Press.

福島真人・田原敬一郎 (2013)「『科学を評価する』を問う——特集にあたって」『科学技術社会論研究』10：9-15.

Gibbons, Michael *et al.* (1994 [1997]) *The New Production of Knowledge: The Dynamics of Science and Research in Contemporary Societies*, London: Sage Publications.［『現代社会と知の創造——モード論とは何か』小林信一監訳，丸善ライブラリー］

Kimball, Allyn W. (1957) Errors of the Third Kind in Statistical Consulting, *Journal of the American Statistical Association* 52 (278)：133-142.

木下貴文 (2005)「第1章　政策学の自己像の再定位をめざして」『政策学的志向とは何か——公共政策学原論の試み』足立幸男編著，pp. 25-51，勁草書房.

小林秀徳 (1999)「第1章　政策分析の方法論の諸問題」『わが国の政策決定システムに関する研究（第Ⅱ期）（上）——政策科学と市民参加』(NIRA 研究報告書)，pp. 33-50，総合研究開発機構.

小林信一 (2011)「科学技術政策とは何か」『科学技術政策の国際的な動向［本編］』（国立国会図書館調査資料 2010-3），pp. 7-34，国立国会図書館.

Lasswell, Harold D. (1951) The Policy Orientation, *The Policy Sciences: Resent Developments in Scope and Method*, D. Lerner and H. Lasswell eds., pp. 3-15, Stanford: Stanford University Press.

Lasswell, Harold D. (1955) Current Studies of the Decision Process: Automation versus Creativity, *The Western Political Quarterly* 8：381-399.

Lasswell, Harold D. (1970) The Emerging Conception of the Policy Sciences, *Policy*

Sciences 1 (1): 3-14.
Lasswell, Harold D. (1971) *A Pre-View of Policy Sciences*, New York: Elsevier.
Majone, Giandomenico (1989) *Evidence, Argument and Persuasion in the Policy Process*, New Haven: Yale University Press.
Marburger III, John H. (2005) Wanted: Better Benchmarks, *Science* 308 (5725): 1087.
McCool, Daniel C. (1995) The Theoretical Foundation of Policy Studies, *Public Policy Theories, Models, and Concepts: An Anthology*, pp. 1-27, Prentice-Hall.
Mervis, Joel (2005) Marburger asks Social Scientists for a Helping Hand in Interpreting Data, *Science* 308 (5722): 617.
宮川公男 (1994)『政策科学の基礎』東洋経済新報社.
Morçöl, Göktuğ (2002) *A New Mind for Policy Analysis: Toward a Post-Newtonian and Postpositivist Epistemology and Methodology*, Westport, Conn.: Praeger.
Nelson, Richard R. (1977 [2012]) *The Moon and the Ghetto: An Essay on Public Policy Analysis*, New York: W. W. Norton & Company.［『月とゲットー──科学技術と公共政策』後藤晃訳，慶應義塾大学出版会］
Torgerson, Douglas (1986) Between Knowledge and Politics: Three Faces of Policy Analysis, *Policy Sciences* 19 (1): 33-59.
上原拓郎 (1999)「補論　解釈学の試み──政策と科学のリンケージを求めて」『わが国の政策決定システムに関する研究（第Ⅱ期）（上）──政策科学と市民参加』（NIRA 研究報告書），pp. 71-81，総合研究開発機構.

11 災害の公共性

木村周平

1 はじめに

　2011年3月11日に発生した東日本大震災は，東北地方および関東北部の太平洋沿岸部を中心に，日本において，あるいは世界において，大きな影響を与え続けている．震災直後，「いま私たちにできること」という言葉が，マスメディアから日常会話まで，至るところで発された．それは人類学でも同様であった．特に日本をホームあるいはフィールドとする人類学者において，この災害に対していったい何ができるのかという問いは差し迫ったものであったし，現在でもそうだといえる［e.g. 市野澤他 2011］．

　震災で多くの人類学者は戸惑い，立ち止まり，即座には反応できなかった．だが，時間がたつにつれ，震災について話しあう場がもたれるようになり［e.g. 比嘉他 2011］，複数の書籍が出版されたり，学会誌で特集が組まれたりするなど［林・川口編 2013］，少しずつ動きが現れつつある．本章はそれらを背景に，災害の公共人類学のあり方について論じるものである．以下，前半では今まで行われてきた人類学からの災害に対する取組みについて整理し，後半では筆者の経験を提示し，それを再帰的に考察することを試みる．

　「公共」をめぐっては，20世紀後半から，H. アレントやJ. ハバーマスらに代表される多くの論者が議論を展開してきた．一般に公共圏は，価値を異にする人々の間のコミュニケーションの空間であり，それを通じて政治的な意見形成がなされるアリーナとしてイメージされる．公共的なものとは，そのアリーナの明るみのもとに引きだされ，議論の対象となるイッシューを指すが，何がそうしたイッシューであるのかは自明ではない．それまで特定の人々の私的あるいは特殊な問題とされてきたイッシューに光を当て，より広

く関心を共有し，社会全体が関わる問題として定義し直し，議論し，解決を目指すことができるようにするということは，人々がよりよい生を生きるためにきわめて重要な営為である．

　公共人類学とはまず，こうした営為に対して人類学の立場から貢献しようとする試みだと言えよう．R. ボロフスキーは，公共人類学のポイントを，現代社会が抱える問題に対して取組み，また狭い業界を越えて，広い聴衆に向けて語るものだとする［Borofsky 2000］．それは従来から存在する応用人類学と違い，取組むべき問題の解決策を模索するだけでなく，その問題構成のあり方を問い直すという理論的営為もそこに含まれる［Borofsky 2011］．加えて，L. E. ラシッターは，公衆「に向けて」ということに加え，「と共に」というあり方，例えば協働的な民族誌作成を提案する［Lassiter 2008］．こうした議論を踏まえれば，公共人類学は言葉を通じて問題を可視化する――その核には民族誌を書くことがある――という従来の人類学のあり方をもとにして，それをどのように／どの方向に発展させていくかを，実践的／実験的に考えていくものだと言えるだろう．

　ただし，そうした姿勢は，必ずしも誰からも好意的に受け取られるわけではない．テーマによっては，なぜ（他でもない）「人類学が」書く（必要がある／べきな）のかという，1980年代の「表象の危機」で提起された問いが形を変えて再び現れることにもなる．とりわけ，本章で扱う災害という問題においては，研究にせよ実践にせよ，もし取組むのであれば当然，被害の軽減に役立つべきだということが前提視されている．そのため，そもそもフィールドワークや民族誌作成など，とかく成果を出すのに時間のかかる"スロー・サイエンス"［Numazaki 2012］である人類学から書くこと，また被災地にとって多くの場合「よそ者」である人類学者が書くことに対して，様々な形でネガティブな反応を受けることもあるのである．災害の公共人類学は，すでに確立した研究ないし実践のあり方があるのではなく，こうした問題に対して実践的に（つまり人類学者自身の試行錯誤を通じて）応えつつ，模索されるべきものなのである．

　次節ではまず，人類学者がこれまで行ってきた実際の関わりについて見てみる．

2 災害と公共人類学

2.1 災害の長期的なプロセスを記述する

　人類学（者）と災害の関わりは「公共人類学」という名前が現れるよりも以前から行われてきた．そこでの中心は，発災後の現場（特に被災者）への長期的な関わりをもとにした記述と分析を通じて，外部者が現場で何が起きているのかを，あるいは被災者が自分の置かれた状況を理解するのに役立てたり，あるいは被害が生み出される背景を明らかにして次の災害に備えたりする，ということであった［木村 2013a：序論］．

　代表的なものを挙げれば，自然災害に関しては，もともとのフィールドが 1970 年のペルー地震で被災したために復興支援に関わり，復興における様々な問題や地域の社会変化を描き出した A. オリヴァー＝スミス［Oliver-Smith 1986］，同様に 1991 年のフィリピン・ピナトゥボ山噴火によって被災したアエタの人びとを支援し，彼らが自覚的な先住民へと変化を遂げていく様子を描き出した清水展［2003］，2005 年のハリケーン・カトリーナの復興に関わる公的な仕組みがいかに被災者を苦しめるに至ったかを記述する V. アダムス［Adams 2013］らのモノグラフがある．また人為災害に関しては，1984 年のインド・ボパールでの多国籍企業の化学工場爆発事故の女性被害者グループの支援活動に関わり，その様子をアメリカとインドを往復しながら実験的な手法で描いた K. フォータン［Fortun 2001］，1986 年のチェルノブイリ原発事故後のウクライナで被災者がどのような政治的・経済的・社会的・医学的な状況に置かれたのかを記述する A. ペトリーナ［Petryna 2003］，人類学の教育を受けたジャーナリストとして，アラスカで 1989 年に起きたエクソン・ヴァルディーズ号の原油流失事故が現地社会に与えた被害を告発し続ける G. バットン［Button 2011］らのモノグラフがある．

　いずれも災害の発生から数年ないし 10 年以上に及ぶ長期の調査にもとづく民族誌であり，特定の分析枠組に事例を当てはめるのではなく，具体的な記述を通じて，世間で流通する分かりやすい図式では見えてこない複雑な現場のあり方や問題の構成を浮かび上がらせるものである．つまり，スローであることを逆手に取り，関与し続けることをむしろユニークな価値としているのである．それらは記録的な重要性をもつだけでなく，その災害がいまだ

続いていることを読者に思い出させると同時に，語り手としての著者が媒介となることで，その災害を遠く離れたところの出来事としてではなく，アクチュアルな問題として読者に捉えさせようとする[1].

もちろん学術書としての体裁（言葉遣い，先行研究の参照や煩雑な註，価格帯など）から必ずしも実際に多くの読者を獲得しているわけではない．しかし彼らが目指したものは狭い業界に向けてだけではなく，公共に向けて書くことであり，民族誌を公刊する以外にも様々な機会に発言を行っている．その意味で，例えば水俣病を扱った『苦界浄土』[石牟礼 2004] や，1995年の地下鉄サリン事件被災者のインタビューを集めた『アンダーグラウンド』[村上 1999]，東日本大震災の釜石の遺体安置所の緊張感あるドキュメンタリー『遺体』[石井 2011] らの，災害を扱う良質のジャーナリズム的・文学的な作品と地続きにあると言ってよいだろう．

2.2 被災者・被災地に関与する

上ではモノグラフという，ある意味で完結した作品に結実した関与に注目したが，そうした形に必ずしも至らない現地への人類学者の関与（commitment/engagement）について，今回の震災に関してたまたま筆者の知るところとなったものについても紹介したい[2].

ひとつめは東日本大震災の被災地に赴きボランティア活動を行うというものである．このかたちでの関わりは多数に及んだと思われるが，おそらくその大部分は人類学者としてというよりは市民として行ったものであり，それについての人類学的な記述や考察は多くない [cf. スレイター 2013].　また日本で暮らす，自らの調査言語の話者に向けて（ないしその人々と協働して），原発問題を中心に災害情報翻訳ウェブサイトを立ち上げ，運営する例や，教会などのネットワークを通じて，持続的な支援活動を行っている例もある（やはり記録は多くない）．

次に多いものとして，専門家としての被災地支援がある．これは被災文化財の保全・修復活動が第一に挙げられるだろうが，それに関連して，人類学の専門知ないし親しんだ調査法を応用しながら被災地の現状把握を行った事例もある．例えば高倉浩樹らは，宮城県職員の小谷竜介と共に，宮城県内で被災した民俗芸能の支援を念頭に置いた委託調査を行ったが，彼はこれをサ

ルベージ人類学の系譜に位置づけたうえで肯定的な評価を与えている［高倉 2013］．

　加えて，人類学的な知見と被災地支援とをつなげようとする試みもある．例えば橋本裕之はそれまで民俗芸能に関する研究や実践（行政の委員など）を行ってきたことをもとに，岩手県の民俗芸能団体の支援に奔走し，再建支援獲得のための申請書作成から観光客誘致のためのプロジェクトまで幅広い活動を行っている［橋本 2012］．内尾太一［2013］は自身が関わる NPO の活動のなかで「公共人類学」として仮設住宅での子どもの学習支援を行い，またそこで起きた出来事を人類学の概念を利用して分析している．丹羽朋子は，それまで中国で行っていた研究とのつながりで南三陸町の「きりこ」という伝統的な紙細工に出会い，それに関わる女性たちの支援活動を行っている［丹羽 2013］．中原聖乃はアメリカの水爆実験で被ばくしたマーシャル諸島の人々についての 15 年以上にわたる調査［中原 2012］をもとに福島第一原発事故について発言を続けている．この他にも，環境を研究してきた立場から原発を含めたエネルギー問題に対して，あるいは難民を研究してきた立場から避難の問題に対してなどの発言も少なくない．

　災害は，被災者自身に加え，行政，警察や消防，医療関係者，NPO／NGO，ボランティア，マスメディア，そして様々な分野の研究者と，きわめて多様な資格と資質をもった人々が，「被災者のため」「被災地のため」という形で緩やかにのみ共有される目的のもと，個別の具体的な問題に対し，実際には時に連携し，時に対立しながら関わりあう場である．そうしたなかで人類学者は，ディシプリンとしての専門知を生かしてというよりも，研究者の個別的な経験を手掛かりにして，現地に関与してきたと言える．上記の事例を見ても，これらだけで人類学者は被災者に対してないし被災地で大いに役立っていると胸を張って言うことができるわけではないし，また持続的な活動のなかにも，半ば偶然的に現地での受け入れ先が見つかったから行いえたものも少なくない．しかし，人類学「だからこそ」できることがある，とは言えないまでも，人類学「にも」できることはある，と言うことはできるだろう．必要なことは，ここで紹介したような動きを失敗も含めて蓄積し，今後の取組みのための手掛かりとすることである．

　その点も含め，人類学を学ぼうとする人々に対して，いかに災害について，

また災害との関わり方について教えるかということも，重要なポイントである．これについては，川口幸大らによる調査実習の記録［川口他 2013］や，国際的なプロジェクトとしての「Teach 3.11」もある[3]．

以上，これまでの災害に対する人類学からの取組みについて整理した．次節では筆者らの関わりについて紹介するとともに，公共人類学ということについて考えたい．

3　公共人類学の試み

3.1　まちづくりへの関わり

筆者らは2012年2月頃から岩手県大船渡市のある地区（以下では前浜地区と呼ぶ）の復興の動きに関わるようになった．筆者自身は震災の3ヶ月後ごろから断続的に大船渡を訪れていたが，この時たまたまこの地区の仮設住宅での市役所職員による高台移転の説明会に居合わせ，そこで仮設住宅の自治会のメンバーと知り合ったことがきっかけだった．筆者はそこで，自治会メンバーから地区の復興委員長を紹介され，復興まちづくりへの支援を打診された．これに対し筆者は，当時の同僚である都市計画研究者に共同での支援を持ちかけた．そしてその月のうちに同僚にもこの地区に来てもらい，自治会メンバーらと意見交換を行った．さらに別の大学の都市計画研究者にも参加してもらい，以後，月に2度はこの3人のうちの誰かが前浜地区に来るというようなペースで活動を開始した．

活動の開始時期において，復興委員会の我々に対する要望はそれほど具体的なものではなかった．彼ら自身はすでに具体的な内容を盛り込んだ要望書を市役所に提出しており，個々の項目の実施には強い熱意を持っていたが，それ以上には何をすべきなのかについてはそれほど明確ではなかった．我々は，将来に向けた地区全体の復興の計画づくりをしていきたい，という委員長の言葉をもとに，要望書で示された諸項目をうまく相互に関連づけるかたちで，10年後を見据えたまちづくりの指針を作っていくこととした．ただ関わり始めたとき，できるだけ早く仮設住宅を出たいと望む仮設自治会の考え方と地区全体の復興委員会との考え方の間に距離があるように見えた．そのため，我々はまず，仮設の問題をできるだけうまく地区全体の計画に位置

づけながら，行政が進める事業としての集団移転などを実施に近づけていこうとした．これに関して，中越地震などの経験をもとに防災集団移転の制度に関するノウハウをもつ都市計画研究者の果たした役割は重要であった．彼らが中心になり，定期的に行政の担当者と話し合いをして情報を共有するとともに信頼関係を築きながら，地区の人々にアドバイスし，市内でも比較的早い時期に国に対して集団移転の実施申請をすることができた[4]．

　地区全体の計画づくりに関しては，どちらかと言えば地区の人々の考えに沿うより，都市計画研究者がより具体的な項目を設定し，それに向かってリードしていく形をとった．その理由は，復興委員会が要望していること以外にも必要なことがあると考えたことと，復興委員会は地区の人々を代表してはいるが，そこに十分意見を反映させられない人々もいるのではないか，と考えたことである．そのため復興委員会の意向を尊重しつつも，その下に作業部会をつくることを認めてもらい，ミーティングを決まったペースで開き，集落ごとの意見や，女性の意見，若い人々の意見などを聞いていった．その過程では都市計画研究室の学生を動員して地図模型を製作して持ち込み，それを囲んでワークショップを行うことで当事者の意見をできるだけ引きだし，定期的に「まちづくりニュース」を発行・配布することで復興委員会が行っていることを地区の人々とも共有した．

　こうした活動は試行錯誤の連続であったが，都市計画研究者たちはそれまで行ってきたまちづくり活動の経験を生かし，少し先を読みながら計画を立て，実際の進捗や現地での反応によって微調整しつつ，活動を進めていった．このようなふるまいは人類学者が現地の人々が語ることやすることに後からついていこうとするのと対照的だといえる．

　このような形での地域との連携活動は我々の予想以上にスムーズに進んだ．これは都市計画研究者が区画整理や防災集団移転等の制度をよく知っていたことや，市内の他の地域を支援しているチームと知己であり情報共有もできたこと，行政とも信頼関係を築くことができたことが大きかったと言える．それと比較すると，震災以前からこの地域と関わりがあったわけでもない筆者は全くの素人であり，できたことといえば，ミーティングやそれ以外の場面でフィールドノートの要領で記録を取ったり，市史などの資料を読んだりしながら，彼らが見逃していた情報や，我々の活動に対する地区の

人々の反応や考え，地区の歴史的経緯などを補足することぐらいであった[5]．また，まちづくりのミーティングのペース（月に1-2回，1回の現地滞在は長くて2泊3日程度）に従いながらでは長期滞在型の参与観察ができないということも，筆者にとっては悩みであった．とはいえ，下手にできもしない約束をしたり，住民と行政の対立を煽ってしまったりするよりは，こうしたどちらかと言えば消極的な関わり方も結果的には悪くなかったと考えている．

　地区の復興まちづくり計画は「だらだらやるよりは，1年ぐらいで（住民も関心の高いうちに）作ってしまうほうがよい」という都市計画研究者の考えのもと，集落ごとの方針と計画図を作成し，2013年前半に復興委員会の承認も得て一応完了した．しかしこれで終わりなのではなく，本章執筆時点では，(1) まちづくりのなかで実際に進みつつある重要な案件（防潮堤の高さや形態についての要望，漁港付近の土地利用整備のための漁業集落防災機能強化事業の導入など）について，地域の意向をまとめつつ行政と折衝するという時間のかかる活動と，(2) 地区の過去の記録化，という2つの方向性をもって進められており，今後も，地区の復興委員会の協力のもと研究助成等に応募したりして活動資金を得ながら，5年，10年と関わり続けるつもりである．

　このうち筆者が主に関わるのはやはり (2) になるのだが，これは集落ごとに聞き取りを行い，震災までの暮らしがどのようなものだったかを再構築しつつ，将来に向けた地域のイメージを形成するというものである．これに関して，本章執筆時までに2回（2013年3月と8月），我々のチームのメンバーが属する大学に在学する大学院生・学部生10人程と共に，一週間ほど地区に泊まり込み，集中的な調査を行った．このうち3月は比較的小規模の集落で，主に昭和三陸津波から現在に至る間の生業や集落組織の歴史，各世帯の職業の変化やすまいの場所の変遷，震災時の地区での対応などを調査した．その成果をまとめる際には，調査で見えた集落内部での対立にも見える行為を「適切な距離を取ること」として肯定的に捉え直しつつ，聞き取り内容を幾つかの項目に整理し，項目ごとにひとつの「教え」を抽出してパンフレットにまとめ，地域の方々に提供した．

　以上，わずかにではあるが，菅豊［2013］の言う「オートエスノグラフィー」的に筆者の関わりを記述した．ここから明らかなように，人類学者で

ある筆者は，自らの専門的知識・技能をもとに試行錯誤を通じて関わりを切り開いていく都市計画研究者の傍らで，そして地域の人々や行政などとの関わり合いのなかで，まごつきながら自分のポジションと連携のあり方を模索してきた．それが今までどのぐらい「役立った」かは心許ない．しかしここからは，様々な立場の人々の間での試行錯誤を通じて，「復興」とひとまとめにされるプロセスが持つ，きわめて複雑な様相が見えてきたことも確かである．そうした立場から，彼らを取り巻いて見え隠れする大小様々の出来事や思いに光を当て，相互に対立を生じないような形で共有可能にしていくことが，「私たちにできること」のひとつであろう．

3.2 公共性とは——見えるものと見えないもの

　災害と公共性を考えるために，この地区で出会ったあるエピソードについて記しておきたい．

　2013年3月も末に近づいた，しかしまだ寒いある日，筆者はこの地区の駅前に設置された震災記念碑の除幕式に参加した．当日，教えてもらった時間に駅前に着くと，すでにスーツ姿の，主に中高年の男性たちが50人近く集まっていた．筆者は目についた知り合いに挨拶し，ロータリーに設えられたパイプ椅子のひとつに坐った．駅舎の壁面には紅白の幕がかけられ，幕と我々の間には土台以外を白い布で覆われた記念碑が鎮座していた．

　しばらくするとにこやかに市長が到着し，式典が始まった．緊張した面持ちで司会をしたのは復興委員会の比較的若手のメンバーのAさんであった．全員で黙禱した後，彼は開会の挨拶のために復興委員会副委員長を演台に招いた．挨拶が終わるとさっそく除幕式となった．Aさんが市長，この記念碑を寄贈した団体（以下B協会と呼ぶ）の代表ら，そして復興委員会から数名の名前を挙げると，彼らが前に出て，二手に分かれて除幕の紐を引いた．会場からの拍手と共に，覆いの下から日時計を模した石のモニュメントが現れた．正面から見るとアルファベットのTの逆さの形をし，土台は半円形で直径5メートルほど，高さ（日時計の針の部分）も2メートル近い．遠くからでも目立つモニュメントである．この針の背には，震災後とみに有名になった「津波てんでんこ」の文字が大書され，さらにより小さな字で，「一刻も早く高台に避難せよ／逃げたら絶対にもどるな／自分の命は，自分

で守れ」のような文章が記されている．そして台座には，被害者数や被害家屋数，各集落の浸水状況や，この碑を作った関係者の名前が記載されていた．

　除幕の後は復興委員会委員長，市長，B協会の代表らが順にスピーチをし，お祝いと感謝の言葉が行き交った．B協会代表はスピーチのなかで臨席していた記念碑のデザイナーに水を向け，デザイナーはこの碑が過去と現在の邂逅を示すものなどと意匠を説明した．最後に市長からB協会に感謝状が贈られると式は終了になり，市長やB協会関係者らはメディアからの取材を一通り受けると帰っていった．

　その後，公民館で昼食会が開かれた．我々も招かれたが，これは復興委員会を中心に，ほぼ地元の人だけの集まりであった．我々の隣席には地元の石材店の方が座っていたが，彼らの参加には理由があった．実はこの除幕式の前に，もう1つの式典があったのである．それは今回の震災で壊れてしまった，昭和8（1933）年の津波の石碑の修復を記念する式典であり，こちらは駅から歩いて5分ほどの，小学校の向かいの少し小高く丘になった場所で，神官を招いて行われた．そしてこの碑の修復を無償で行ったのがこの石材店だったのである．昼食を摂りながら彼らは，震災で倒れたり損壊したりしたこの地区の墓石を無償で修復したことを話してくれ，そうした行為を自ら「目に見えないボランティア」なのだ，と語った．

　駅前の記念碑の計画が立ち上がったのは2012年秋ごろのことだった．復興委員会として何か目に見える「成果」が欲しい，と思っていた復興委員会のメンバーがB協会の広告を見つけ，問い合わせをした．B協会からはすぐに快諾の返事が来た．

　しかし，B協会はおそらく数百万円は下らないこの記念碑を寄贈する代わりに，デザインや設置場所，完成期日などの点で制約をかけた．例えば設置場所について，復興委員会側は，今回修復された昭和8年の津波碑と同じ丘に置きたいと主張した．この場所は明治29（1896）年の津波に関する石碑も置かれており，地区の歴史のなかでひとつの結節点となりえると思われたからである．しかしB協会は，せっかく碑をつくるのだからより人目にふれる場所がよいとやんわり拒否し，「人の出会いと別れの象徴」などの意味も込めて，駅に置くことにしたのである．

以上のエピソードから何が見えるだろうか．もちろん筆者の意図はB協会を批判することにはない．高額の支援は誰にでもできることではないし，式典に参加した住民たちが示した感謝の意は決して偽りのものではない．そうではなくここで注目したいのは，この記念碑が，この地域を取り巻く人々や事物の関係性を，きわめてニュアンスに富んだかたちで可視化しつつ不可視化しているということである．外から駅前を訪れる人々は，この現代版の津波碑を見て震災を想起し，刻まれた「津波てんでんこ」などを通して教訓を受け取るだろう．しかし，そのまなざしには「地区津波浸水域」に記述されている「C家の庭」や「D商店の床下」はほとんど意味をなさないだろう．また駅前という「人目につく」場所は，記念碑と過去の津波の石碑とのつながりを，そしてそれを修復した「目に見えないボランティア」を，文字通り見えなくするだろう．そしてこの碑をデザインする時点でまだ気持ちの整理がついていないために碑に死者の名前が刻まれるのを拒んだ遺族の思いもやはり，可視化されないままにとどまっている．このひとつの記念碑は，それを見るものの立場に応じて，複数のしかたで記憶や教訓を喚起するのだ．

　本章の「はじめに」でも述べたように，公共人類学は，あるイッシューを可視化することに資するものだが，そこで目指すべきことについて，この記念碑がはらむ，可視化されるものと隠されるものの折り重なりは，きわめて示唆的であるように思える．人類学が行うのは，対象に強い光を当て，白と黒，問題とそうでないもの，善と悪などの境界線をくっきりと画定することではない．そうではなくむしろ，現場における複雑な関係性や差異の繊細さをできるだけ損なわずに照らし出す，ニュアンスのある明るみなのではないだろうか．

4　おわりに

　「公共的でなければ，滅亡」で知られるJ. ピーコック（本書「はじめに」参照）は，入門書『人類学というレンズ』[Peacock 1986]において，人類学を「強い光」（harsh light）と「ソフト・フォーカス」という，一見すると対立的だが実際は相互補完的なイメージで説明する．前者は人類学的調査がなされる厳しい野外の環境，あるいは人間の本性を明るみに出そうという情熱を

指し，後者は，対象を背景から切り離さずに捉えようとする全体論的な見方を指す．筆者はこの説明に完全には賛同しないが，これをもじって「ソフト・ライトとしての公共人類学」と言うことで，本章の主張を明確にしたい．公共人類学は，通常の，対象を観察するものとしてのレンズと違い，対象に光を当てようとする．そしてその光は，対象を背景とともに描き出すが，何かしらの閉じた全体の存在を前提とせずに，より多様なものが視野に入るよう，少しずつ脈絡を付け加えていこうとする．

考えてみれば，第3節の事例で都市計画研究者たちが行っていたこともまた，可視化のプロセスである．彼らは地図模型や地図を作り，ワークショップを開催することで，個々の人が考えや希望などを言語化しやすい状況を作り，また「まちづくりニュース」を配布することで，人々が情報を共有し，話し合いが可能になるようにしていた．公共圏が人々のコミュニケーションの場であるとすれば，彼らが行っていたのは，そうした「場」を生み出すための，言ってみればインフラ整備のプロセスだといえよう．そしてこのことは，「ソフト・ライト」という比喩で示す公共人類学の記述や実践にも当てはまる．そこで目指されるのは，言葉と行為を通じて，現場の内外にある様々な経験や能力，モノなどをつなげていくことで，それぞれが相互にあたかも間接照明のように照らし合い，人々が出会い，共に活動することのできるような場を作り上げることである．

いま，被災地では生活インフラの再建が大きな問題となっている．巨大な堤防，道路や鉄道，あるいは漁港施設の整備．それらは画一的な仕方で，支援すべき対象とそうでないものを画定し，海と陸を分断し，人々の生活と「復興」とを結びつける．人類学が目指すのは，それらとは明らかに方向を異にする，別の「公共インフラ」を通じて，災害と共に生きる人々の生の豊かさに資することである．

［謝辞］第3節で記述した活動に関して，東北大学災害科学国際研究所，トヨタ財団，および日本学術振興会から支援を得ました．記して感謝の意を表します．

注

1) このことを，災害発生後2年という，人類学者による著作としては例外的に早く公刊された『被災後を生きる』［竹沢 2013］と比較すると興味深い．この著作は東日本大震災時の岩手県大槌町や釜石市などでの避難所運営やまちづくりの進められ方をきわめて具体的に記述しているが，それによって，より実践的な，つまり一般的な意味でより「役に立つ」教訓を導いている．当然のことではあるが，出版の時期や書き方によって届く読者層やメッセージが変わってくることを改めて認識する必要がある．

またこれに関連して，防災研究者によって阪神・淡路大震災以後に進められてきた「災害エスノグラフィー」［林・重川・田中 2009］もある．これは現場でどのような問題が発生し，当事者はどう対応したのかについて，行政の担当者などに半構造的インタビューを行い，文章に起こしたものである．それを読むことで災害を経験したことのない人が状況を理解し，表に出ないノウハウを学ぶのに役立てようとするもので，実際に自治体の研修でも使われている．

2) 東日本大震災以外の関与としては，阪神・淡路大震災後の多文化共生への動きが知られている．また菅豊［2013：189-190］によれば，アメリカのハリケーン・カトリーナの被災地ニューオーリンズにおいては，民俗学者C. リンダールが中心となり，被災者自身も聴き手となって被災体験を収集・記録する活動が行われているという．

3) Teach 3.11 — a teaching resource for scholars and educators（http://teach311.wordpress.com/）

4) このプロセスの詳細は拙論［木村 2013b］で取り上げた．共同で活動する都市計画研究者も複数の媒体でこの地域でのかかわりについて発表・報告しているが，そちらでは地域名を公にしているため，本章では引用を避けた．

5) こうしたフィールドノート的記述が他分野との協働に役立つ場合がある［飯嶋 2012］．

参照文献

Adams, Vincanne (2013) *Markets of Sorrow, Labors of Faith: New Orleans in the Wake of Katrina*, Durham: Duke University Press.

Borofsky, Robert (2000) Public Anthropology: Where To? What Next?, *Anthropology News* 41 (5): 9-10.

Borofsky, Robert (2011) Defining Public Anthropology: A Personal Perspective (2007). (http://www.publicanthropology.org/public-anthropology/ last access: 2013. Oct. 20)

Button, Gregory (2011) *Disaster Culture : Knowledge and Uncertainty in the Wake of Human and Environmental Catastrophe*, Walnut Creek, CA: Left Coast Press.

Fortun, Kim (2001) *Advocacy after Bhopal : Environmentalism, Disaster, New Global Orders*, Chicago: The University of Chicago Press.

橋本裕之（2012）「岩手県沿岸部における無形民俗文化財への支援と今後の課題」『記憶をつなぐ――津波災害と文化遺産』日高真吾編，pp. 122-133，財団法人千里文化財団．

林春男・重川希志依・田中聡（2009）『防災の決め手「災害エスノグラフィー」――阪神・淡路大震災 秘められた証言』NHK出版．

林勲男・川口幸大編（2013）「〈特集〉災害と人類学――東日本大震災にいかに向き合うか」『文化人類学』78（1）．

比嘉理麻・梶丸岳・難波美芸・永田貴聖（2011）「第2回若手懇談会・震災について語る会――日本文化人類学会の第45回研究大会若手懇談会報告」『文化人類学』76（3）：343-346．

市野澤潤平・木村周平・清水展・林勲男（2011）「東日本大震災によせて」『文化人類学』76（1）：112-116．

飯嶋秀治（2012）「社会的排除とのつきあい方――日本の児童養護施設における臨床心理学と文化人類学の連携」『文化人類学』77（2）：273-293．

石井光太（2011）『遺体――震災，津波の果てに』新潮社．

石牟礼道子（2004）『新装版　苦海浄土――わが水俣病』原田正純（解説），講談社文庫．

川口幸大・関美菜子・伊藤照手（2013）「東日本大震災に関連したフィールドワークを行うこと／それを指導すること――『文化人類学実習』の授業を事例に」『文化人類学』78（1）：111-126．

木村周平（2013a）『震災の公共人類学――揺れと共に生きるトルコの人びと』世界思想社．

木村周平（2013b）「津波災害復興における社会秩序の再編――ある高所移転を事例に」『文化人類学』78（1）：57-80．

Lassiter, Luke Eric（2008）Moving Past Public Anthropology and Doing Collaborative Research, *NAPA Bulletin* 29：70-86．

村上春樹（1999）『アンダーグラウンド』講談社文庫．

中原聖乃（2012）『放射能難民から生活圏再生へ――マーシャルからフクシマへの伝言』法律文化社．

丹羽朋子（2013）「『きりこ』のある風景――再生をつかさどる被災地の切り紙細工」『季刊民族学』142：44-70．

Numazaki, Ichiro（2012）Too Wide, Too Big, Too Complicated to Comprehend: A Personal Reflection on the Disaster That Started on March 11, 2011, *Asian Anthropology* 11：27-38．

Oliver-Smith, Anthony（1986）*The Martyred City: Death and Rebirth in the Andes*,

Albuquerque: University of New Mexico Press.
Peacock, James L.（1986）*The Anthropological Lens: Harsh Light, Soft Focus*, Cambridge: Cambridge University Press.
Petryna, Adrina（2003）*Life Exposed: Biological Citizens after Chernobyl*, Princeton, N. J.: Princeton University Press.
清水展（2003）『噴火のこだま――ピナトゥボ・アエタの被災と新生をめぐる文化・開発・NGO』九州大学出版会.
菅豊（2013）『「新しい野の学問」の時代へ――知識生産と社会実践をつなぐために』岩波書店.
スレイター，デビッド（2013）「ボランティア支援における倫理――贈り物と返礼の組み合わせ」『東日本大震災の人類学』森本麻衣子訳，トム・ギルほか編，pp. 63-98．人文書院.
高倉浩樹（2013）「震災サルベージ人類学の可能性とその体制構築にむけて」日本文化人類学会第47回研究大会発表.
竹沢尚一郎（2013）『被災後を生きる――吉里吉里・大槌・釜石奮闘記』中央公論新社.
内尾太一（2013）「東日本大震災の公共人類学事始――宮城県三陸地方における被災地支援の現場から」『文化人類学』78（1）：99-110.

V

人権と人間の安全保障

12 難　民

川上郁雄

1　はじめに

　20世紀後半の特徴のひとつとして注目された「難民現象」は，21世紀に入っても変わらず継続している．国連難民高等弁務官事務所（UNHCR）によれば，2012年現在，1,500万人の難民，1,800万人の国内避難民など，「援助対象者」と見なされる人々が世界には3,500万人以上いると言われている［UNHCR 2013］．今や難民問題は社会変動に影響を与える確定的かつグローバルな課題として浮上しているといえる．なぜなら，難民発生の背景には国際政治，国際経済上の力学や自然災害等のグローバルな影響素因が深く関わっており，それゆえ難民問題の解決には多国間の協力が不可欠であり，その結果，難民問題は国際社会に対して人のあり方を問う大きな課題と負担を突きつけているからである．

　このような現状の中で「人間探究」を旨とする文化人類学は，難民あるいは避難民とカテゴライズされる大量の人々の生にどう対応するのかという課題を避けて通ることはできないだろう．*American Anthropologist* の2011年9月号で，Melissa Checker は2001年9月11日以降の10年間に見られる，アメリカにおける人類学をめぐる社会的状況の変化をレビューし，すべての人類学者が研究調査をもとに社会へ貢献することが求められていると公共人類学的視点の重要性を改めて強調した［Checker *et al.* 2011］．このことは，難民研究に対する文化人類学においても同様に当てはまるであろう．

　では，文化人類学は難民問題というグローバルな課題にどのように向き合い，問題解決に向けて何ができるのか．この問いに答えることが本章の目的であり，そのことが同時に，難民に関する人類学的研究がいかに「公共人

類学」となるのかを考えることを意味する．

はじめに議論の前提となる難民問題の捉え方を検討する．次に難民研究に対する人類学的研究の成果と課題をレビューする．そのうえで，難民研究と公共人類学の関係を論じ，最後に今後の難民に関する公共人類学的研究の可能性を論じるという順序で，以下，論を展開する．

2　難民問題の捉え方

難民とは，国連で採択された1951年の「難民の地位に関する条約」と1967年の「難民の地位に関する議定書」（以下，両方を合わせて「難民条約」）により，「人種，宗教，国籍もしくは特定の社会的集団の構成員であることまたは政治的意見を理由に迫害を受けるおそれがあるという十分に理由のある恐怖」のために，国籍国外にいる者であって，その国籍国の保護を受けることができない者，あるいはその国籍国の保護を受けることを望まない者と定義されている．

ただし，実際には，難民の地位を求める申請が完了せず審査結果が確定していない庇護希望者（asylum seekers）や，迫害や危険，人権侵害を恐れ移動したが国境を越えられず国内に留まっている国内避難民（internally displaced persons: IDPs）などもおり，このような強制移民（forced migrants）と総称される人々も含めて難民問題を考えていくことが必要である．その点も視野に入れて，難民に関する人類学的アプローチを考える際に留意すべき点を検討してみよう．

第一点は，難民認定の構造である．国際法上は「難民条約」の加盟国がその国に難民申請をした人を「迫害を受けるおそれ」がある人と認定することによって難民が確定される．逆に言えば，当該国が「迫害を受けるおそれ」がある人と認定しなければ難民とはならない．つまり，難民の認定は，当事者の証言ではなく，他者の認識によって決定されるという本質的な構造が国際法上あるという点である．

第二点は，難民認定の政治性である．難民申請者を「迫害を受けるおそれ」がある人と考えるかどうかは国際政治だけではなく，権力と密接に関係する．難民の受け入れ体制である国際的な難民レジームは，第二次世界大戦

と冷戦構造の中，西側諸国で構築された．1945 年以降，ヨーロッパで大量に出現した戦争避難民は，西側諸国にとっては戦後の経済成長の労働力だけではなく，「反共産主義プロパガンダの資源」［カースルズ＆ミラー 2011：246］として歓迎された．しかし「経済難民」「偽装難民」が出現した 1980 年代後半には，「難民スクリーニング」を UNHCR が実施するほど，西側諸国にとっての難民レジームはイデオロギー的に揺さぶられた．一方，これとは異なる難民現象が第三世界で生まれていた．アジア，アフリカ，ラテンアメリカの旧植民地に見られた非民主国家の建設，低開発経済の影響，政治紛争，民族紛争，貧困，自然環境破壊と災害などが難民，避難民を大量に生み出していた．その結果，1950 年代以来の難民レジームは，21 世紀に入り「庇護希望者を第三世界から流出させないようにする排除型のレジームへと変化した」［カースルズ＆ミラー 2011：248］．つまり，難民認定は，時の為政者の権力行使と密接に関わる面があるのである．

　第三点は，難民とテロリズムの関係である．2001 年の 9.11 同時多発テロ以後，難民を含む国際移民と安全保障の問題への関心がより一層高まった．これまで移民や難民を積極的に受け入れてきた先進国にみられる，いわゆる「ホームグロウン・テロリズム」の現象から移民や難民の管理行政の強化など，国家の安全保障の視点に立った政策を考える国々が生まれてきている．つまり，20 世紀の難民問題に見られた冷戦構造の中の人道的支援という名の国際政治課題に比べ，9.11 以降の難民問題にはテロリズム，安全保障，民族紛争等の新たな視点が加わり，さらに背景にある経済問題（金融財政問題，グローバル経済と労働移動等）や難民支援の財政的負担増が，難民を取り囲む現実をより複雑化しているのだ．9.11 のテロが 21 世紀の国際的な難民レジームの質的変化をもたらす一因となったことは確かであろう．

　以上の 3 点は，21 世紀の難民問題の複雑さを物語っていると同時に，難民に関する公共人類学的アプローチを考える上で不可欠な観点でもある．

3　難民問題と文化人類学

　以上のような現代的特徴をもつ難民問題についてこれまでの文化人類学はどのように取り組んできたのか，また，難民研究を公共人類学の視点で捉

え直すとき先行研究から何を学ぶべきかについて考えてみよう．

　国際社会はこれまで難民発生の背景や人権問題，人道的支援等について関心を寄せてきた．その結果，難民問題は国際政治学的観点や法学的観点，国際支援・人道支援の観点から多くの研究が行われた．一方，文化人類学は移民研究や民族集団研究について盛んに研究を行ってきたが，それらの研究に比べ，難民に関する研究は多くはなかった．その理由は，難民は短期的に，突発的に，大量に，かつ流動的に発生することやその背景に内戦や政治的紛争，環境破壊，貧困と飢餓等があるため，長期的で安定的な定点観察を得意とする文化人類学の研究対象から除外される傾向があったためである．

　しかし，1980年代に入ると，難民現象が世界各地で恒常化した．特に多くの文化人類学者が調査に入っていたアフリカでは，文化人類学者も難民の現実に直面せざるを得なくなった[1]．文化人類学者は，アフリカが分割された植民地時代からの歴史的考察と都市および農村でのフィールドワーク調査をもとに，民族紛争等によって強制移住させられた難民が自分たちの持つ伝統的な生活習慣や伝統医療，宗教的儀礼を移住先の生活（難民キャンプや定住先）において新たに実践している様子を明らかにするとともに，援助を受ける難民側から見た，西欧的価値観による「援助」のあり方やその「援助」から規定される「難民」の定義について批判的に考察を行った［たとえば，Hansen & Oliver-Smith 1982］．

　また，大量の難民を受け入れた先進国においては定住難民を新たな移民集団として捉える社会学的，文化人類学的研究が行われるようになり［たとえば，Viviani 1984；Haines ed. 1989］，定住する難民をそれまでの移民研究や民族集団研究に加える新たな研究が生まれた．

　その後，1990年代に難民研究を文化人類学の研究として本格的に位置づけ，新たな研究の方向性を示そうとしたのが文化人類学者のL.H.マルキーである．以下，アメリカの*Annual Review of Anthropology*に掲載された難民研究のレビュー論考，Malkki［1995］の論を見てみよう．

　マルキーの論点は，大きく分けて3つある．第一の論点は，難民および難民概念は歴史的社会的産物であるという点である．今日でいう難民の概念は，第二次世界大戦後の欧州で生まれた大量の避難民をどのように収容し，どう管理するかという「軍事的問題」がきっかけで誕生し，その後，「難民

条約」が成立することによって避難民は「人道的支援の対象」という，より普遍的な概念になった．ここに，国民国家の枠を超えた国際的理念の実現へ向けた論点が含まれているが，その点を文化人類学はまだ難民研究の中心的課題としていないとマルキーは指摘する．つまり，難民および難民概念は歴史的社会的産物であるが，その点に文化人類学はまだ切り込んでいないと，マルキーは捉える．

　第二の論点は，難民問題に対する人類学的考察が偏った見方に立っているという点である．「難民条約」を採択した国連の「送還，統合，再定住」という官僚的処理モデルに影響を受け，文化人類学の難民研究はこれまで機能主義と本質主義によって行われてきたとマルキーは強く批判する．たとえば，これまでの難民に関する人類学的研究では，元いた土地から「根こそぎ」(up-rooted) となり，再移動することにより，アイデンティティ，文化，エスニシティ，伝統といったものが失われるという語りがあった．これは，現地の人々，ローカル・コンテクスト，閉じられたシステムに焦点を置く文化人類学のこれまでの長年の方法論による発想である．また故郷喪失が文化的アイデンティティの喪失につながるという心理的解釈や，難民に共通する特徴となる「難民性」があるという捉え方［たとえば，Keller 1975］は，難民をひとつの文化を持つ集団とみなす本質主義であると見る．これらの捉え方に立つと，難民にとって，彼らが元いた「故郷」が彼らにとって理想的な社会であり，それゆえ難民が移住先に適応できず，心理的葛藤やアイデンティティの悩みが生まれるのであるから，難民を元いたところへ送還するのが最もよい方法だとする考え方を助長することになり，マルキーはこれを移民排斥主義と同じであると批判する．

　第三の論点は，難民研究は世界秩序のあり方と密接に関連しているという点である．サイードやマリノフスキーやレヴィ＝ストロースなど，20世紀の思索が移動する人による思索，あるいは移動に関する思索であったように，移動は20世紀の思索の中心テーマであった．そしてその移動，あるいは定住と離散に関する思索は，領土化された国民国家が前提となっていることをマルキーは指摘する．その上で，難民問題は，あらゆる今日的な文化人類学の主題とつながると述べる．それゆえに，文化人類学者が，難民に関わるエスノグラフィックな調査を通じて，政治課題，戦争，平和，世界秩序の

あり方に対する新たな考え方を示していくことが求められるとマルキーは主張する．

　マルキーの論点のうち，第一の論点と第三の論点は，難民研究を公共人類学の視点で捉え直すときに必要な視点であり，第二の論点はその課題を文化人類学的に考察するときに必要な視点といえよう．これらの点を手がかりに，次節で難民研究と文化人類学の関係，特に公共人類学としての難民研究とは何かを考察してみよう．なぜなら，難民研究は，文化人類学を刷新する重要な研究領域として位置づけられるからである．

4　公共人類学としての難民問題

4.1　難民問題における「公共」とは何か

　難民問題に対する公共人類学の最大のテーマは，難民問題における「公共」とは何かということである．つまり，これまでどのような「公共」概念によって難民問題が捉えられ，語られてきたかということである．ここでは，その具体的な手がかりとして，R. Zetter の「難民という名付け」(labelling) の問題を検討してみよう．

　R. Zetter は，21 世紀に入り難民を取り囲む国際社会状況が大きく変化する中で，難民という名付けが激変したと見る．その原因は，21 世紀に入り，難民レジームの中心が地球の「北」側に移り，難民という名付けを決定する権力を「北」の政府機関が握ったためと指摘する［Zetter 2007］．

　R. Zetter は，次のようにいう．難民，庇護希望者，避難民など多様な背景を持つ人々が大量に流入してくる状況の中で，誰が難民で誰が国際支援を受ける人なのかを峻別することが極めて困難な作業になってきており，そのため人の流れを管理し自国の安全を確保することが，「北」の国々の最大の関心事となっている．そのため，難民の名づけは「北」側の官僚が握るようになった．さらに，難民受け入れ国の国益優先の観点から恣意的に難民定義が変更され，その結果，難民定義の断片化が起こっている．つまり，名付けは官僚的プロセスによって作成され変形される．それも，名付ける側の主観性と恣意性により，その変形が起こる．たとえば，受け入れ国の政府は庇護希望者から難民を峻別し，それ以外を「不法入国者」「偽装難民」等と称し

て，排除し国外追放する「行政管理」を強化することになる．その結果，庇護希望者への名付けにはマージナル性，不正直，恐怖，歓迎されない等の新たな否定的な意味が付与される．つまり，名付けによって庇護希望者の意味が政治的に操作され，人権擁護の立場に立つ本来の難民の捉え方から離れていく．この動きは，受け入れ国の経済状況，テロ対策，世論，メディア，極右の動きとも相互に作用し合い，庇護希望者はホスト国でも排除され，出身国でも排除される結果となる．

　このような難民問題の捉え方は，前述のマルキーがいう「難民概念は歴史的社会的産物である」という論点と密接に関連する．換言すれば，難民問題における公共概念も，難民概念と同様に，「歴史的社会的産物」といえよう．

　同様のことが日本でもあった．川上［2001］は，日本が「難民条約」に加わり初めて受け入れたベトナム難民の定住過程を長期間にわたり調査を行った．その中で，「政治的迫害を受けた」政治難民であると主張するベトナム人をマスコミが「経済難民」であると報じたことでベトナム人が深く傷つき日本社会に不信感を抱いたことや，日本政府機関が難民を分散定住させ，斡旋した仕事に長く就く難民を「優良難民」として表彰したことについて論じている．つまり，これらのマスコミ報道や行政の対応には，「偽装難民」「不法入国者」と報道することで提示しようとする難民概念やまなざし，日本社会に定住し同化する難民を難民モデルと考える行政の難民概念，さらに日本社会は不動で，適応するのは難民側だと捉える公共概念があるといえよう．

　このように，公共人類学としての難民研究を考えるうえで重要なのは，誰が何のために難民問題を語ろうとしているのかということであり，その核心に，難民問題を解決するための公共概念が関わっているということだ．それは，前述のマルキーがいう「難民研究は世界秩序のあり方と関わる」という指摘と合致する．

　したがって，難民問題における「公共」とは何かという問いは難民に関する公共人類学の最大のテーマなのである．難民問題にはさまざまな学問領域が関わっているが，それぞれの研究が難民問題をどのように「問題設定」し，どのような公共概念を想定して研究を行っているか自体も，公共人類学

の研究対象となるだろう．「公共」とは誰のものか．この問いに答え，新たな公共概念を創造することは，難民に関する公共人類学の大きな貢献となるだろう．

4.2 難民自身の視点に立つ研究

では，難民問題において公共人類学が公共概念を検討するときの視点とは何か．それは，難民自身の視点に立つ研究をもとにした公共概念の創造である．たとえば，前述の R. Zetter の議論には，難民自身の視点が欠如していた．難民問題に取り組む公共人類学の最大の強みは，当事者の視点に立つという点である．その点を以下のいくつかの例をもとに考えてみよう．

Peteet［2005］は，パレスチナ難民キャンプに生きる難民の視点から彼らの生活世界とアイデンティティの変容を捉えようとした．彼女は古い伝統や生活習慣を記録するだけの「サルベージ人類学」的アプローチやこれまでの文化人類学の理論的な枠組みではパレスチナ難民の生活世界を捉えることはできないとして，レバノンの複数のパレスチナ難民キャンプにおける長年のフィールドワークに基づく研究を行った．パレスチナ難民が生まれる紛争の歴史的背景や，土地から引き離された難民の「場所」への思い，国際支援を受ける閉じられた難民キャンプという生活空間等により彼らの多様な生活世界とアイデンティティが変容するプロセスに彼女は注目した．パレスチナ難民はもとの場所でもとの生活をすることを想定しているわけではなく，定住先での新たな社会生活の中で新たなアイデンティティを再構成しており，ホスト社会や国際支援団体が考える難民の捉え方とは異なることを明らかにした．

この研究は，前述のマルキーの指摘した「送還，統合，再定住」という官僚的処理モデルやその影響を受けた文化人類学的研究の語りとして「難民を元いたところへ送還するのが最もよい方法だとする考え方」に内在する公共概念に対する異議申し立てと見ることができる．

また Horst［2006］は，ケニアにいるソマリア難民キャンプでフィールドワークを行い，ソマリア難民が難民になる前から持っていた親族関係のネットワークと移動の習慣（nomadic heritage）が難民キャンプへの適応や生活維持に有効に役立っているだけではなく，世界各地に逃れたソマリア難民とつ

ながり，送金ルートとしてのトランスナショナルなネットワークに発展し，キャンプ内の難民の生活を支えていることも明らかにした．さらに，ケニアのソマリア難民が使用するローカル・ターム，*buufis* が移動の制限されるキャンプ生活での「定住」や「海外移住」，希望と狂気という両義的な意味をもつことを明らかにし，ソマリア難民の生活世界を描いている．

日本に定住したベトナム難民を調査した川上［2001］は，当該のベトナム難民の生活世界は日本に限定されるものではなく，ベトナムに残る親族，また日本以外の国に逃れた親族などともつながるトランスナショナルなネットワークを持ち，かつ，ベトナム本国の政策動向や日本以外の第三定住国で生活するベトナム難民の生活状況や考え方等に常に影響を受ける動態的な生活世界を築いていることを明らかにしている．

これらの研究は，難民の生活世界が独自の世界観に支えられており，かつ難民キャンプ内だけではなく，トランスナショナルなネットワークで世界各地の親族等とつながっていることを示している．Zetter［2007］は難民という名付けを決定する権力を「北」の政府機関が握っていると述べたが，その「北」の政府機関の想定する公共概念と Horst［2006］や川上［2001］の描く難民の生活世界とは明らかに異なる．

これらの研究は，難民，避難民の当事者という声なき難民［Malkki 1996］に耳を傾け，避難民に代わり調査者が発言することの公共性を示している［Harrell-Bond and Voutira 2007］．さらに，これらの難民研究は，難民キャンプや定住国における長期間の観察やインタビュー調査をもとに，難民に対する「北」側の捉える難民像とは異なる難民の多様で動態的な生を示すとともに，西欧と非西欧，表象と権力，脱領域化と脱中心，真正性と当事者性等の論点を論じ，難民をローカルな視点とトランスナショナルな視点，そして動態性の中で捉えなければならないことも示している．つまり，これらの論点を含む難民研究は，難民問題における公共概念とは何かを考えるうえで大きな示唆を与えるであろうし，同時に，難民に関する公共人類学の貢献のひとつの例といえよう．

4.3 難民研究における立ち位置

9.11 以降の世界情勢から現在の難民研究が直面する困難は多岐にわたる．

難民キャンプに収容される人々のうち誰を難民と呼ぶのか，あるいは収容される人々は誰に難民と呼ばれるのか，また調査者はどの立ち位置から，誰に向けて語るのか，さらには物質的援助と調査者の身の安全をどう確保するのかまで，極めて複雑な状況がある．

では，公共人類学として難民問題に取り組む場合，調査者はどのような立ち位置に立つべきなのか．その核心にあるテーマは人権である．もちろん，人権も，難民定義と同様に「歴史的社会的産物」である．人権をどう捉え，どう実践するのかという課題は，難民研究に取り組む公共人類学の基本課題であり，その点から，文化人類学の学のあり方を刷新することにもつながるだろう．

たとえば，Mackenzie et al.［2007］はこの難民研究のあり方を研究倫理の側面から論じている．強制移動や国際法のもと難民キャンプに収容される難民は一人では抗しきれない力に支配されることになり，その結果，自己決定力が弱まり，他者を信用できない状況に陥る．それゆえ，難民研究の調査者と難民の間の信頼関係を築くことも難しい状況が生まれる．現実には，難民キャンプの代表者が信用できないケースや通訳者を入れることによって問題が拡大するケースもある．さらに，調査結果を公表することにより，難民自身が逆に危険にさらされることも起こりかねない．対象となる難民に対する研究調査協力の同意形成は調査の全行程において難民との間で繰り返し行われる交渉によって確保されなければならない．難民研究に関わるものは調査者自らの政治的立ち位置が求められるとともに，あくまでも難民の人権を尊重し，同意を得て研究を行い，難民の利益と社会正義のために研究を行うことが必要であると主張する．

このマッケンジーらの議論は，難民を研究対象者とだけ見るのではなく，難民の人権をどう確保しながら研究を進めるのか，またその研究の成果をどのように難民の利益に還元できるのか，という難民研究のあり方と調査者の立ち位置を問うている．これは，前述の難民問題における公共概念の議論や難民自身の視点に立つ研究の議論と表裏をなす議論でもあるが，この議論は文化人類学全体のあり方をも問うことになろう．

その点では，Colson［2007］の研究が関連する．コルソンは，これまでの難民研究が多様な研究領域に及んでおり，かつ，難民の置かれた状況が極め

て流動化していることを鑑みると，人類学的な難民研究は人類学単独で研究を行うというよりは，さまざまな研究領域の専門家と連携して研究を行うことが重要であると主張する．そのためには，人類学の学問的発展にだけ貢献することをめざすというよりは，難民研究に関わる他領域の研究にも貢献できる研究の方向性が求められるとともに，開かれた人類学でなければならないという．

「開かれた人類学」とは研究課題の設定から研究調査方法，結論にいたるまでいかに公共性が担保できるかという点にかかっている．文化人類学という学としての歴史や独自性はもちろん重要であるが，それ以上に，文化人類学的知の構築が何のために誰に向けて行われるのかという点が専門家に対してだけではなく研究課題の当事者を含むすべての人々に対しても公開されることが必要となる．それは前述の新たな公共概念の構築という緊張感のある作業を文化人類学自体が担わなければならないことを意味しており，それゆえに難民研究の公共人類学はまさにその最先端にあることを意味しているといえよう．

以上が公共人類学としての難民研究のあり方を問う観点の議論であったが，最後に，今後の難民に関する公共人類学的研究の可能性について考えてみよう．

5　難民の公共人類学に向けて

難民に関する文化人類学的研究は難民キャンプだけではなく，難民受け入れ国にも及ぶ．

Ong［2003］は，カンボジアで戦争を経験し，タイの難民キャンプを経てアメリカに定住したカンボジア難民が，過去の経験を持ちつつアメリカ社会と向き合いアメリカという国家の一員としてアメリカ市民となるとはどのようなことか，そしてシチズンシップとは何かというテーマを，カリフォルニアのカンボジア難民へのインタビュー調査をもとに探究した．この研究は，カリフォルニア大学の公共人類学シリーズの研究成果のひとつとして公開されている．

またShandy［2007］は，かつてエヴァンズ＝プリチャードが人類学調査

を行ったことで知られるヌエル（Nuer）が生活していたスーダンから，難民としてアメリカに入国したヌエル（Nuer-American refugees）がアメリカ社会でどのような生活をしているかに関する人類学的調査を行い，彼らが集団としてアメリカ社会へ適応し，さらに新しい文化を創造している，その主体としてのヌエルの姿を提示した．

　これらの第三定住国に広がる難民研究の研究成果は，前述の川上［2001］と同様に難民問題における公共概念の議論や難民自身の視点に立つ研究の議論へつながる．

　オーストラリアにおける難民研究も示唆的である．2001年8月，オーストラリアの北西に位置するクリスマス島近海で，ノルウェー籍の貨物船タンパ号が沈没船から438名のアフガン難民を救助したことは，その後のオーストラリアの難民政策を大きく変更させる事件となった．これらの難民はアフガニスタンのタリバンの迫害を受け，国を逃れたあとに，海上からオーストラリアへの入国を希望したが，当時のオーストラリア政府（J. ハワード首相）は，これらの難民の入国を拒否した．それ以後，海上からオーストラリアに入国しようとする庇護希望者はパプアニューギニアやナウル共和国にある「入国管理収容施設」に送られ，難民申請と審査を受けることになった．しかし，これらの「収容施設」に入れられて難民と認定されるまでに，長い場合は数年から5年ほどかかるケースもあった．Briskman *et al.*［2008］は，これらの施設に収容された200余名の庇護希望者や関係者から直接，話を聞き，彼らの経験と意見，そして「収容施設」の非人道的処遇を明らかにした．

　この研究は，前述の難民問題における公共概念の議論や難民自身の視点に立つ研究の議論，さらに「公共人類学の基本課題としての人権問題」の議論へつながる研究といえよう．

　また，このようなオーストラリア政府の難民政策やそれを報道するメディアは，一般大衆の難民への見方に大きく影響している．McKay *et al.*［2011］は，オーストラリア国民が海上から船でオーストラリアに入国しようとする庇護希望者に対して極めて否定的な見方があることを明らかにした．たとえば，そのような庇護希望者は不法入国者，社会的逸脱者であり，真の難民ではなく，それゆえ，オーストラリア社会の価値観や文化を破壊し，さらにはイスラム原理主義やテロリズムと結びつき国家の安全保障を脅かす存

在であると見る見方がオーストラリアの一般大衆の中に根強くあることを示した．

　これらの研究は，第三定住国や難民受入れ国における，難民の公共人類学の重要性と必要性を示しているといえよう．前述のZetter［2007］が示すように，難民レジームが変更し，難民に対する名付けが先進国の安全保障の観点から恣意的になされている．Hartnack［2009］は，ジンバブエの強制移住させられた国内避難民が多様な背景を持つヘテロな集団であり，それゆえ，近隣の農園で労働者として働き，社会的，経済的，政治的に弱者の位置に置かれても，厳しい環境から学んだ多様な方略を駆使して生きる主体として生活している姿を示し，外部からの名付けを超える国内避難民を捉える視点を提示した．

　以上の考察を踏まえ，難民に関する公共人類学的研究の課題をまとめておこう．

　第一の課題は，難民の歴史的背景や発生原因に関する探究も踏まえつつ，難民に対する名付けのポリティックスとその影響下にある難民の人としての主体の生き方を描き出すことである．第二の課題は，そのためには，多様な関連研究領域の知見や方法と連携しつつ，文化人類学の強みである，難民当事者との長期的かつ人間としての関わりを通じて，彼らに寄り添い，彼らの声を代弁し，社会正義のための研究を行うことである．Horst［2006］はソマリア難民に関する人類学的研究の成果を発表する前に，ソマリア難民の中でワークショップを行い，その成果を共有する機会を持ったという．その事例は，難民の当事者性と研究者のポジショニングを考えるうえで示唆的である．ただし，難民を研究するプロセスにおいては，難民と研究者自身の関係性の変化も含まれる．誰のために，何をめざして研究を行うのかは，常に問いつづけなければならない．その詳細を示す好例は清水［2003］である．清水［2003］は，フィリピンの火山噴火の避難民である先住民アエタをめぐるモノグラフであるが，そこで注目されるのは研究者として被災した先住民の課題にどう向き合い，フィリピン社会と世界に向けて何を行うのかという研究者のあり方への問いである．だからこそ，第三の課題は，難民に関する文化人類学の研究は文化人類学の発展のためにあるのではなく，研究課題の設定から調査デザイン，さらに研究成果の公開および研究のメッセージに至る

まで，すべてにおいて公共性が担保されなければならないということである．難民に関する公共人類学の研究には，難民の名付けや表象を超えて，新たな人間理解と社会のあり方を提示することを目指さなければならない．

　つまり，難民に関する文化人類学の研究構築はそれ自体が公共人類学の構築なのであり，難民問題がグローバルな課題であるゆえに，難民研究は21世紀の時代に生きるすべての人の学とならなければならないのである．

注

1） 1982年に英国のオックスフォード大学にRefugee Studies Programmeが設置され，1988年から*Journal of Refugee Studies*を刊行し，その後の世界の難民研究を大きくリードした．また，アメリカにおいても1988年にAmerican Anthropological Association（AAA）内に難民問題委員会（the Committee on Refugee Issues）が設置された．日本においては，文化人類学者の栗本英世が1970年代からスーダン，エチオピアで民族紛争によって発生した難民，避難民について当事者の視点から優れたモノグラフを残している［栗本 1996］．

参照文献

Anderson, Mary B. (1999) *Do No Harm: How Aid Can Support Peace or War*, London: Lynne Rienner Publishers.

Briskman, L., Latham, S. & Goddard, C. (2008) *Human Rights Overboard: Seeking Asylum in Australia*, Melbourne: Scribe Publications, Pty Ltd.

Castles, Stephen and Miller, Mark J. (2009 [2011]) *The Age of Migration: International Population Movements in the Modern World*, Fourth Edition, Palgrave Macmillan.［『国際移民の時代　［第4版］』関根政美・関根薫監訳，名古屋大学出版会］

Checker, M., Mundorff, A., Wali, A., DeGenova, N., Lutz, C., González, R. & Johnston, B. R. (2011) "Year That Trembled and Reel'd" : Reflections on Public Anthropology a Decade after 9/11, *American Anthropologist* 113 (3): 491-497.

Colson, Elizabeth (2007) Linkages Methodology: No Man in an Island, *Journal of Refugee Studies* 20 (2): 320-333.

Haines, David W. ed. (1989) *Refugees as Immigrants-Cambodians, Laotians and Vietnamese in America*, New Jersey: Rowman & Littlefield Publishers, Inc.

Hansen, Art and Oliver-Smith, Anthony (1982) *Involuntary Migration and Resettlement: The Problems and Responses of Dislocated Peoples*, Boulder: Westview

Press.
Harrell-Bond, Barbara and Voutira, Eftihia (2007) In Search of 'Invisible' Actors: Barriers to Access in Refugee Research, *Journal of Refugee Studies* 20 (2): 281-298.
Hartnack, Andrew (2009) Transcending Global and National (Mis) representations through Local Responses to Displacement: The Case of Zimbabwean (ex-) Farm Workers, *Journal of Refugee Studies* 22 (3): 351-377.
Horst, Cindy (2006) *Transnational Nomads: How Somalis Cope with Refugee Life in the Dadaab Camp of Kenya*, New York: Berghahn Books.
川上郁雄 (2001)『越境する家族――在日ベトナム系住民の生活世界』明石書店.
Keller, Stephen (1975) *Uprooting and Social Change: The Role of Refugees in Development*, Delhi: Manohar.
北川文美 (1996)「難民――南部アフリカにおける越境と編入」『岩波講座文化人類学 第7巻 移動の民族誌』青木保・内堀基光・梶原景昭・小松和彦・清水昭俊・中林伸浩・福井勝義・船曳建夫・山下晋司編, pp. 203-232, 岩波書店.
栗本英世 (1996)『民族紛争を生きる人々――現代アフリカの国家とマイノリティ』世界思想社.
Mackenzie, C., McDowell, C. & Pittaway, E. (2007) Beyond 'Do No Harm': The Challenge of Constructing Ethical Relationships in Refugee Research, *Journal of Refugee Studies* 20 (2): 299-319.
Malkki, Liisa H. (1995) Refugees and Exile: From "Refugee Studies" to the National Order of Things, *Annual Review of Anthropology* 24: 495-523.
Malkki, Liisa H. (1996) Speechless Emissaries: Refugees, Humanitarianism, and Dehistoricization, *Cultural Anthropology* 11 (3): 377-404.
McKay, F., Thomas, S. & Kneebone, S. (2011) 'It Would be Okay If They Came through the Proper Channels': Community Perceptions and Attitudes toward Asylum Seekers in Australia, *Journal of Refugee Studies* 25 (1): 113-133.
Ong, Aihwa (2003) *Buddha is Hiding: Refugees, Citizenship, the New America (California Series in Public Anthropology)*, California: University of California Press.
Peteet, Julie (2005) *Landscape of Hope and Despair: Palestinian Refugee Camps*, Philadelphia: University of Pennsylvania Press.
Shandy, Dianna J. (2007) *Nuer American Passages: Globalizing Sudanese Migration*, Gainesville, FL: University Press of Florida.
清水展 (2003)『噴火のこだま――ピナトゥボ・アエタの被災と新生をめぐる文化・開発・NGO』九州大学出版会.

UNHCR (2013) *UNHCR Global Trends 2012*：*Displacement, the 21ˢᵗ Century Challenge*（Geneva: United Nations High Commission for Refugees: Division of Programme Support and Management）.（http://www.unhcr.org/cgi-bin/texis/vtx/home/opendocPDFViewer.html?docid=51bacb0f9&query=global%20trends　2013 年 8 月 16 日閲覧）

Viviani, Nancy（1984）*The Long Journey: Vietnamese Migration and Settlement in Australia*, Melbourne: Melbourne University Press.

Yamamoto, Satoshi & Sato, Yasunobu（2009）How Can the Business Community Help Build Human Security: A New Paradigm of Refugee Study? Report on the Todai Forum: International Conference on Human Security and Business: Conflicts, Human Mobility, and Governance, organized by the University of Tokyo at the Cass Business School, City University London, 27 and 28 April 2009, *Journal of Refugee Studies* 22（3）：413-415.

Zetter, Roger（1991）Labelling Refugees: Forming and Transforming a Bureaucratic Identity, *Journal of Refugee Studies* 4（1）：39-62.

Zetter, Roger（2007）More Labels, Fewer Refugees: Rethinking the Refugee Label in an Era of Globalization, *Journal of Refugee Studies* 20（2）：172-192.

13 ｜無国籍

陳　天璽

> すべて人は，国籍をもつ権利を有する．何人も，ほしいままにその国籍を奪われ，またはその国籍を変更する権利を否認されることはない（世界人権宣言第15条）

1　はじめに

　誰にでも名前があるように，誰でも国籍をもっていて当然だと思っている人は多い．世界人権宣言においても，国籍をもつことは基本的な人権であると謳っているだけに，国籍は誰でも保持しているものだと考えられがちである．ましてや，多くの人にとって国籍はまるで空気のようなものであり，毎日の生活のなかで国籍を意識することはあまりない．当然ながら，国籍について考える機会も皆無に等しいだろう．
　一方，グローバル化が進み海外に渡航する機会が増えてきた．パスポートを取得したり，飛行場の入国審査を行うことで，少なからず自分の国籍を意識する機会は増えている．しかも，近年は国際結婚や海外で出産するケースもあり，身近に重国籍の人が増えてきている．こうしたなか，重国籍の人が存在することは知られているが，無国籍者の存在はまだあまり知られていない．
　本章では，私自身の経験を含め，なかなか人々に認知されずにいる無国籍者に焦点をあて，人類学が無国籍の研究と支援において，どのような公共性を有しているのかについて考えてみたい．

1.1　経験から研究へ

　国際関係の変動の影で，私は生まれて間もなく無国籍となった．これま

での人生の大半を「無国籍」と明記された身分証明書とともに生きてきた．幼い頃，外国人登録証に記されている「無国籍」という三文字の意味が理解できず，いつも不思議に思っていた．大学で国際関係を学び，国際機関に就職し世界を舞台に活動することを夢見た青年期は，「無国籍」ゆえに海外渡航，就職などでつまずいた．また，大学2年の春，海外に出かけ，その帰路，祖国と思っていた台湾，そして生まれ育った日本，いずれにも入ることができず空港で立往生した［陳 2011］．どこにも自国民とみなされず入境を拒否された．その時，初めて自分の体で，「無国籍」であることを強く実感した．その体験から，自分はいったい何人なのか？　どこの国の人なのか？　自分の居場所は？　アイデンティティは激しく揺れ動いた．

　長い間，自分が無国籍であることを，敢えて他人に言うことはなかった．身分証明書上にある「無国籍」という三文字は，人を困惑させるからである．就職，アパートの賃貸，銀行口座の開設などで身分証明書はつねに必要不可欠だ．各種手続きのため，「無国籍」と書かれた身分証を提示すると，相手の表情が一瞬にして曇り，眉をひそめ聞きづらそうに「あのー，無国籍って，どういうことですか…？」と問われた．しばしば，自分は信用のおける人物であることを証明するための書類，たとえば保証人，銀行残高証明，在職（在学）証明などを提出するよう求められた．無国籍であるがゆえ，多くの権利を得るために余分な労苦と努力，そして忍耐が必要とされた．そうした体験は，のちに私を無国籍の研究，さらには無国籍者の支援活動に導くことになった．

1.2　無国籍のイメージと現実

　ここ10数年，各地で無国籍をテーマに講演する機会があり，その際，「無国籍と聞いて連想するのはなんですか？」とたずねている．7-8年前までは，「無国籍料理」や「無国籍居酒屋」と答える人が少なくなかった．一方，「無国籍者はどうか」と聞くと，「亡命者」「不法滞在者」「透明人間」「可哀そうな人たち」と，負のイメージを持つ人がほとんどである．「自由人」や「コスモポリタン」，「地球人」とプラスのイメージが持たれることは極稀であった．また，「無国籍の人がいることを知っていますか？」と聞くと，「知っている」と手をあげる人は，10年前では数える程度であったのが，近年では，

半数近くが手をあげるようになっている．さらに，「無国籍の人に会ったことはありますか？」と聞くと，みな首を傾げ，手をあげる人はほとんどいない．無国籍について，認知度が上がっていることは確かだが，まだまだ身近な問題であると認識されてはいないのがわかる．

2　国籍・無国籍の理論と現実

2.1　国籍とは？　そして，無国籍者とは？

　日本では，自分が日本人（日本国籍）で，家族も同じく日本人（日本国籍）であることを当然のことと考えている人がほとんどである［奥田 1996］．そのため，前述のように国籍について考える機会が皆無に等しい．ここで，無国籍について見ていく前に，そもそも国籍とは一体何であるのか確認しておきたい．

　国籍は，「個人が特定の国家の構成員である資格」を意味し，「個人と特定の国とを結びつける法的な紐帯」と定義づけられている［江川・山田・早田 1989］．つまり，近代主権国家における国籍は，個人と国家を法的政治的に結び付け，個人を国家のメンバーたらしめる地位を決定づけるとともに，オリンピックを例とすることができるように，国家への忠誠心という形でアイデンティティを呼び起こす源泉となる．国家は，個人に対して国籍の保持を根拠として，さまざまな福祉や便宜を提供するとともに，他国の領域における外交上の保護を与える．一方，個人は国籍を通じて特定の国家の構成員という資格，特定の国民共同体の一員という資格を獲得する［平賀 1950］．

　しかし，国籍法の抵触や法の不備により，どこの国の国籍も取得できない人もいれば，国籍を持っていた人が国籍を失うこともある．多くは自らの落ち度ではない理由で無国籍となる．無国籍者は，国籍を持たず，いずれの国とも法的な繋がりを持っていない．そのため，無国籍者は，どの国にも国民と認められておらず，また国民としての権利と義務を有していない．なかには，国籍を持っているはず，または得られるはずであっても，それを証明できないために，国民としての権利を享受できない人もいる［無国籍ネットワーク 2012］．

2.2 なぜ無国籍となるのか？　その数は？

　無国籍となる原因は，国々の情勢，国際関係，そして個々人の経歴によって異なっている．旧ソ連や旧ユーゴなどのように，国家の崩壊，領土の所有権の変動によって無国籍になった人もいれば，外交関係の離齬が原因で無国籍となった人もいる．また，国際結婚や移住の末，国々の国籍法の抵触から無国籍となった子どもたちも存在する．ほかにも，民族的な差別，行政手続きの不備など，無国籍が発生する原因は実に多岐に及ぶ．

　国連難民高等弁務官事務所（UNHCR）は，主に難民の支援をしていることで知られているが，実は，無国籍者の支援も活動範疇に入れられている．UNHCRが各地の事務所を通じて行った無国籍者に関する調査によれば，現在，世界には無国籍者が1,200万人いると推計されている［UNHCR 2009］．

　一方，日本における無国籍者については，入管協会が発行する『在留外国人統計』によると，国籍欄に「無国籍」と明記されている人の総数は1990年以降より，1,000-2,000人ほどのところで推移している．ここ20年の間でもっとも多かったのが，1997年の2,194人であり，その数の半数近くが幼児であった．その後，無国籍者の人数は，毎年数十人ずつ減少している．なお，ここ数年の統計[1]では，2009年末は1,397人，2010年末は1,234人，2011年末は1,100人，2012年末は775人と報告されている［入管協会 2013］．

　しかし，以上にあげた統計に出ている無国籍者の人数は，あくまでも一つの目安であることに留意されたい．人口統計は通常国家が出生証明や住民票などをもとに取りまとめるものであるが，無国籍者の場合，そうした統計の手がかりとなる国籍を表すものや住民票などの身分証明がないことが多く，彼らの統計を取るのは至難の業である．人によっては，どこにも登録されず法律上透明人間と化していることがある［陳編 2010］．後ほど詳しく紹介するが，私が近年行ってきた調査[2]や国籍の問題で悩みを抱えている人々のサポートをする無国籍ネットワーク[3]の活動からは，身分証明書上の国籍と実態に離齬がある事実上の無国籍者が存在することが分かってきた．たとえば，Aさんが住んでいる国が発行する渡航書類や身分証明書に，Aさんの国籍が「ベトナム」と記載されていても，実際のベトナム政府にAさんの身分の証明を求めても入手できない場合がある．ベトナムには，出生届が

出されておらず，また国民として登録もされておらず，本来はベトナム国籍を有していないという個別事例がいくつか発覚している．このように，身分証にある国籍が有効に機能していない場合，事実上無国籍者とみなすのが妥当であろう．また，他のケースでは，非正規滞在の発覚を避けるためやなんらかの事情があり，どこにも身分登録しないまま生活している人がいることもわかってきた．このように国家間の齟齬や未登録のケースなどがあることを考慮すると，無国籍の人数は上記の数より，さらに増える可能性があるのではないかと推測される．

このように無国籍者といっても，実はさまざまなケースがあり，日本の在留外国人統計上にあるデータだけに依拠することができない．しかも，日本の役所では，在留カードの交付，退去強制，帰化申請などの行政手続きの場面において，国籍・無国籍の認定がそれぞれなされ，必ずしも統一的な国籍・無国籍の認定がなされていないことも明らかとなっている［小田川 2013］．

3　無国籍の類型とその実態

3.1　さまざまな無国籍者

無国籍者の調査研究を通して，この問題は実にさまざまなケースがあるということが明らかとなってきた．ケースによって無国籍となる原因や，置かれている状況も異なってくる．ここでは，無国籍の発生原因に則して，3つのグループに類型化しながら，無国籍者の実態に迫っていきたい．

まず，第一のグループとして，政治的な原因で発生した無国籍者について見てみたい．1970-80年代にインドシナ難民が，そして1990年代末期にはミャンマー難民が祖国における政治的混乱によって発展した戦乱から逃れるため来日した．日本に在住している難民から生まれた2世は，親が本国との接触を避け日本にのみ子の出生登録をしている．日本において「ベトナム国籍」や「ミャンマー国籍」と登録されているが，本国にはその存在を把握されていない．したがって，日本国籍，親の本国の国籍いずれも付与されず，事実上無国籍状態にある．

つぎに，第二のグループとして，国際結婚や国際事実婚が原因で生まれ

る無国籍者が挙げられる．出生による国籍の付与は，親の国籍を継承する血統主義と生まれた場所に基づいて国籍を与える出生地主義に二分される．国際結婚や人の移動が増え，国籍法が抵触し重国籍者が生まれることもあれば当然無国籍者も生まれる．日本は 1985 年より父母両系血統主義となったが，法改正される前は父系優先血統主義であった．当時，親が法律婚をしていても，両親の国の国籍法の抵触により，無国籍児が沖縄に多発した．彼らは「アメラジアン」と呼ばれた．アメリカの出生地主義と日本の父系優先血統主義の両国籍法が衝突した産物であった．1985 年以降，日本の国籍法は父母両系血統主義に改正したため，こうしたケースは解消され，親の一方が日本人である子は，日本国籍を取得できるようになっている．しかし，親が法律婚をしていない国際事実婚[4]の場合，日本人の親（しばしば父）が認知をすれば子は国籍を取得できるが，認知しないために子に日本国籍が付与されず，もう一方の外国籍の親（しばしば母）の本国政府にも子の出生届け出をしていないことから，無国籍状態となっている子がいる[5]．このような事態に陥っている原因は，日本の役所に届けを出しただけで安心しているケース，言葉の問題や十分な情報や行政知識がないために手続きを怠っているケース，さらにはオーバーステイなどのために行政との接触を恐れて子の出生届を出さずにいるケースなどがあげられる．

　第三のグループとして，日本における制度変更の結果生まれた無国籍のケースもある．日本に何世代にもわたって在住しているオールドカマーである特別永住の「韓国・朝鮮」の人の場合，外国人登録や在留カード上に記載される国籍・地域などが「韓国・朝鮮」となっているが，本国では出生届が出されていないため戸籍もなく，事実上無国籍かつ無戸籍状態にある人が存在する．彼らの父母や祖父母の多くは，日本の植民地時代，帝国臣民として日本国籍を付与されていた．しかし，日本の敗戦に伴い，朝鮮・台湾・樺太等の放棄を規定したサンフランシスコ平和条約が発効される直前，法務府民事局通達により，朝鮮人および台湾人は平和条約発効による領土変更の確定に伴い，自動的に日本国籍を喪失し，新たに外国人登録の対象となり現在に至っている［遠藤 2010］．

　また，日本に在住する中国国籍者に関しても，1972 年に日本と中華人民共和国が国交を正常化し，中華民国（台湾）と断交した際，日本に在住して

いた中国国籍者は当時ほとんどが中華民国国籍者であった．しかし，日本の外交関係の変更に伴い，在日中国人は国籍の変更を余儀なくされ，国籍「中国」を中華民国から中華人民共和国に変更した者もいれば，日本国籍に帰化した者もおり，なかには無国籍となった人も存在する［陳 2011］．

　ここでは，以上 3 つのタイプを紹介したが，無国籍者の場合，重要なポイントは，日本国籍を有すると推定される無戸籍者とは違い，あくまでも外国人として扱われていることである．そのため，日本の居住権である在留資格があるか否かが，生活の基盤・権益に大きな影響を及ぼす．在留資格を持ちながら無国籍状態にある人と，在留資格を持たない人とでは法的な立場，生活上受けられる権益など大きく違ってくる．つまり，すべての無国籍者＝法的に登録されていない人というわけではない，ということに留意しなければならない．在留資格がないために，どこにも届け出がされず厳しい生活を強いられている無国籍者もいれば，一方では，永住資格をもち自営業や専門職に就き経済的に不自由のない生活を送る無国籍者がいるのも事実である［陳編 2010］．しかし総じて，無国籍者は法的身分の証明が困難であることや社会的な差別意識があるため就学，結婚，就職，パスポート取得など数多くの問題に直面している．

3.2　無国籍者が直面する障壁

　国籍がないと生活にどのような影響がでてくるのだろうか．国籍の証明は，人が生きてゆくなか，さまざまな場面で必要となる．無国籍であっても肝心な身分証明書が手に入るか否かによって，生活上の権利も変わってくる．

　無国籍の場合，前にも述べたように，在留資格があるか否かによって抱える問題は違う．まず，在留資格がある場合，特定の国家の国民に付与される権利（投票権など）や外交保護を受けられないことが挙げられる．また，国籍を明記したパスポートを入手することができないため海外渡航の際は居住国が発行する渡航証明（日本では再入国許可書）を使用する．上記をのぞけば，日本国内では基本的に他の外国人住民と同じ権利を享受することができる．無国籍者は，住民としての税金を払ってもいれば，保険やその他行政サービス，医療も享受することができる．しかし，無国籍者に対する無知から発生する社会的な差別はなかなか解消されない．無国籍者の存在を知らない，

もしくは無国籍者と聞いてすぐ不法滞在者を連想することが依然として一般の人々の間では蔓延しており，アパート賃貸，クレジットカード契約，銀行口座開設などの際に障壁となることがある．非常に遺憾なことに，行政の窓口の担当者でさえも無国籍者の存在を理解していないケースが少なくない．

一方，在留資格がない無国籍者の場合，就労，保険はもちろんのこと，行政サービス全般へのアクセスが制限される．また，在留資格がないために入国管理局に収容された場合，無国籍であるがゆえに強制送還先国が特定できず，収容が長期化するという恐れがある．

以上に見たように，国家を主体とした現行の制度のもとでは，国籍がないことによって，人生の節目節目で，個人に大きな不利益をもたらす可能性があることがわかるであろう．また，多くの人がアイデンティティ形成において，国や国籍に依拠させる傾向があることから，無国籍者はアイデンティティの拠り所がなく悩みを抱える場合もある．

こうした無国籍者が抱える問題を解決すべく支援も行われるようになっている．以下では，無国籍問題に関連した支援活動についてみてゆく．

4　無国籍者への支援活動

4.1　法的，国内的アプローチ

1980年代半ば以降，日本は外国人が増え，日本人と外国人の間に生まれる子が増加した．そうした子どもたちのなかに，法手続きの不備から無国籍となる子が多かった．国籍の問題は，法的な問題と関係しているため，こうした事例は，弁護士や法律関係者による支援が主であった．法律家たちは，法的証拠をそろえることや裁判を行うことで，相談者の権利の取得をはかった．場合によっては，国に法改正を求めるという手法もとられた．例えば，前節で触れたアメラジアンの子どもたちに関しては，1985年，国籍法が父系優先血統主義から，父母両系血統主義に改正した結果解決を見たが，その法改正に迫るため，女性差別撤廃条約の批准や男女雇用機会均等法など国際条約をはじめ，さまざまな法律と関連付けることで，外圧を集結させロビー活動を行った．

4.1.1 アンデレちゃん事件

　無国籍問題で最も有名なケースとしてアンデレちゃん事件がある．1991年フィリピン人だと思われる女性が長野の小諸市の病院で，男の子（のちにアンデレと命名）を出産した．アンデレちゃんの父親は不明であった．出産後，女性は病院から失踪し消息を絶った．近くに在住していたアメリカ人宣教師リース夫妻は，この子を養子として引き取ることを決意した．アンデレちゃんの出生届は病院の医師が行い，アンデレちゃんの国籍はフィリピンと外国人登録された．病院での医師の問いかけに対しアンデレちゃんを出産した女性は1965年11月21日生まれと答えたが，国籍はわからなかった．名前も明らかなのは一部のみで，フルネームはわからなかった．その後，リース夫妻は仕事の関係でアメリカに行くことになったため，アンデレちゃんのパスポート申請のためにフィリピン大使館に出かけた．しかし，フィリピン大使館は，母親がフィリピン人かどうか不明であること，そして母親が一緒に手続きに来ないと，フィリピンパスポートは発行できないということで，リース夫妻は目的の手続きができなかった．やむなく，リース夫妻はアンデレちゃんの外国人登録を無国籍とすることにしたが，役所や法務担当局との間でたらい回しにされたリースさん夫妻は，結局弁護士にアンデレちゃんの国籍のことを相談し，国を相手に日本国籍を有することの確認を求める訴訟を提起することになった．

　国籍法2条3号では，「日本で生まれた場合において，父母がともに知れないとき，又は国籍を有しないとき」は日本国民とするとある．弁護士は，この条文に基づき，弁護団を組織し，国を相手にアンデレちゃんの「国籍確認訴訟」を提起した．この際，弁護団には弁護士や国籍法を専門とする大学教授などの専門家が参加していた．結局，アンデレちゃんのケースは，父母ともに知れないときに該当するとして，弁護団は勝訴し，アンデレちゃんは日本国籍を与えられた．

4.1.2 ダイちゃん事件

　アンデレちゃん事件のほか，有名な事件でダイちゃん事件がある．これは，日本人の父と在留資格のないフィリピン人の母との間に生まれた婚外子の子ども（ダイスケ）のケースである．フィリピン人の母がオーバーステイだったこともあり，役所などでの法手続きをすることができなかった．両親が法

律婚をしていないために，生まれてきた子は，父との繋がりを証明することができず，母の国籍を継承するとしてフィリピン国籍とされた．生まれて間もなく，母とダイスケは不法滞在が理由で日本国よりフィリピンへの強制退去を命ぜられた．日本人の父は，ダイスケの日本での養育を求めていたが，国は母子の国外退去を命じた．このケースが起こった時点の法律上では，婚外子の場合，胎児認知（生まれる前に，役所で自分の子であることを認知する手続き）をすれば，子どもは父の子として認められることになっている．しかし，ダイスケの父が役所に行った際，書類不備など様々な理由を付けられ，手続きをすることができなかったのである．結局，ダイスケの父は，弁護士に相談し，国を相手に裁判を起こすことになった．この時も，弁護士，国籍法や国際人権法の研究者である大学教授，そして市民団体が協働した．結局，和解という形で裁判は終結し，ダイスケは日本国籍を取得，母は「定住者」の在留資格を得ることとなった．

　これらのケースは，無国籍の支援として以下の特徴が挙げられる．まず第一に，弁護士や法律家による支援が主であり，法改正，裁判や法的根拠をそろえることで国籍確認の支援を行っていることである．そして第二に，国内的なアプローチで解決策を探るのが主であった．ダイスケのように，日本人とフィリピン人の間に日本で生まれた子どもはJFC（ジャパニーズ・フィリピー・ノチルドレン）と呼ばれ，支援団体が発足した．父親捜しのサポートをすることもあった．第三に，フィリピンならフィリピンに限定し，同じ国の出身者のケースに限定した支援が多い．無国籍児の問題と関わるが，無国籍者に焦点をおいた支援団体は発足しなかった．

4.2　人類学からのアプローチ
4.2.1　無国籍者への共感と協働

　私は無国籍者の支援は法的な支援だけではなく，人類学にも貢献できることがあるのではないかと考えている．それは，共感と協働である．

　異文化や未知の社会の人々の生活を一般の人にわかりやすく伝えるのは人類学が得意とすることである．私は無国籍を経験し，さらに無国籍者の研究を通して，社会における無国籍者への認知度が低いことを痛感した．そうした状況では，無国籍者が抱える問題の改善は難しい．まずは社会的な認知

を広げることが必要であると考えた．よって，私は日本における無国籍者の実態，その日々の暮らしや彼らの生の声を広く知ってもらおうと，2008年11月国立民族学博物館と国連難民高等弁務官事務所の共催で「無国籍者からみた世界——現代社会における国籍の再検討」というフォーラムを開催した．その際，人類学的なアプローチとして，無国籍者に自分の経験や思いを語ってもらい，一般の人々に共感を与え，協働を促せないかと考えた．共感とは，どんな経験をし，どんなことを思っているのかを知り，気持ちを共有することである．人類学が重視するフィールドワークや参与観察はまさに共感に近づくプロセスである．一方，協働は，先にも第1章で山下が述べているように無国籍の支援を実践するために異分野・異業種とコラボレーションを行うことである．人類学者は，異文化間コミュニケーションも研究範囲であることから，異文化，異分野，異業種間の橋渡しも比較的得意である．

　フォーラムでは，無国籍者についてのドキュメンタリー映像を2本上映した[6]．無国籍者に密着し，参与観察を通して撮影したドキュメンタリーは，多くの参加者の無国籍者への共感へと導くことができた．

　ドキュメンタリーを上映した後，二つのセッションに分けて無国籍について議論した．まず，一つ目のセッションでは人類学的なアプローチに基づき，日本に在住するさまざまなタイプの無国籍者に登壇してもらい，自分の生い立ち，無国籍となった原因，そして無国籍ゆえに日常生活で直面している問題などについて語ってもらった．当事者の語りによって，参加者は共感を覚え，無国籍問題への興味が湧き，活動に参与したいという気持ちを駆り立てた．

　後半のセッションでは，法学的なアプローチとして，弁護士や国連職員，研究者を交え，無国籍の問題解決に向け，法制度や条約について検討された．法制度や条約の解釈，法的な手続きなど行政的な問題については法学者や弁護士が手腕を発揮し，一方，当事者が抱える問題を探り問題解決のため異業種，異分野につなぐのは，NGO職員や人類学者が担うことを確認した．さらに，法学や人類学，そして支援活動をする非政府組織の職員などの協働を通し，どのような政策提言ができるのかについても検討された．

　私が知る限り，このフォーラムは日本で無国籍者に焦点をおいた初めての

フォーラムであった．そのため，国連大学の国際会議場の定員120人をはるかに超える参加者が集まり，大勢の立ち見者もいたほどで熱気に包まれていた．フォーラム終了後，参加者からは「無国籍の人が身近にいることを知らなかった．もっと知りたい」「市民レベルでどんな取り組みができるのか」「理屈ではなく，映像やディスカッションを通して，もっと人間的な視点，人間としての感情から眺めることができ，より共感を得ることができた」［陳編 2010］など，さまざまな意見が寄せられた．人類学的なアプローチという意味で，当事者を知り，共感することにフォーカスしたプログラム構成の成果といえる．法学的なアプローチでは，議論が専門的になり，一般の参加者がこの問題を共感するのは，なかなか難しい．一方，当事者の語りを通し，無国籍者が何を思い，なぜ無国籍となり，どう生きているかを知ってもらうことが肝要と考えた．

　フォーラム後，さまざまな意見を受け，私の呼びかけに応えてくれた有志が集まり，翌2009年1月，無国籍者に焦点をあて支援活動を行おうと「無国籍ネットワーク」が発足した．同団体は，無国籍の当事者のほか，弁護士や研究者，NGOスタッフなど無国籍問題に興味を持つ異分野・異業種の人々が結集した．無国籍者に寄り添い，彼らが有する悩みを受けとめ，問題解決をサポートし，国籍の有無で差別されることがないような社会の構築を目指し活動を開始した．私は当事者そして人類学者として，無国籍者を知るという研究の世界にとどまるのではなく，NGOを設立し，公共領域で無国籍者支援の実践をスタートした．

　無国籍ネットワークは，無国籍問題を広く知らしめるため，研究者や国際機関，市民団体とコラボレーションを行い，シンポジウム，ワークショップ，勉強会を開催しているほか，無国籍の当事者が友達の輪を広げることができるような交流会やイベントも開催している．ほかにも，弁護士による法律相談，行政手続き，翻訳，無国籍問題を知ってもらうための冊子の作成，ニュースレターの発行，マスコミ関係者の取材に応じ無国籍者に関するドキュメンタリー番組の作成[7]にも協力している．ドキュメンタリーを通して，無国籍について，政府への政策提言，一般社会の理解を促している．

4.2.2　協働から支援へ——二つの事例

　無国籍ネットワークが発足し，実際に無国籍者の支援活動をしていくなか，

日本の国内法では解決できない無国籍者のケースも多数あることが分かってきた．外国人と関連した問題が多いため，問題解決には，言語能力はもとより，文化理解，高いコミュニケーション能力が求められる．無国籍は国境を越えた問題であるため，海外との連携も不可欠である．関連する国や地域の専門家とのネットワークを築く必要性から，シンポジウムを開催し専門家同士の交流，情報交換に努めた．2011年2月国立民族学博物館において，タイで無国籍者の支援をしている専門家と研究者，フランスの難民無国籍保護事務所の事務局長などを招き，国際シンポジウムを開催した．その際，構築したネットワークにより，その後，いくつかのケースの支援を海外の団体と協働で行った．そのうち，二つの事例を紹介したい．

①国境を越えた協働と人類学者による橋渡し

　2011年のシンポジウムが開催されて間もなく，日本人男性田中さん（仮名）とタイ出身無国籍女性の結婚に関する相談が寄せられた．男性と女性はタイで出会い，タイの支援団体へ相談を持ちかけた．しかし，タイ語が通じず田中さんの意向が不明確だったこともあり，タイの支援者は日本にある無国籍ネットワークを紹介した．

　無国籍ネットワークに寄せられた田中さんの相談内容によると，彼はタイに頻繁に旅行し，タイで出会った女性と交際をするようになった．数か月毎にタイに行く度に食事やデートをした．また日本とタイで海を隔てている間はインターネットのテレビ電話などで頻繁に連絡を取った．しばらく交際の末，二人は結婚を意識するようになった．それと前後し二人の間に子どもが授かった．田中さんはすぐに彼女との結婚を決め，家族にも自分がタイ人女性と結婚をする予定であることを告げた．田中さんは家族そろって日本で暮らすことを希望した．

　彼が婚姻届の提出など必要な手続きを進めようとすると，女性から無国籍であることを告げられた．田中さんは，無国籍ということがどういうことなのか，意味が分からなかった．二人は一緒に，彼女の住む地域の役場，在バンコク日本領事館などに行き婚姻手続きを試みたが，女性が出生証明書など身分を証明する書類をいっさい持っていなかったため，婚姻届を受け付けてもらうことができなかった．

　途方に暮れた田中さんはタイの弁護士にこのケースを依頼した．弁護士は，

女性の出生を証明するために親探しをしたが，有力な情報がなく月日が過ぎていくだけであった．やがて，二人の間に子どもが生まれ，子の出生届を出そうにも母の身分証明がないために国籍を確定できず，赤ちゃんも無国籍となった．

　無国籍ネットワークは相談を受けた後，タイの支援者と意見交換を行い，タイ側に田中さんの意向を伝え，タイ側から無国籍女性の状況の説明を受けた．その後，タイと日本で協働して婚姻手続きと子の国籍取得の支援をすることを確認した．国際シンポジウムで意見交換や交流を深めた直後ということもあり，タイ側の研究者と支援者，そして日本側の研究者と支援者が連携しやすい土台ができていた．それぞれ日本・タイ両国の関係各機関との折衝，手続きの同行を分担し，実際の支援活動を進めた．海を越えた連携支援はメールや電話などによって行われた．その間には，日本でタイ研究を行っている人類学者・石井香世子氏による橋渡しがあったことが功を奏した．石井氏は長年タイでフィールドワークを行った経験を有し，人類学的な見地からタイ社会での無国籍者の状況，そして，タイ側の物事の処理方法を日本側の支援者に説明し，一方，日本側の事情をタイ側に説明するなど，支援者双方に齟齬がおきないよう，きめ細かな対応を行った．それは，タイ・日双方の支援者のコミュニケーションを円滑にさせた．無国籍者支援の際，根本的解決は法的な支援が肝要であるが，法律の専門家や法の運用，その情報収集のプロセスにおいて文化的・社会的なインプットは実に重要であると関係者は実感した．そういった点ではフィールドワークで蓄積した経験をもつ人類学者が果たす役割は大きい．

　相談から一年ほどを経て，無国籍女性のタイでの身分登録が無事完了し，婚姻届のほか，子の出生届や認知届，さらには日本での戸籍作成，そしてパスポート申請など各手続きが進められた．2012年1月，田中さんと女性は多くの人に祝福され，タイにおいて結婚披露宴を行った．また，二人の間に生まれた子は，同年4月に日本国籍を取得した．現在，一家は日本に移り住み，家族一緒に幸せに暮らしている．

②フィールドワークと無国籍支援

　次にあげるのは，タイに移住したベトナム難民の家族のケースである．無国籍ネットワークや弁護士に相談が寄せられたなか，タイに移住したベトナ

ム系で，1980年代後半に日本に移住してきた人々のケースがある．彼らは，タイに移住後，子どもたちはタイにおいてベトナム人として登録されたが，実際ベトナム政府には登録されておらず，国籍も有していない．タイにおいても，ベトナム難民が集住する地域に居住するよう管理されており，移動の自由はない．そのため自ずと就学や就職も制限された．そうした状況にいたベトナム系の人々は，偽造パスポートを購入し日本に出稼ぎに来た．当時，日本はバブル経済であり，労働者を必要としており，彼らも来日後溶接工場や日雇いなどの職に就くことができた．多くは観光ビザで日本に入国していたため，のちにオーバーステイとなったまま滞在し働き続けた．合法的な身分もなく，保険もなく，影をひそめた毎日のなか，タイの家族に送金するという生活を送ることになった．

　支援活動をしていて感じることは，無国籍者の立場に立って物事を考え，彼らの思いに近づくことの大切さである．なぜ，彼らがこのような状況に陥ったのか，そして今はどのような支援を必要としているのか，その糸口を見つけ出すことが肝要である．彼らをより深く理解するために，彼らの日本での生活はもちろん，故郷の社会状況，家族との関係を理解することも不可欠である．支援をする上で，現場への理解があるのと，ないのとでは支援のあり方も違ってくるからだ．一人一人違うように，相談者のなかには，日本に残ることを希望している人もいれば，タイに戻ることを希望する人もいる．そのためには，タイ側の情報も必要となる．2012年2月，無国籍ネットワークでは，弁護士やスタッフと一緒に，タイでスタディーツアーを行った．目的は，現場でのフィールドワークである．

　タイのカウンターパートであるタマサート大学，リーガルクリニックのスタッフをはじめ，タイの政府関係者やNGOとともに，タイと日本の無国籍の比較，各種情報交換を行った．また，国境地帯などに赴きタイの無国籍者たちを訪問した．その一環で，来日しているタイ出身ベトナム系の人々の故郷であるウドンタニ県を訪ねた．現地でベトナム人協会を訪問したほか，日本で支援している無国籍者の実家を訪ね家族と意見交換を行った．タイ側にいる家族との交流を通して得られる情報は，日本にいる無国籍者たちをより深く理解する上でも，非常に重要である．問題の根源を理解するだけでなく，彼らがなにを必要としており，家族たちが彼らになにを求めているのか

など，彼らのおかれた環境がより鮮明になってくるのだった．

　また，ベトナム人協会を訪問し日本での活動を紹介した際，70代ほどの男性から，「実は息子が日本に行ったきり20年近くタイに戻ってきていない．パスポートがないためだと言っているが，相談にのって欲しい」との申し出があった．われわれがタイのスタディーツアーから帰国して1-2週間ほど経った頃，相談の連絡があった．タイにいる父から「日本に無国籍者の支援団体があるので，是非連絡しなさい」と連絡をもらった息子だった．

　相談者の話によると，彼はタイで生まれたが，国籍はなくベトナム難民として制限された生活を送っていた．成人後，家族を支えねばならず，かといって希望する職にも就くことができなかったため，偽造パスポートを入手し来日した．いまは非正規滞在となっており，有効な身分証明がなく，医療なども十分に受けられていない．日雇いで20年もの間，タイにいる家族に仕送りをしながら，身をひそめて生活しているという．

　さっそく，このケースの法的な支援を行ったが，この息子からの相談を受け，弁護士はじめ無国籍者を支援している関係者たちは，ケースにたどり着くためにはフィールドワークと信頼獲得がとても重要であることを実感した．

5　おわりに——無国籍支援における人類学の公共性

　人類学の公共性とは，一言でいえば，人類学者が研究という学問領域の議論にとどまるのではなく，人類学研究での蓄積を公共領域という実社会，実践の場において，どのような役割を担えるのかということである．

　本章では無国籍者に焦点を当ててみてきたが，ここで人類学が有する公共性は大きく3つにまとめることができる．

　まず第一に，フィールドワークを通した問題の発見と共感である．無国籍の問題は，しばしば社会的マイノリティに多発する．当事者も問題が発生するまで，自分が無国籍であることを自覚していないことが多い．また，法的に弱い立場に置かれているため，役所や法律相談に出向くことを避ける場合が多い．よって，無国籍の問題が表面化，可視化するのは極めて稀だ．こうしたケースを拾い出すためには，人類学が得意とするフィールドワークを

通して，当事者の置かれた環境，無国籍となった社会的背景や文化的背景を理解することが求められる．当事者に密着したフィールドワークを通して，信頼できる相談者となることが重要であり，さらには国々における法文化，または法制度に対する意識，問題処理方法の特徴を理解し，必要な情報を各国の弁護士など関係者に提供することも求められる．フィールドに密着しないと，なかなか入手できない情報を人類学研究で終わらせるのではなく，異分野と共有し，問題解決の必要があれば他の分野につなぎ，場合によっては共同で制度改善などの政策提言につなげることもできる．

　第二は，異文化間のコミュニケーションの橋渡しや異分野の協働の仲介役である．無国籍は国を越えた問題解決を必要とすることが多い．そのため，国家間，異文化間のコミュニケーション促進を円滑にする役割を担う人材が肝要となる．異文化に密着してきた経験を持つ人類学者は，こうした役割を演じるに適しており，上に触れた石井はタイの事例でその役割を演じていた．また，人類学者はコミュニティーに密着していることから，相談を持ちかけられることがある．これは第 2 章で清水が触れている「巻き込まれ，深くかかわる」人類学と共通している．私も無国籍者から相談を持ち掛けられることがたびたびあるが，自分の体験や研究範囲で対処しうる問題については相談に応じているが，法的な問題に関しては，その専門家である弁護士につなぎ橋渡しや調整を行っている．

　また第三に，人類学者は，フィールドワークで収集した無国籍者の状況を研究に留めるのではなく，広く一般の人に知らしめ，共生を再考するという意味で，公共性を有していることも忘れてはならない．まずは，無国籍者の実態を現場の情報に即してわかり易く伝え認知を高めることで，一般社会の無国籍者に対する誤解を解き差別を減らすことができる．また，法的問題や人権に関しては，無国籍者が発生する原因を探究していくと，各国の国籍法や国家間の問題，国家制度など，私たちが生きる現代の諸制度にそもそも無国籍を生み出す欠陥や隙間があることがわかる．無国籍の認知を高め，その実態を伝えることで，無国籍がそもそも他人事ではなく，むしろ身近な問題であり，よりよい共生社会を構築するには，どのような可能性がありうるのかを問うという大きな課題がある．

　本章で取り上げた無国籍のケースは，私個人の経験から発し，それが人

類学的研究，そしてシンポジウムをきっかけに共感の醸成，さらには非政府組織の発足，そして国内外の異分野・異業種の協働という形で実際の支援活動につながっている．異分野間の協働では，国家を超えたグローバルな視点と一人一人の立場に寄り添うことが求められている．無国籍の問題は，法的な解決が大切であるが，本章で見たように人類学がもつ役割，その公共性も決して過小評価できない．2014 年は，無国籍者の地位に関する条約の採択 60 周年にあたる．2014 年 6 月ジュネーブで開かれる国連と NGO のコンサルテーションにおいて，無国籍者の問題がクローズアップされる．そこで，私は無国籍セッションの企画を任されることになったが，そこでは元無国籍者，人類学者，そして非政府組織のメンバーとして，当事者に寄り添った視点から，無国籍者の権利について提言をまとめる予定である．こうした活動も，公共人類学の実践の一つであろう．

注

1) 法務省の統計が検索できる URL は以下．(http://www.moj.go.jp/housei/toukei/toukei_ichiran_touroku.html)（http://www.e-stat.go.jp/SG1/estat/List.do?lid=000001111233）
2) 日本学術振興会科学研究費補助金・若手研究 A「グローバル時代の国籍とパスポートに関する人類学的研究」（課題番号 22682009）
3) 特定非営利活動法人無国籍ネットワークは，世界的にも稀に見る無国籍者のサポートに焦点をおいた市民活動団体である．無国籍問題に関心を持つ一般市民，外国人・難民支援者，研究者，弁護士，医師などのサポートによって成り立っている．国連難民高等弁務官事務所の事業実施パートナーとして法律相談などの支援事業も行ってきた (http://stateless-network.com/)．
4) 国際事実婚は，しばしば，男性が日本人，女性が外国人のケースが多い．女性が日本人の場合，子は生来的に日本人女性の子であることが明らかであるため事実婚でも日本国籍が付与される．
5) 2008 年の国籍法違憲判決により婚外子差別を違憲とし，生後認知でも日本国籍が認められるようになった．しかし，手続きが煩雑なことから，依然として解決できていないケースは多い．
6) 上映した無国籍についてのドキュメンタリーは以下の 2 本である．『青い眼の赤ひげ——六本木「優しさ」クリニック』（2006 年制作・株式会社フジテレビジョン・株式会社ザ・ないん・ティーヴィー），『私はナニジンですか—— Lara 無国籍』（2003 年制作，NHK）．
7) これまで制作に協力した番組としては，「無国籍　ワタシの国はどこですか」(NHK BS ハイビジョン特集，2009 年 3 月 25 日放送)，「無国籍について知ってほしい——始ま

った支援の試み」(NHK教育テレビ,福祉ネットワーク,2009年4月14日放送)「日本で暮らす無国籍者たち」(NHK Eテレ,ハートネットTV,2013年2月26日放送)などがある.

参照文献

阿部浩己(2010)『無国籍の情景——国籍法の視座,日本の課題』国連難民高等弁務官(UNHCR)駐日事務所.
Chen Tien-shi (2012) Statelessness in Japan: Management and Challenges, *Journal of Population and Social Studies*, Vol. 21 No. 1, pp. 70-81.
陳天璽編(2010)『忘れられた人々——日本の「無国籍」者』明石書店.
陳天璽(2011)『無国籍』新潮文庫.
江川英文・山田鐐一・早田芳郎(1989)『国籍法[新版]』有斐閣.
遠藤正敬(2010)『近代日本の植民地統治における国籍と戸籍——満州・朝鮮・台湾』明石書店.
平賀健太(1950)『国籍法』上巻,帝国判例法規出版.
無国籍ネットワーク(2012)『無国籍を知ってください』特定非営利活動法人無国籍ネットワーク.
入管協会(各年度版)『在留外国人統計』公益財団法人入管協会.
小田川綾音(2013)「国籍・無国籍認定の現状と課題——改正入管法を踏まえて」『移民政策研究』5:22-50.
奥田安弘(1996)『家族と国籍——国際化の進むなかで』有斐閣選書.
UNHCR (2005) *Nationality and Statelessness: A Handbook for Parliamentarians*. [『国籍と無国籍——議員のためのハンドブック』UNHCR]
UNHCR (2009) *Global Trends: Refugee, Asylum-seekers, Returnees, Internally Displaced and Stateless Person*, p. 2.

14 人間の安全保障

関谷雄一

1　はじめに

　人類が直面する恐怖と欠乏はこの世に遍在している．最近では公共人類学の領域においても人類が立ち向かう恐怖と欠乏の脅威について，研究と実践の双方からの取り組みが始まっている．たとえば，ロシアを代表するナショナリズム専門の政治人類学者であり，旧ソビエト共産党の特使も務めたヴァレリー・チシコフによる，チェチェン紛争におけるイスラム原理主義ナショナリズムの分析［Tishkov 2004］や，イギリスの人類学者ハリー・イングルンドがマラウイ国における貧困者に対する人権擁護活動を通して考察した貧困と人権に関するモノグラフ［Englund 2006］等は先行研究として挙げられる．両書とも米国カリフォルニア大学出版会の「公共人類学シリーズ」に含まれる（詳細は本書第1章〔山下晋司〕を参照）．本章では，公共社会における恐怖と欠乏の脅威に立ち向かい，人類が自由に生きる権利と尊厳を獲得するために公共人類学が提供しうる2つの視座を事例に基づいて提示し，分析することを試みる．1つ目の視座とは，フィールドと理論を動態的に結びつけることであり，もう1つは自らフィールド実践にかかわった経験を活かして，現場の問題群をメタ次元で考察する視座である．これらの視座については次項で詳述する．

　ところで，標題の「人間の安全保障」概念の枢要項目である「恐怖と欠乏からの自由」とは，私たちの誰もが一度は学校で覚えた記憶のある文章の中にも登場する．すなわち，日本国憲法前文の終盤にある「われらは，全世界の国民が，ひとしく恐怖と欠乏から免れ，平和のうちに生存する権利を有することを確認する」という件である．近年では「人間の安全保障」概念の

議論を通してこの種の自由について考えさせられるような，国境・領域横断的に広がりをもつ具体的な事例が提示されるようになってきた．本章ではこの概念が取り扱ってきた恐怖と欠乏の脅威に焦点を絞り，次節にて述べる，公共人類学の視座の有効性について事例を挙げながら検証してゆく．

2　公共人類学の2つの視座

　本著の緒言で山下晋司が述べている通り，公共人類学は公共社会に働きかける人類学者たちの営為を捉えなおしたもので，人類学の新しい下位分野などではない．本章の筆者の場合，文化人類学で学んだ知見を発展途上国の開発援助の現場で応用する研究活動をしており，その中で向き合ってきた問題群は，開発援助の現場実践に軸足を置くのであれば開発人類学の領域でとかく議論され，アカデミズムに軸足を置くようになってからは，開発の人類学の授業や研究会で議論されるものであった．

　開発人類学／開発の人類学という対立項を巡って議論されてきたことは，前者が文化人類学の知見を開発現場で援用する営みであり，後者は開発援助の営みそのものを文化人類学の視座からとらえることとされることによる開発援助と人類学者とのかかわり方の違いである．この議論は開発現象そのものをより客観的にとらえ直す視座を与えるなど，それなりに意義のある試みであるが，開発援助で起こる問題に研究実践者としてかかわってゆく人間にしてみれば，差し迫る問題解決には，ほとんど寄与しない．

　学問的にどのような視座を持つかということは，研究実践者にしてみれば大きな問題となってくるはずであるが，アカデミズムでは重視される学者自身の研究上の立場にかかわる区別が，社会還元の現場では全く問題解決に役立たないというジレンマをどのように解消すればよいのか．筆者は公共人類学という新たな捉え方において，示されうる2つの視座に期待する．1つ目は人類学者が社会に働きかけることによりフィールドと理論を新しい形で結ぶ視座である．今1つは，現場で共有されている諸問題を人類学者が社会と一緒になって実践経験を活かしてもう一度メタ次元からとらえ直す視座である．本章で取り上げる2つの事例は，次節以降で詳述する「人間の安全保障」概念及び恐怖と欠乏が存在すると想定される恒常的な脅威そして，日常

から突然断絶される脅威が発生しているフィールドである．本章筆者はアフリカをフィールドにする人類学者なので，前者については西アフリカにおいて恒常的に恐怖と欠乏におびえる人々が向き合う問題を取り上げ，後者は舞台を日本におき，東日本大震災で突如日常から断絶され，恐怖と欠乏にさらされた被災地と被災者を支援に来たアフリカのボランティアの活動にまつわるエピソードを取り上げ，公共人類学の2つの視座からとらえた時に見える地平を考える．

3　人間の安全保障

　グローバル化が進んだ現在の国際社会においても国家が国民を保護するにあたり重要な役割を担うことに変わりはないが，このような地球規模の課題に効果的に対処するためには，国家がその国境と国民を守るという伝統的な「国家の安全保障」の考え方のみでは対応が難しい．そこで，国家の安全保障を補完し，強化するものとして提唱されたのが，人間一人ひとりに焦点を当てる考え方，すなわち人間の安全保障である［高橋・山影編 2008］．

　人間の安全保障は，人間の生存・生活・尊厳に対する広範かつ深刻な脅威から人々を守り，人々の豊かな可能性を実現できるよう，人間中心の視点に立った取り組みを実践する考え方である．人間の安全保障は，人間中心の視点に立つものとして，以下のアプローチを重視している．

1. 「保護（プロテクション）」と「能力強化（エンパワーメント）」のアプローチ
   個人が自己の可能性を実現し，直面する脅威に自ら対処することができるようにするために，人々を保護するのみならず，能力強化をも重視するアプローチ
2. 分野横断的・包括的アプローチ
   人々は相互に関連する多様な問題に同時に直面していることを踏まえ，各分野の取組を有機的に結びつけ，包括的に対処するアプローチ
3. 全員参加型アプローチ
   包括的アプローチを効果的に行うために，国家，国際機関，市民社会，

NGO，企業等の様々な主体がそれぞれの専門性・強みを活かして力を合わせることを重視するアプローチ

　人間の安全保障のアプローチを採用することで，人々が抱える多様な問題に効果的に対処することができ，また自助能力をもったコミュニティの形成を通じ，持続可能な発展を達成することができる．

　国際社会において，人間の安全保障という概念を初めて公に取り上げたのは，国連開発計画（UNDP）の 1994 年版『人間開発報告書』であった．この中で UNDP は，人間の安全保障を，飢餓・疾病・抑圧等の恒常的な脅威からの安全の確保と，日常の生活から突然断絶されることからの保護の 2 点を含む包括的な概念であるとし，21 世紀を目前に開発を進めるに当たり，個々人の生命と尊厳を重視する視点を提示している［UNDP 1994］．

　2000 年の国連ミレニアム総会で当時のアナン国連事務総長は，「恐怖からの自由」，「欠乏からの自由」とのキーワードを使って報告を行い，人々を襲う地球規模の様々な課題にいかに対処すべきかを論じた．この事務総長報告を受け，同総会で演説した森喜朗総理（当時）は，日本が「人間の安全保障」を外交の柱に据えることを宣言し，世界的な有識者の参加を得て人間の安全保障のための国際委員会を発足させ，この考え方を更に深めていくことを呼びかけた．その後，2001 年に森総理の提案を受け「人間の安全保障委員会」の創設が発表され，共同議長に当時の緒方貞子国連難民高等弁務官とアマルティア・セン ケンブリッジ大学トリニティ・カレッジ学長が就任した．

　2003 年 2 月には人間の安全保障委員会が当時の小泉純一郎総理に最終報告書の内容を報告し，5 月にはアナン国連事務総長に報告書を提出した．同報告書においては，「安全保障」の理論的枠組みを再考し，安全保障の焦点を国家のみを対象とするものから人々を含むものへと拡大する必要があり，人々の安全を確保するには包括的かつ統合された取り組みが必要であることを強調している．また，人間の安全保障は「人間の生にとってかけがえのない中枢部分を守り，すべての人の自由と可能性を実現すること」と定義され，人々の生存・生活・尊厳を確保するため，人々の「保護（プロテクション）と能力強化（エンパワーメント）」のための戦略の必要性が訴えられている［Commission on Human Security 2003］．同報告書の提言を推進し，また後述の人間

の安全保障基金の運用について国連事務総長に助言するために，2003年9月に「人間の安全保障諮問委員会」も創設された．

また，2005年の国連首脳会合では，国連の公式文書としては初めて成果文書において人間の安全保障について言及され，国連総会として人間の安全保障の概念につき討議し，定義付けを行うこととなった．このフォローアップとして，2006年10月に我が国主導で立ち上げた「人間の安全保障フレンズ」会合は，ほぼ毎年会合を開催し，地球規模の諸課題と人間の安全保障のかかわりや人間の安全保障の実現のための方策等につき議論を行ってきた．この他，1999年にカナダとノルウェーのイニシアチブにより設立された「人間の安全保障ネットワーク」や，個別の国々，EU（欧州連合），アラブ連盟，AU（アフリカ連合）等の地域機関においても人間の安全保障に関する議論がなされており，人間の安全保障を重視する国連機関も増えている．G8サミット，TICAD（アフリカ開発会議），太平洋島サミット，日ASEAN首脳会議，APEC（アジア太平洋経済協力会議），OECD（経済協力開発機構）閣僚理事会，ESCAP（アジア太平洋経済社会委員会）総会等においても，人間の安全保障が取り上げられた．

2010年1月に開催された世界経済フォーラム年次総会（通称「ダボス会議」）においても，人間の安全保障に関するセッションが行われ，潘国連事務総長，チャンWHO（世界保健機関）事務局長，緒方JICA（国際協力機構）理事長，シェッティ アムネスティ・インターナショナル事務局長等が参加し，人間の安全保障の有用性・意義・普及に向けた課題等につき話し合いが行われた．

2013年5月，国連本部において，人間の安全保障に関するハイレベル・イベントが開催された．同イベントには，潘国連事務総長，エリアソン国連副事務総長，クラークUNDP（国連開発計画）総裁，緒方人間の安全保障委員会共同議長（外務省顧問・JICA特別顧問），スリン人間の安全保障委員会委員（前ASEAN事務総長，元タイ外相）のほか，各国国連大使，国連機関代表，NGO関係者等，約500名が参加した．

2013年6月，第5回アフリカ開発会議（TICAD V）の終盤では「人間の安全保障」シンポジウムなる会合も開かれ，ポストMDGs（ポスト2015年開発目標）の指導理念として人間の安全保障というコンセプトが有用であることが再確認された．特に保健衛生部門で注目され始めているユニバーサル・

ヘルス・カバレッジにおける取り組みが，人間の安全保障概念に基づいて実践されている成功事業として紹介されている［外務省 2013］．

4　「恐怖からの自由」と「欠乏からの自由」

「人間の安全保障」の目標は，人々を恐怖と欠乏にまつわる多様な脅威から解放することとされる．1945年6月に米国国務長官ジェームス・バーンズがサンフランシスコ講和条約の結果について報告した言葉の中に「恐怖と欠乏からの自由」を世界から根絶させることの重要性が語られている．

> 平和のための戦いは2つの前線で行われている．すなわち一方では恐怖からの自由を勝ち取るための安全保障の前線である．そしてもう一方は，経済と社会の前線において欠乏からの自由のための戦いが行われている．恒久平和を世界にもたらし確かなものとするのは，双方の戦いにおいて勝利がもたらされるときだけである．……国連憲章に記載されうるどんな条項をもってしても，あらゆる男性と女性が家庭や職場で安全を確保できなければ，安全保障理事会に戦争を防ぐことは不可能である［UNDP 1994：3］．

一般的に，「恐怖からの自由」は紛争や暴力からの解放を，「欠乏からの自由」は貧困からの自由を指すと捉えられがちだが，両者は緊密に関わり，またそれぞれは非常に多岐にわたっている．代表的な該当事象としては下記のようなものがあげられる．

恐怖　　紛争，自然災害，工業災害，原子力災害，大量破壊兵器（核兵器，生物・化学兵器），通常兵器（地雷や不発弾，小型武器）の蔓延，感染症（HIV・伝染病など），経済危機，テロ，犯罪，人権侵害，環境破壊，大規模な人口移動など

欠乏　　貧困，所得貧困，飢餓，教育機会の欠如や剥奪・保健医療などのサービスの欠如あるいはそうしたサービスへのアクセスの欠如，ジェンダー間の不均衡など［長 2012］

以下，「人間の安全保障」概念において恐怖と欠乏の存在が想定されている２種類の脅威，すなわち恒常的な脅威と日常から突然断絶される脅威に当てはまる２事例を紹介しつつ，それぞれ，迫りくる脅威から逃れ，自由を獲得するための戦いに前述の公共人類学の２つの視座が果たしうる役割について検討したい．

5　恒常的な脅威

　グローバル化した今日世界の中で，恒常的な脅威をイメージすることはむしろ容易いことなのかもしれない．難民キャンプの飢餓，マラリアの熱にうなされる子ども，政府軍が少数民族を抑圧している様子などである．これらの現実はメディアやインターネットにより瞬時に世界中の不特定多数の人たちに発信され共有される．多くの人間は，また同じようなニュースだとして一瞬は立ち止まって考えるが，次の瞬間には別のことを考えている．

　現代世界の人々にとり，恒常的な脅威とはいつも悩まされている直近で問題になっていることだけではなく，直近ではないが，地球上のどこかで起きていて，同時代的に想像しうる問題であり，すぐには解決できないような問題群である．だからこそ現代人はメディアやインターネットで触れることはあってもずっとそれを考え続けることはしない．目前の生活に追われているからである．そうした脅威に対応する何らかの解決策をもたらすべきではと考えるのは，これから生涯の進路を模索しようとしている学生や，具体的解決策を検討している専門家くらいではなかろうか．

　となれば，大多数の人たちにとり恒常的な脅威は，脅威としてそこに存在するものの，人々との関わりの少なさという意味でも恒常的な特色を帯び，その状態はまさに人類を脅かす脅威だということがなかなか気づいてもらえない厄介な脅威である．人間の安全保障概念でその根本的な要素として恐怖と欠乏からの自由を定義した時，このような問題群が可視化される可能性が出てきた．

　欠乏や恐怖をもたらす要因が恒常化した社会とは，よほどひどい状況でめったに起こらないと思っている人がいたとすれば大きな間違いである．先進国や発展途上国の別に限らず，こうした脅威は簡単に恒常化してしまう．

何十年も前に全土にわたり大量に投下された不発弾や埋設された地雷に未だ悩まされる国家や，間違いで金融恐慌が起こり不景気も広がっていく状態，タンカーが座礁して壊れた船底から重油が流れ出て海を汚染しその状態がずっと続くといったシーンも挙げられる．砂漠化とサハラ砂漠の拡大問題は相変わらず西アフリカで続いているし，北アフリカや東アフリカでも内乱・テロなどが恒常化しつつある．

現代の私たちに求められているのは，そうした恒常化した脅威に対して現状を把握，分析し，実際に対処するための叡智である．それは過去の経験や偉人による格言などではない．現場で実際に問題に向き合ってきた人々による経験や実践の蓄積を踏まえ，それらの人々と協働することにより初めて対処できることとなる．

6　恒常的な脅威と向き合う人々

地球環境問題と呼ばれてきた問題の1つに砂漠化の問題がある．日本では理科や社会の教科書で必ず1箇所以上に触れられている部分である．砂漠化とは植生に覆われた土地が不毛地になっていく現象を指し，地球の地表の約40％の地域で人類史とともに歴史を歩んできた息の長い現象でもある．気候変動など自然現象としても砂漠化が起こるが，地球環境問題としての砂漠化とは，とりわけ人間の営為に起因する現象として議論されてきた．

近年の砂漠化の定義を支えたのは，19世紀末から始まったフランスによる西アフリカの植民地化に伴って始まった，サハラ砂漠の拡大現象を探る研究である．それらの膨大な書物に目を通すと，砂漠化の定義はともかく，乾燥化が歴史上のどの時点でどのくらい続いていたかということに関しては，研究者の恣意的な判断による記録も多いため，時系列上で正確に同定することは難しい．砂漠化の問題とは恒常的に人類が向き合ってきただけに，かえってきちんと定義することが難しい厄介な脅威なのである．

この厄介な脅威は，今日，サハラ砂漠周辺に住んでいる人たちにとり平和な日常に忍び込んでいる状態ではあるが，人間にとっては貧困という，より日常生活上の差し迫った脅威に比べれば大したことではない．大変残念なことに，砂漠化に向き合う人々の少なくとも90％は途上国に住んでおり，

危機的な経済社会状況の中に身を置いていることになる．

　筆者は，1996年から青年海外協力隊員として，あるいは研究者としてこのサハラ砂漠周辺に住んでいる農耕・牧畜民の人々とよりよく生き延びるための生計戦略を実践と研究の双方から取り組んできた．もとより土地の生産性が低い地域ではあるが，サハラ砂漠周辺に住んでいる人たちは昔からの技術や農法にすがりながら小規模農業を展開している．加えて，以前に比べて少し良くなった保健衛生環境により人口も増えている．急増する人口を支えるために，より多くの土地が耕作地と化し，より多くの地下水が汲み上げられてゆく．これでは土地はますます砂漠化してゆくのであるが，目の前の貧困の脅威に脅かされている人々はそれを意に介しない．

　過去30年間以上にわたるアフリカにおける農業拡大により，へき地は耕地化され，森林や湿地帯といった天然生物の住処が開拓されていった．このような変化が，アフリカの土地荒廃を推進する原動力となっている．多くのアフリカの農村共同体は，地下水が流れ出る肥沃な低地や氾濫原に家畜や耕作地を移動させながら食いつないでいる．マリ，モーリタニア，セネガルそしてスーダンといった国々の150万人以上の人々がこのような残された肥沃な土地に頼って生活しており，野生の草食動物たちもその土地を求めて動いている．したがって，湿地を干拓して農耕地にすることは，そこに住む人々や生物多様性を危険に陥れるだけではなくて，移動している牧畜民や野生動物にも影響を与えることになる．砂漠化の進行に伴って，野生生物がいなくなってしまった土地の荒廃は進み，風や水による浸食が進む．アフリカの25%の土地は水による浸食，22%は風による浸食の被害にさらされている[UNEP 2006]．

　土地の荒廃が進むにつれ，農耕地の生産性は低下し，農家は肥料や農薬を使わざるを得なくなる．しかしながら，肥料や農薬を購入し生産性を上げることが簡単にはできないほど農家は貧困にあえいでいる．1996年，こうしたサハラ以南アフリカの土地荒廃を危惧したWorld Bank（世界銀行）・FAO（国際連合食糧農業機関）をはじめとする国際機関や関係諸国により土地肥沃度イニシアチブ（Soil Fertility Initiative: SFI）が提唱された．SFIは同時期に始められたFAOによる食料安全保障特別事業（Special Programme for Food Security: SPFS）と連動する形で23のアフリカ諸国の間で実施された．

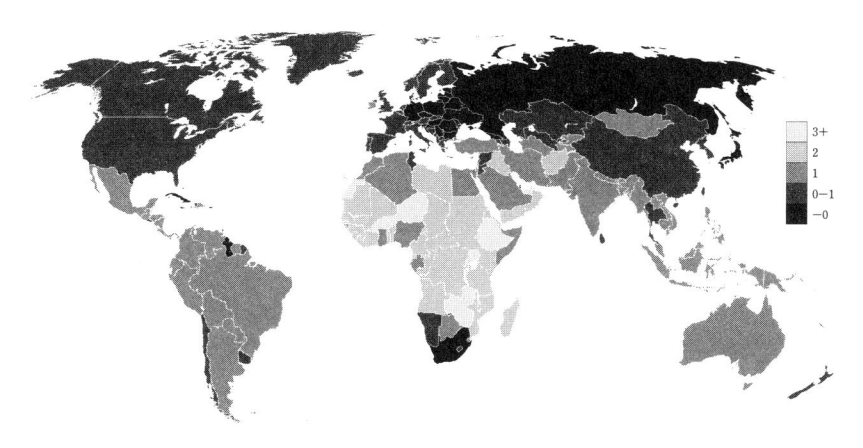

(アフリカ大陸の中でもニジェール共和国をはじめサハラ砂漠近隣諸国の増加率は高い)
図1　国別の人口増加率（%）[CIA 2013]

SPFSとは，世界食料サミットで合意された2015年までに栄養不足人口（飢餓人口）8億人を半減させるという目標を達成するためFAOが展開している事業の中で最も重要なプログラムで，現在，世界全体で105か国において，飢餓・栄養不足・貧困の解消のため，効果的で目に見える解決策として推進されている．

1996年には砂漠化対処条約（深刻な干ばつ又は砂漠化に直面する国：特にアフリカの国）において砂漠化に対処するための国際連合条約：United Nations Convention to Combat Desertification in Those Countries Experiencing Serious Drought and/or Desertification, Particularly in Africa（UNCCD）も発効され，地球規模でサハラ以南アフリカをはじめとする砂漠化に直面する地域や国々の対処行動や先進締約国による支援活動を促す枠組みも機能し始めた．2007年には条約実施を再活性化させるために，十年戦略計画（2008-2018年）が採択され，2011年時点で締約国193か国とEUが参加しアクション・プランを展開している［UNCCD 2012］．

現在，図2が示しているようにアフリカ大陸において46%の土地が砂漠化現象にさらされ，そのうちの55%が非常に高いリスクを背負っている．高いリスクの地域は黒色の砂漠周辺の地域でこれらの諸地域には推計4億8,500万人の人々が暮らしている．上記の国際社会による様々な取り組みが

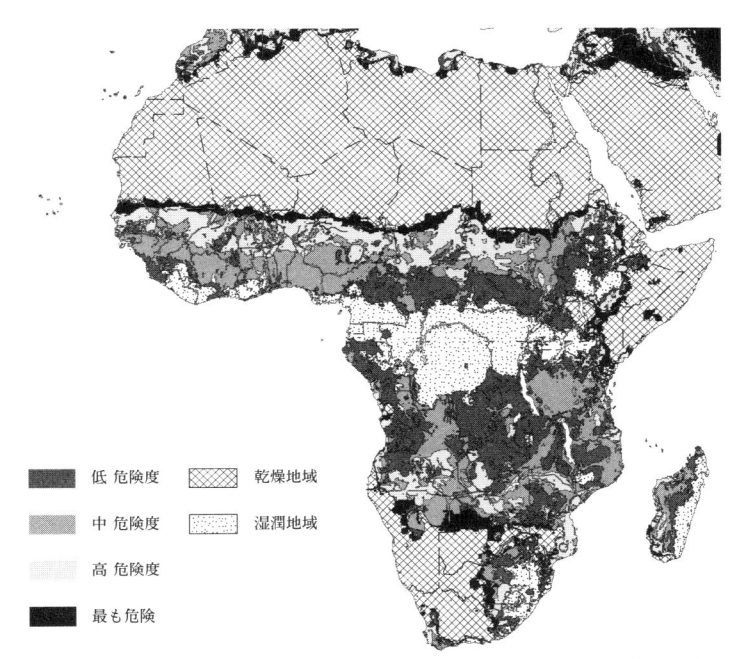

凡例：低危険度／中危険度／高危険度／最も危険／乾燥地域／湿潤地域

図2　アフリカ大陸の砂漠化の状況［Eswaran, Lal and Reich 2001 を修正］

示すように，砂漠化の問題は現地の人々に加え，地球上の様々な人々を巻き込んで解決せねばならぬ厄介な脅威となっている［Eswaran, Lal and Reich 2001］．

砂漠化に直面している農民にとり，砂漠化よりも貧困が深刻ならば，貧困状態から脱出するために彼ら自身が取り組んでいる様々な生計戦略の複雑さもまた，一考に値する．グローバル化した経済を反映し，農民の生計戦略は広範にわたるインフォーマルなネットワークに基づいている．一般的に，アフリカ農民による出稼ぎや季節労働による収入は，最近では本業をしのぐ勢いになっており，アメリカの農業経済学者達による最近の調査によれば，農村の近隣都市をターゲットにした非農業稼業（手芸品や加工品生産）による収入の割合が，遠方への出稼ぎによる稼業よりケースとしては多いことが指摘されている［Haggblade, Hazell and Reardon eds. 2007］．

例えば，ニジェール共和国の首都ニアメからニジェール川沿い北西方向に約20キロ進んだところに，ソンガイ・ザルマの農耕民とプールの遊牧民

が混在している地域が砂漠化の脅威にさらされている．上記 UNCCD の一環として日本政府も 1993 年から 2001 年までの 8 年半の間，この地域の 22 か村を対象にニジェール共和国政府と共同で青年海外協力隊による緑の推進協力プロジェクト（技術移転事業）を行った．その内容は，住民参加型のアグロフォレストリー活動であったが，現場の青年海外協力隊員が感じていたことの一つとして，土地の働き盛りの男性を中心とした農民たちが実に頻繁に出稼ぎにナイジェリア，ブルキナ・ファソ，ガーナ，トーゴ，ベナンといった都市に出かけていたことを指摘できる．また，それほど遠くなくとも，首都のニアメで小売商などを兼業しながら生計を維持している農民や，大土地所有者の土地を耕作して賃金で稼いでいる農民なども多かったことである．農業技術指導とはいっても，就業形態や土地所有の形態が多様で，通り一遍の支援活動では追い付かず，それぞれの農民の状況に合わせた支援の在り方を考えることを余儀なくされたのである［関谷 2010］．

　今後も，そうした農民の収入源の多様化によって，戦略的に生計を維持しようとする志向性はますます強くなり，今後の農村生活スタイルを大きく変えてゆくであろう．とすれば，そうした農村の人々を支援する活動も，農業分野の技術や物資の投入によるものだけでは済まされなくなってくる．ビジネス・ベースの投資や，リスクマネジメント指導，起業や特産物の創出など，多方面に及ぶ援助が必要となってくる．低所得者層に対する BOP ビジネスや大規模農園の開拓など，それぞれの地域的特性・社会文化的特徴を考慮に入れた支援活動が展開されることが望ましい［プラハラード 2010］．

7　日常生活から突然断絶される脅威

　この 2 番目の，突然断絶されるという脅威を具体的に想定することは少し難しい．私たちは日常の生活を享受することは当たり前であり，そこから突如断絶され，非日常の暮らしを余儀なくされる状況を普段あまり想像しない．自然災害や紛争などは突如として起こるものかもしれないが，もともと火山のふもとで生活している人々や，民族対立に悩まされている社会で生きてきた人々にとっては，今の日常生活を放棄しなければいけない状況が来るかもしれないことは一方では織り込み済みなのかもしれない．とはいえ，異

変が起きてそれまでの生活ができなくなれば，心の準備があるなしに拘らず，暮らしを立て直すのには大変な労力と時間がかかり，そうした人々の苦しみは大きい．

　筆者がここで扱う，平和な日常生活からの突然の断絶とは，しかしながら，何の落ち度や前触れもなく突如として異変が起き，それまでの生活が当たり前ではなくなる状況を指す．そうした苦しみを経験する人々は残念ながら世界に遍在している．アフリカなどで突然子どもが誘拐され，子ども兵や児童労働に駆り出されたケースにあっては，子ども本人ばかりか，家族全体を悲しみに突き落とす．運よく子どもが助け出されたとしても，その子どものトラウマは果てしなく大きい．そうした子どもたちを心の闇から救出する活動がボランティアにより実施されているのは幸いである．

　政変が起きて故国を離れざるを得なくなった人々，感染症に突然襲われた村の人々，金融恐慌に伴うリストラに遭い，仕事を失った人々，そして突然の紛争で難民になることを余儀なくされ，家族も財産も失った人々．これらの人々は異変が起こったことによって，元通りに戻ることはなく，すべてまたゼロから始めなければならない．この苦しみや喪失感とは筆舌しがたいもので，おそらく当事者にしか十全には理解されない．たとえ前述した，帰還子ども兵の社会復帰を支援するプログラムが，ある程度認知された社会においてでさえも，当事者や当事者の家族と，そのような経験をしていない他の家族との格差が生じる．それと同じように，平和な生活を突然奪われた人たちの苦しみや喪失感を癒す場を，同一社会の中に見出すことはとても難しい．それゆえ，このような人々は社会がいたわり，保護する必要がある．国民国家の枠組みにとらわれない，広い視野に基づく制度的な保護が必要とされている．

8　日本の突然の脅威と向き合うアフリカ人

　日常生活から突然断絶される脅威は，アフリカなど途上国においてのみ知られるわけではない．それは日本でも起こりうる．東日本大震災（2011年3月11日発生）は，津波・原発事故を伴った世界史上最大級の大規模地震災害であった．震災後そろそろ3年目を迎えようとする現在においてもなお，

被災地の復興はめどが立っておらず，未だ困難な状況で生活している被災者も少なくない．この震災をきっかけに「人間の安全保障」概念の見方は大きく変わった．すなわち，それまでは日本人にとり，恐怖や欠乏からの脅威を感じている人たちは途上国等にいる人たちであった．しかし，日本国内にもそうした脅威にさらされる人たちが発生しうること，加えて，高度科学技術社会においても恐怖や欠乏からの脅威を，すべて払拭することは難しい状況にあることが明らかになった．これまで「人間の安全保障」概念の国内外への普及と浸透にかけて，国を挙げて取り組んできた日本にとっては再度，自然と科学技術の双方から挑戦状を突きつけられたかたちとなった．

そうした東日本大震災への支援の為アフリカ連合（African Union）と公益社団法人青年海外協力協会（JOCA）との連携により，アフリカ4か国（ケニア，エチオピア，ナイジェリア，カメルーン）7名のボランティアが東北地方の災害復興支援と地域社会活性化のために招へいされた．主催団体であるJOCAによれば，この招へい事業は青年海外協力隊事業あるいはJICAボランティア事業で培ってきた経験を応用し，「共通の発展課題の理解と対応」，「受け入れる国際協力」そして「日本人協力隊経験者とアフリカ連合ボランティア経験者の『協働』」を促すことを目的としている．すなわち，これまではとかく日本人を海外に送り出す事業として発展してきた国際ボランティア事業を，「双方向」化することがねらいであった．2013年3月から6月まで第1陣7名が来日し，次いで第2陣7名が9月に来日した．

筆者は，JOCAがマラウイで2005年より展開してきた「ムジンバ県における地域活性化に向けた農民自立支援プロジェクト」にアドバイザーとして2007年頃から関わってきた．現地調査やマニュアル作り支援といった業務であり，前例に挙げたニジェールのプロジェクトのように直接現地の活動にかかわることは少なかったが，マラウイのプロジェクトは継続的にJOCAを通じて支援活動の一端を担った．今回，JOCAと東京大学そしてNPO法人「人間の安全保障」フォーラム（HSF）とのコラボでシンポジウムが企画できたのも筆者による諸団体との持続的な連携実践活動によるところが大きい．

一方，AUボランティアは，正式名称をアフリカ連合青年ボランティア部隊（African Union Youth Volunteer Corps: AU-YVC）とし，2010年からアフリ

カ連合が始めた事業である．現在訓練を終えたボランティアは156名，アフリカ大陸諸国あるいはそれ以外の国，合計11か国に派遣されているボランティアは71名となっている．日本へは今回の第2陣7人に続き，第3次派遣者5名が，2014年秋に再び来訪する予定である．

さて，AUボランティア7人一行は2013年9月26日に来日し，岩手県遠野の施設で2週間程度日本語研修を受け，ホームステイをそれぞれにこなした後で，岩手県釜石市，大槌町，宮城県岩沼市へそれぞれ災害復興支援の協力活動をしに行き，一部は遠野市に残り，地域社会活性化への協力活動を12月4日まで約2か月間続けた［青年海外協力協会2013］．

12月7日に，東京大学，JOCA，HSF共催シンポジウム「世界から東北へ，東北から世界へ——ボランティアの挑戦」が開催された．その際，JOCAの代表や7名一行の代表から災害復興支援及び地域社会活性化の活動内容及びその位置づけや意義に関し報告があった．筆者から見れば，JOCAが提唱する国際ボランティア事業「双方向」化の到達度を，公共人類学的視座からとらえ直そうという学術的な試みともいえるイベントであった［東京大学2013］．

その中で，ケニア出身のサリム・セイフ・コンボ氏が，大槌町（別名：吉里吉里国）におけるボランティア活動を紹介した．コンボ氏は大槌町のNPO法人吉里吉里国の人々と，薪炭材の切り出しや共同作業，吉里吉里国のホームページの英語化，中学校への出前事業など，実に多彩な活動にいそしんだ．彼によれば，「1人のボランティアによる仕事は10人が無理やり駆り出されてする仕事に勝る（アフリカの諺）」そうで，実際に彼が大槌町の人々に与えた支援を超えた勇気と友情といった心の交流は決して小さいものではなかった．したがって文化交流事業としては高く評価できる．

ただ，大槌町の切実な復興支援のニーズを前にして，コンボ氏が挑戦した文化交流を通した地域活性化は，まだまだ「はじめの一歩」である．コンボ氏自身が振り返って謙虚に語っているが，大槌町の人々との活動を通じてようやく「日本のことがわかり始めている」レベルなのである．このことは，逆に筆者自身が16年前に2年半ニジェール共和国でボランティア活動をしてみて振り返って感じたこととよく似ている．派遣ボランティアとは個人の成長や文化交流という意味では意義深いが，実質的な復興支援や成果となると，大槌町はこれから何人ものコンボ氏のようなボランティアを受け入れる

必要がある．

9　おわりに——恐怖と欠乏からの自由

　恐怖と欠乏の脅威とは，これまで見てきたように必ずしも単なる社会秩序の欠如や貧困に起因するものだけではない．その脅威は，私たちの目の前にすでに現れているかもしれないし，これから突如として現れるかもしれない．予測のつかぬ事象ほど人類にとって脅威となるものはない．恒常的な要因から発生しているものにせよ，突如として起こる平和な日常からの断絶により発生したものであるにせよ，その問題の要因を見極めながら解決に取り組むためには脅威を被る人々が向き合っている現実を正確にとらえ，彼ら／彼女らの置かれた状況的コンテキストの中で見つめることが重要である．「人間の安全保障」概念は，もともと政治的に構築されており，理論的にはその緩慢を否めないものの，今まで国家の枠組みを基軸にしてとらえるしかなかった国際的な問題群を，より柔軟に，人間一人一人の目線に立ってとらえることを可能にした．私たちは，迫りくる恐怖と欠乏の脅威が身近に存在することを改めて実感するとともに，そうした脅威から逃れる自由を獲得する戦いを自覚的に続けなければならない．

　恒常的な脅威の1つである砂漠化問題に取り組むためには，これまで議論されてきた環境学的，人口学的な問題点だけではなくて，現地の人々が実際にその問題をどう捉えながらどのように取り組んでいるのかを見つめることによって出てくる問題点も加えて考慮に入れる必要があることが分かってきている．参加型農村開発とは言え，就労適齢人口の多くが農村を離れてしまっている状態の農村の場合は，多角的な営農形態を考慮に入れた次世代の開発形態が求められている．そのことは，たとえば支援者が現地で農民と寄り添いながら協働で取り組むアクション・リサーチにより実現するであろう．

　では日常生活から突然断絶される脅威を取り上げた，東日本大震災の日本人を支援するアフリカ人のボランティアのエピソードから学べることは何であろうか．「人間の安全保障」概念が包含する諸問題に取り組もうとする国境を越えた「双方向」の協働はまだ始まったばかりであること．かかわっている人々自身の実感からしても，文化を超えた協働には程遠い次元にとど

まっていることがわかる．「人間の安全保障」概念に対する我が国の知識人の意識は確かに変わってきたかもしれない．しかし，実践においても，思念の上でも，同概念が包含する恐怖と欠乏からの自由のためのグローバルな闘い，すなわち「人間の安全保障」のための公共人類学はまだ始まったばかりなのである．

参照文献

Central Intelligence Agency（CIA）（2013）*The World Factbook*（https://www.cia.gov/library/publications/the-world-factbook/rankorder/2002rank.html）アクセス2013年10月31日．

Commission on Human Security（2003）*Human Security Now*, Washington DC: Communications Development Inc.

Englund, Harri（2006）*Prisoners of Freedom : Human Rights and the African Poor（California Series in Public Anthropology 14）*, Berkeley: University of California Press.

Eswaran, H., R. Lal and P. F. Reich（2001）Land degradation: an overview, Bridges, E. M., I. D. Hannam, L. R. Oldeman, F. W. T. Pening de Vries, S. J. Scherr, and S. Sompatpanit eds., *Response to Land Degradation*, Florida: CRC Press.

国際連合食糧農業機関（FAO）土壌肥沃度イニシアチブ（soil fertility initiative）（http://www.fao.org/nr/land/gestion-durable-des-terres/ecoles-dagriculture-de-terrain/spi-ffs-programme-at-a-glance/soil-fertility-initiative/fr/）アクセス2013年10月31日．

国際連合食糧農業機関（FAO）食料安全保障特別事業（Special Programme for Food Security）（http://www.fao.or.jp/topics/foodsecurity/background.html）アクセス2013年10月31日．

外務省（2011）『人間の安全保障——人々の豊かな可能性を実現するために』人間の安全保障パンフレット（http://www.mofa.go.jp/mofaj/gaiko/hs/pdfs/hs_pamph.pdf）アクセス2013年10月31日．

外務省（2013）ホームページ 『人間の安全保障シンポジウムの開催について』（http://www.mofa.go.jp/mofaj/gaiko/page11_000019.html）アクセス2013年10月31日．

Haggblade, S., Peter B. R. Hazell and Thomas Reardon eds.（2007）*Transforming the Rural Nonfarm Economy: Opportunities and Threats in the Developing World*, Baltimore: Johns Hopkins University Press.

長有紀枝（2012）『入門　人間の安全保障——恐怖・欠乏からの自由を求めて』中央

公論新社.

プラハラード，C. K.（2010）『ネクスト・マーケット——「貧困層」を「顧客」に変える次世代ビジネス戦略［増補改訂版］』スカイライト コンサルティング訳，英治出版.

青年海外協力協会（2013）ホームページ「JOCA-アフリカ連合委員会　国際ボランティア連携事業」（http://www.joca.or.jp/activites/joca_au/）アクセス 2014 年 3 月 7 日.

関谷雄一（2010）『やわらかな開発と組織学習——ニジェールの現場から』春風社.

高橋哲哉・山影進編（2008）『人間の安全保障』東京大学出版会.

Tishkov, Valery（2004）*Chechnya: Life in War-Torn Society（California Series in Public Anthropology 6）*, Berkeley: University of California Press.

東京大学（2013）ホームページ「HSP 秋季シンポジウム『世界から東北へ，東北から世界へ——ボランティアの挑戦』」（http://www.c.u-tokyo.ac.jp/info/news/events/20131114111317.html）アクセス 2014 年 3 月 7 日.

UNCCD（2012）ホームページ（http://www.unccd.int/en/Pages/default.aspx）アクセス 2013 年 10 月 31 日.

UNDP（1994）*Human Development Report 1994*, New York: Oxford University Press.

UNEP（2006）*Global Environment Outlook 3*（http://www.grida.no/geo/geo3/english/149.htm）アクセス 2013 年 10 月 31 日.

[執筆者一覧]（執筆順）

山下晋司（やました しんじ）

東京大学名誉教授・帝京平成大学現代ライフ学部教授　　1948 年生まれ
[主要著作]　『バリ　観光人類学のレッスン』（東京大学出版会，1999 年），『観光文化学』（編著，新曜社，2007 年），『観光人類学の挑戦――「新しい地球」の生き方』（講談社，2009 年）
[研究テーマ]　グローバルな人の移動という視点から観光や移住を取り上げ，移動に伴う新しい社会の展開や文化の生成について研究している．また，「人間の安全保障」の立場から人類学の社会貢献に関心を持っている．

清水 展（しみず ひろむ）

京都大学東南アジア研究所教授　　1951 年生まれ
[主要著作]　『文化のなかの政治――フィリピン「二月革命」の物語』（弘文堂，1991 年），『噴火のこだま――ピナトゥボ・アエタの被災と新生をめぐる文化・開発・NGO』（九州大学出版会，2003 年），『草の根グローバリゼーション――世界遺産棚田村の文化実践と生活戦略』（京都大学学術出版会，2013 年）
[研究テーマ]　①アメリカの圧倒的影響下で自己形成を強いられた戦後日本とフィリピンの比較．②ベトナム戦争から ASEAN 共同体（2015）に至るまでの東南アジア地域の変貌．

岡田浩樹（おかだ ひろき）

神戸大学大学院国際文化学研究科教授　　1962 年生まれ
[主要著作]　『両班――変容する韓国社会の文化人類学的研究』（風響社，2002 年），『可能性としての文化情報リテラシー』（共編著，ひつじ書房，2010 年），『宇宙人類学の挑戦――人類の未来を問う』（共編著，昭和堂，2014 年）
[研究テーマ]　家族，移民，宗教の側面に注目し，近代化・グローバル化の過程における韓国，ベトナムの社会・文化の変化と再編成の問題に関する研究をしている．また，東日本大震災被災地のコミュニティの復興の問題，科学技術の進展（宇宙開発）による新しい社会や文化の生成の問題に関心を持っている．

森茂岳雄（もりも たけお）

中央大学文学部教授　　1951 年生まれ
[主要著作]　『多文化主義のアメリカ――揺らぐナショナル・アイデンティティ』（共著，東京大学出版会，1999 年），『真珠湾を語る――歴史・記憶・教育』（共編著，東

京大学出版会，2011 年），『多文化教育をデザインする——移民時代のモデル構築』（共著，勁草書房，2013 年）
［研究テーマ］　公正や社会的正義という視点から多文化社会における教育のあり方，特に多文化教育のカリキュラムについて研究している．また，異文化理解教育の立場から教育の内容・方法としての人類学の成果活用に関心を持っている．

鈴木　紀 (すずき もとい)

国立民族学博物館民族文化研究部・総合研究大学院大学文化科学研究科准教授
1959 年生まれ
［主要著作］　『ラテンアメリカ〔朝倉世界地理講座 14〕』（共編著，朝倉書店，2007 年），『国際開発と協働——NGO の役割とジェンダーの視点』（共編著，明石書店，2013 年）
［研究テーマ］　国際開発や，そのための人類学の貢献について関心を持ち，農村開発プロジェクトやフェアトレードについて研究している．メキシコを中心とするラテンアメリカの先住民族および農民の間でフィールドワークを行っている．

柘植あづみ (つげ あづみ)

明治学院大学社会学部教授　　1960 年生まれ
［主要著作］　『文化としての不妊治療——不妊治療にたずさわる医師の語り』（松籟社，1999 年），『妊娠を考える——〈からだ〉をめぐるポリティクス』（NTT 出版，2010 年），『生殖技術——不妊治療と再生医療は社会に何をもたらすか』（みすず書房，2012 年）
［研究テーマ］　先端医療技術と文化・社会の関係を検討するために日本と北米の生殖医療を題材にした医療人類学の研究をしている．また，健康とは何か，年をとるとはどういうことかのフィールドワークをしている．

佐野（藤田）眞理子 (さの［ふじた］まりこ)

広島大学大学院総合科学研究科教授・アクセシビリティセンター長
［主要著作］　『アメリカ人の老後と生きがい形成——高齢者の文化人類学的研究』（大学教育出版，1999 年），*Life in Riverfront: A Middle-Western Town Seen Through Japanese Eyes* (in Case Studies in Cultural Anthropology), （共著，Harcourt Brace College Publishers, 2001），『大学教育とアクセシビリティ——教育環境のユニバーサルデザイン化の取組み』（共著，丸善株式会社，2009 年）
［研究テーマ］　「老齢期」や「幼児期」を中心に，人間の一生と文化体系の関係を研究している．また，多様な誰もが学びやすく，働きやすい「ユニバーサルデザイン化社会」の研究をすると共に，アクセシビリティセンター長として障害学生修学支援に携わっている．

亀井伸孝 (かめい のぶたか)

愛知県立大学外国語学部国際関係学科准教授　　1971 年生まれ
［主要著作］　『アフリカのろう者と手話の歴史——A・J・フォスターの「王国」を訪ねて』（明石書店，2006 年［2007 年度国際開発学会奨励賞受賞］），『手話の世界を

訪ねよう』（岩波書店，2009 年［厚生労働省「児童福祉文化財」推薦図書］），『森の小さな〈ハンター〉たち――狩猟採集民の子どもの民族誌』（京都大学学術出版会，2010 年）
［研究テーマ］　文化人類学，アフリカ地域研究，狩猟採集民および子どもに関する生態人類学的研究，手話言語・ろう者コミュニティに関する言語人類学的研究を中心とし，文化人類学の社会における役割，大学教育におけるフィールドワークの活用などに関心を持つ．「応答の人類学」，「アフリカ子ども学」の研究会などを主催．

福島真人（ふくしま まさと）

東京大学大学院総合文化研究科教授　　1958 年生まれ
［主要著作］　『暗黙知の解剖――認知と社会のインターフェイス』（金子書房，2001 年），『ジャワの宗教と社会――スハルト体制下インドネシアの民族誌的メモワール』（ひつじ書房，2002 年），『学習の生態学――リスク・実験・高信頼性』（東京大学出版会，2010 年）
［研究テーマ］　ポストゲノム生物学，計算機科学，地球科学，建築学といった事例を基に科学技術実践とより広い文化・社会・思想的な文脈が交差する領域をさまざまな手法を使って探索する研究をしている．また東西の比較思想史（たとえば市場が思想形成にもたらす影響）にも興味がある．

田原敬一郎（たはら けいいちろう）

公益財団法人未来工学研究所主任研究員・独立行政法人科学技術振興機構科学コミュニケーションセンターアソシエイトフェロー・早稲田大学社会シミュレーション研究所招聘研究員　　1976 年生まれ
［主要著作］　「社会問題の解決に向けたイノベーション――知識利用の観点からみた資金配分機関の可能性」（技術と経済第 514 号，2009 年），『科学技術政策の現在』（共著，科学技術社会論研究第 8 号，2011 年），『「科学を評価する」を問う』（共著，科学技術社会論研究第 10 号，2013 年）
［研究テーマ］　システム論をベースに，科学技術が関わる公共問題を主な対象として，利害関係者や市民の参加による意思決定支援や評価の仕組み（参加型政策分析方法論）について研究している．政策科学の普及を学生時代からのライフワークとしている．

木村周平（きむら しゅうへい）

筑波大学人文社会系助教　　1978 年生まれ
［主要著作］　『震災の公共人類学――揺れとともに生きるトルコの人びと』（世界思想社，2013 年），『リスクの人類学――不確実な世界を生きる』（共編著，世界思想社，2014 年），『災害フィールドワーク論』（共編著，古今書院，2014 年）
［研究テーマ］　自然災害と社会がどうともにありうるか，という関心から出発し，リスクと不確実性，公共性，科学技術，関係性，などのキーワードに関わる研究をしてきました．主要な調査地域は，トルコと日本国内です．

川上郁雄（かわかみ いくお）

早稲田大学国際学術院教授
[主要著作]　『越境する家族——在日ベトナム系住民の生活世界』（明石書店，2001年），『「移動する子どもたち」のことばの教育学』（くろしお出版，2011年），『「移動する子ども」という記憶と力——ことばとアイデンティティ』（編著，くろしお出版，2013年）
[研究テーマ]　グローバルに移動する大人たちの陰で生まれる「移動せざるを得ない子ども」に注目しており，これらの子どもたちの複言語，記憶，アイデンティティに視点をおいた「移動する子ども」学の構築をめざしている．

陳　天璽（チェン ティエンシ・ちん てんじ）

早稲田大学国際教養学部准教授・国立民族学博物館特別客員教員
[主要著作]　『無国籍』（新潮文庫，2011年［初版2005年］），『忘れられた人々——日本の「無国籍」者』（編著，明石書店，2010年），『越境とアイデンティフィケーション——国籍・パスポート・IDカード』（共編著，新曜社，2012年）
[研究テーマ]　人の移動と身分証明，国籍とパスポートにかかわる問題に焦点を当てて研究している．なかでも特に無国籍者に注目している．研究にとどまらず他分野と協働し無国籍者の支援活動にも取り組んでいる．

関谷雄一（せきや ゆういち）

東京大学大学院総合文化研究科准教授　　1969年生まれ
[主要著作]　『現代人類学のプラクシス』（共著，有斐閣アルマ，2005年），『やわらかな開発と組織学習——ニジェールの現場から』（春風社，2010年），『新生アフリカの内発的発展——住民自立と支援』（共著，昭和堂，2014年）
[研究テーマ]　アフリカ地域を中心に社会開発と文化変化について研究している．また，東日本大震災の被災地である福島県の人々とともに「人間の安全保障」概念に基づく研究実践活動を始めている．

公共人類学

2014年7月23日　初　版

[検印廃止]

編　者　山下晋司（やましたしんじ）

発行所　一般財団法人　東京大学出版会
代表者　渡辺　浩
153-0041 東京都目黒区駒場 4-5-29
http://www.utp.or.jp/
電話 03-6407-1069　Fax 03-6407-1991
振替 00160-6-59964

組　版　有限会社プログレス
印刷所　株式会社ヒライ
製本所　牧製本印刷株式会社

©2014 Shinji Yamashita
ISBN 978-4-13-052305-9　Printed in Japan

JCOPY 〈(社)出版者著作権管理機構　委託出版物〉
本書の無断複写は著作権法上での例外を除き禁じられています．複写される場合は，そのつど事前に，(社)出版者著作権管理機構（電話 03-3513-6969, FAX 03-3513-6979, e-mail: info@jcopy.or.jp）の許諾を得てください．

バリ　観光人類学のレッスン 　　山下晋司 著	四六	3200 円
秩序の構造 　　田所聖志 著	A 5	7200 円
越境の人類学 　　工藤正子 著	A 5	6500 円
〈遅れ〉の思考 　　春日直樹 著	四六	2800 円
学習の生態学 　　福島真人 著	四六	3800 円
真珠湾を語る 　　矢口祐人・森茂岳雄・中山京子 編	A 5	3800 円
人間の安全保障 　　高橋哲哉・山影進 編	A 5	2800 円

ここに表示された価格は**本体価格**です．御購入の際には消費税が加算されますので御了承下さい．